应用型高校的未来

孙爱武　等著

西安电子科技大学出版社

内 容 简 介

本书以我国应用型高校的发展为背景，对其基本特征、办学定位、人才培养、学科专业建设、社会服务、师资队伍建设、创新创业教育、国际交流与合作等方面进行了深入探讨，提出了我国应用型高校发展的新观点、新方法和新思路，对我国应用型高校的未来发展起到一定的指导作用，为相关教育部门提供了参考意见。

图书在版编目(CIP)数据

应用型高校的未来 / 孙爱武著. —西安：西安电子科技大学出版社，2019.12

ISBN 978-7-5606-5611-3

Ⅰ. ① 应… Ⅱ. ① 孙… Ⅲ. ① 高等学校—发展—研究—中国 Ⅳ. ① G649.21

中国版本图书馆 CIP 数据核字(2019)第 298080 号

策划编辑 高 樱

责任编辑 高 樱 雷鸿俊

出版发行 西安电子科技大学出版社(西安市太白南路 2 号)

电 话 (029)88242885 88201467 邮 编 710071

网 址 www.xduph.com 电子邮箱 xdupfxb001@163.com

经 销 新华书店

印刷单位 陕西天意印务有限责任公司

版 次 2019 年 12 月第 1 版 2019 年 12 月第 1 次印刷

开 本 787 毫米×1092 毫米 1/16 印 张 17

字 数 260 千字

定 价 49.00 元

ISBN 978-7-5606-5611-3 / G

XDUP 5913001-1

前　言

教育是国之大计、党之大计。新中国成立 70 年来，我国高等教育事业走过了由小到大的辉煌历程，实现了从规模扩张到质量提升的历史性转型，取得了全方位的开创性成就，踏上了由大向强的新征程。步入新时代，高等教育在国家现代化进程中的基础性、先导性、全局性地位更加凸显，在引领社会发展和推动民族复兴中的作用更加突出①。伴随着我国高等教育事业的不断发展壮大，应用型高等教育的地位和作用日益凸显，应用型高校的发展也越来越受到人们的重视。但是，应用型高等教育在我国仍十分年轻，还需不断探索与实践，才能形成中国特色的应用型高等教育体系。立足新时代，应用型高校应如何发展，未来之路该如何去走，是我们需要研究和探讨的重要问题。

一、应用型高校的职能定位与应有之义

应用型高校的职能定位。应用型高校的职能定位与高等教育的分类具有密切联系。从国外来看，联合国教科文组织在综合考量发达国家与发展中国家教育的基本情况的基础上制定的国际教育标准分类法，具有更加广泛的适用性，对我国高等教育的分类尤其是应用型高等教育具有重要参考意义。国际教育标准分类法中的第三级教育(中学后教育)大致相当于我国的高等教育阶段，在第三级教育中，其专科层次大致相当于我国的高职高专院校，主要以培养技术技能型人才为主；本科及以上层次的学术型人才主要由研究型大学培养，大致对应于我国的“双一流”建设计划高校；而本科及以上层次的专业型人才从理论上讲应属于应用型高等教育培养范畴，根据我国高等教育实际情况，这一类型人才的培养工作主要由应用型本科承担。由此可以看出，从培养层次上来讲，应用型本科与研究型大学都培养本科及以上层次人才，在整体高等教育体制中两者缺一不可，同等重要；从培养类别上看，专业型与职业型联系密切，专业型人才具备一定的职业教育属性，而在本科、硕士和博士每一培养层次中专业型与学术型又相互对应存在，说明专业型人才又要具备一定“高深知识”，因此，专业型或应用型人才具有“双重属性”，既具备一定的“高深知识”，又掌握一定技术技能，能够更好地实现理论知识与生产实践的融合与转化。

从国内看，随着我国高等教育的发展，教育主管部门和学界对应用型高校给予了越来

① 杜玉波. 着眼世界水平着力中国特色：对办好中国特色社会主义大学的再认识[J]. 中国大学教学，2018(11)：4-6.

越多的重视，对应用型高等教育内涵也有了更为深刻的认知。2000 年，南京工程学院在全国率先提出办应用型本科院校的目标，2002 年教育部高等教育司在该校召开的应用型本科人才培养模式研讨会上，将与会的 29 所本科高校称为“应用型本科院校”，这是政府首次正式使用“应用型本科院校”这一称谓[①]。此后，陆续有更多的院校将应用型作为自身办学定位，着力打造应用型特色，有效推动了我国应用型高等教育的快速发展。与此同时，学界对应用型高等教育也开展了大量研究，尤其是厦门大学潘懋元教授在高等学校分类定位的研究中指出，“我们倾向于将高等学校分为三种基本类型：第一类是综合性研究型大学，培养自然科学、社会科学和人文科学的研究人才；第二类是专业性应用型的多科性或单科性的大学或学院，培养理论基础宽厚的不同层次的专门人才和各级干部、管理人员，如律师、教师、工程师、医师等；第三类是职业性技能型高等院校，培养在生产、管理、服务第一线从事具体工作的技术人才。”[②]这些实践与研究，对我们进一步认知应用型高等教育办学定位和职能承载提供了有益借鉴。

应用型高校的应有之义。《国家中长期教育改革和发展规划纲要(2010—2020 年)》提出，要“……促进高校办出特色。建立高校分类体系，实行分类管理。发挥政策指导和资源配置的作用，引导高校合理定位，克服同质化倾向，形成各自的办学理念和风格，在不同层次、不同领域办出特色，争创一流。”[③]2017 年《教育部关于“十三五”时期高等学校设置工作的意见》对高校分类发展、科学定位、经费投入、办学条件等提出了明确规定，尤其对应用型高校的主要内涵进行了界定，文件指出“以人才培养定位为基础，我国高等教育总体上可分为研究型、应用型和职业技能型三大类型。研究型高等学校主要以培养学术研究的创新型人才为主，开展理论研究与创新，学位授予层次覆盖学士、硕士和博士，且研究生培养占较大比重。应用型高等学校主要从事服务经济社会发展的本科以上层次应用型人才培养，并从事社会发展与科技应用等方面的研究。职业技能型高等学校主要从事生产管理服务一线的专科层次技能型人才培养，并积极开展或参与技术服务及技能应用型改革与创新。”[④]随着高等教育发展形势的不断变化，我们对应用型高等教育的认知有了更加广阔、全面的视野，尤其是 2018 年教育部批准了一批高职院校作为职业本科试点改革院校开办职业本科教育，为此，我们将这一类型的院校(包括入选“双高”计划的高水平高职院校)也纳入了应用型高校的研究范畴。

---

① 陈小虎. 应用型本科的基本问题、内涵与定义[J]. 金陵科技学院学报，2018(4)：1-5.

② 潘懋元，石慧霞. 应用型人才培养的历史探源[J]. 江苏高教，2009(1)：7-10.

③ 国家中长期教育改革和发展规划纲要工作小组办公室. 国家中长期教育改革和发展规划纲要(2010—2020 年). http://old.moe.gov.cn/publicfiles/business/htmlfiles/moe/info_list/201407/xxgk_171904. html.

④ 中华人民共和国教育部. 教育部关于“十三五”时期高等学校设置工作的意见. http://www.moe.gov.cn/srcsite/A03/s181/201702/t20170217_296529.html.

二、应用型高校的实践地位与作用发挥

应用型高校已然成为我国高等教育的重要组成部分。新中国成立70年来，我国高等教育取得了举世瞩目的成绩，建立了世界上规模最大的高等教育体系。据统计，截至2018年底，全国高等学校总数达2663所，其中本科院校1245所，高职高专1418所[①]。按照目前学界对应用型本科的一种统计方法，即把没有博士学位授予权的本科院校都算作应用型高校的话，那么总计将有近900所院校为应用型本科，数量占比达到所有本科院校的70%左右。再加上新近出现的职业本科类型学校，应当说应用型高校已经成为我国高等教育的重要组成部分甚至是数量上的主体部分，是必须给予高度重视的院校群体，其改革发展事关我国高等教育事业发展大局，应用型高校的高质量发展是实现我国高等教育高质量发展的关键。

应用型高校在我国高等教育大众化进程中发挥了重要作用。我国的高等教育毛入学率从1949年的0.26%增长到2002年的15%，再到2018年的48.1%，实现了从高等教育精英化阶段到大众化阶段的历史性跨越，正在向普及化阶段快速迈进。而从2002年左右到现在这一段时期也正是应用型高校快速发展的阶段，应用型高校是我国高校扩招的主力军和招生任务的主要承担者，接收了更多的适龄人口进入高等教育阶段，持续提升了高等教育毛入学率，最大程度地满足了人民群众接受高等教育的需求。我们用不到20年的时间实现了从大众化阶段向普及化阶段的演进，而美国高等教育实现这一转变用了30年。所以说，应用型高校为推进我国高等教育大众化进程发挥了不可替代的重要作用。

应用型高校为区域经济社会发展作出了重要贡献。截至2018年底，全国本科及以上层次高等教育在学总规模达到1970余万人，其中，这些在校生主要分布在应用型高校，我国的人口总量优势正通过高等教育转化为持续推进经济社会发展的人才红利。而应用型高校作为应用型人才培养的主力军，多年来，为区域经济社会发展培养了数以千万计的专门人才，提供了源源不断的人才和智力支撑。同时，应用型高校始终坚持扎根区域、服务地方，充分利用自身的区位优势，积极融入区域科技创新体系，通过科技研发、校企合作、成果转化等途径助力区域产业转型升级，开展了广泛而深入的社会服务，为区域经济社会高质量发展作出了重要贡献。

三、应用型高校的时代方位与未来发展

新时代党和国家对应用型高校提出了新要求。习近平总书记强调，“高等教育发展水

---

① 中华人民共和国教育部. 2018年全国教育事业发展统计公报. http://www.moe.gov.cn/jyb_sjzl/sjzl_fztjgb/201907/t20190724_392041.html.

平是一个国家发展水平和发展潜力的重要标志”“我们对高等教育的需要比以往任何时候都更加迫切，对科学知识和卓越人才的渴求比以往任何时候都更加强烈”。随着中美贸易摩擦的不断深入和拓展，我们更加清醒地认识到，经济与贸易的冲突，实质上是自主创新能力与科技产业的竞争，而这些竞争归根结底是高等教育的竞争，是人才培养水平的竞争。尤其令我们警醒的是，这次贸易冲突深刻揭示了我国在某些关键核心领域和行业的生产工艺与制造技术的短板，让我们对高层次应用型人才有了更为紧迫的需求。科教兴国战略、人才强国战略、创新驱动发展战略等重大发展战略，迫切需要高水平应用型高校培养一大批高层次应用型人才，为这些国家战略的实施提供坚实的人才保障和智力支撑。

高等教育新变化对应用型高校提出了新挑战。当前，我国高等教育正从大众化阶段向普及化阶段转变。普及化阶段受教育者对职业发展、个性发展以及全面发展提出了更多需要，这些需要对高校尤其是对具有一定高等职业教育属性的应用型高校提出了新挑战，需要应用型高校针对这些变化及时作出应对。同时，与高等教育发展阶段转变相对应的是我国高等教育也正处在由规模扩张向质量提升的转型期，对于高校来讲，这既是机遇也是挑战。目前应用型高校发展所面临的困境，譬如社会反映人才培养质量不高、科技研发能力不强、服务社会水平不足等问题，一个很重要的原因就是部分高校的发展模式未能及时地从以规模扩张为主要特征的外延式发展转到以质量提升为基本特征的内涵式发展上来。

产业变革新趋势对应用型高校提出了新需求。党的十九大报告指出“我国经济已由高速增长阶段转向高质量发展阶段，正处在转变发展方式、优化经济结构、转换增长动力的攻关期”，迫切需要高等教育提供有效的智力支撑。当前，如何在新一轮科技革命和产业变革中抢占先机显得尤为关键，迫切需要我们不断增加创新要素积累、提高人力资本存量，优化科技创新、劳动、资本等生产要素的配置效率，准确把握新技术新产业新业态对人才的需求，着力培养关键核心技术方面的高层次应用型人才。这就要求应用型高校必须从以往对经济社会发展发挥的基础性支撑作用，及时转向支撑和引领作用并重，在推动产业变革和区域经济转型升级中发挥更加突出的作用。

作　者

2019 年 8 月

目　录

第一章　高等学校分类概述

高等学校分类是指根据高等学校的社会职能和高等学校的特点，将高等学校划分为不同的类型和层次[①]。高等学校间的类型差异客观存在，但分类问题在早期精英教育时代并不特别引人关注，因为当时的高等学校基本上是单一的理论型本科教育。伴随着社会高速发展带来的社会分工的复杂化、精细化，以及高等教育大众化进程，社会对高等学校的人才需求愈来愈呈现出多样化特征。与之相适应，不同高等学校的人才培养目标、教学内容、培养方法也逐渐出现差异。准确定位、特色发展成为大众化时代高等学校发展研究中的高频词汇。可以预见，随着高等教育普及化时代的来临，具有新的办学特征、人才培养目标的新型高等学校还会出现，高等学校的类型将更加丰富，对高等学校的分类也将更加复杂。

第一节　国际高等教育的分类

高等学校是社会经济、政治和文化发展到一定阶段的产物，各个国家的高等学校在办学特征方面大都带有本国历史文化的传统以及政治、经济体制的特点。高等学校分类是个世界性难题，不同人们对高等学校的职能、任务、特点有着不同的个体判断，必然催生出不同的高等学校分类标准。

① 毛景焕. 论高等院校的自我定位与个性化发展[J]. 南京航空航天大学学报(社会科学版)，2004，(04)：70-75.

一、美国卡内基基金会的分类

卡内基基金会分类法是美国卡内基教学促进基金会制定的。其最初主要是为了满足基金会研究人员的工作需要，根据美国大学所承担的不同任务，制定标准对美国各类大学和学院进行分类，供基金会内部使用。有研究者认为，就世界范围而言，卡内基分类法是高等学校分类中最为著名的分类法。

卡内基分类法共有1973年、1976年、1987年、1994年、2000年等版本。前几次修订的基本依据变化不大，主要是对具体指标进行适当调整。2000年版本在两个方面作了比较大的修改，一是将具有博士学位授予权的高校从4种类型减化为2种，二是将部分高等学校的分类标准作了较大修改。其总体特点是：根据高等学校所授学位的层次作大的分类，然后再根据所授学位的数量及其他因素在大类中作进一步分类①。这样根据高等学校的分类属性便可以知道它所培养学生的基本情况，包括最高层次、主体层次、学位数量分布等。

卡内基分类法把大学分成六大类七小类。其中六大类即：博士/研究型大学、硕士学位授予院校、学士学位授予院校、副学士学位授予院校、专门院校和部落院校。专门院校大多数为单科院校，比如医学院、法学院、神学院、师范学院、工商管理学院等。部落院校主要是指由部落掌管，并设置于部落居留地且都是美国印第安人高等教育联盟的成员院校②。

在六大类基础上，把博士/研究型大学、硕士学位授予院校、学士学位授予院校又细分为七小类：即博士/研究型大学-E类(由1994年分类标准中的研究型大学Ⅰ、Ⅱ类合并，也称为广延性博士学位/研究型大学)、博士/研究型大学-Ⅰ类(由1994年分类标准中的博士学位授予大学Ⅰ、Ⅱ类合并，也称为密集性博士学位/研究型大学)、硕士学位授予院校Ⅰ类(主要是综合性大学)、硕士学位授予院校Ⅱ类(主要是学院)、学士学位授予院校文科类、学士学位授予院校普通学科类、学士/副学士院校类。具

① 陈厚丰. 中国高等学校分类与定位问题研究[M]. 长沙：湖南大学出版社，2004：125-132.

② 戴荣光. 美国卡内基高等院校分类：2000版简介[J]. 世界教育信息，2002(10)：16-23.

体情况如下：

博士/研究型大学-E：注重从学士学位课程一直到博士学位的课程，每年至少在15个学科领域合计颁授50个以上博士学位。

博士/研究型大学-Ⅰ：注重从学士学位课程一直到博士学位的课程，每年至少在3～4个学科领域合计颁授10个以上博士学位，或者每年合计颁授20个以上博士学位。

硕士学位授予院校Ⅰ：注重从学士学位课程到硕士学位的研究生课程，每年在3或4个学科领域合计颁授40个以上硕士学位。

硕士学位授予院校Ⅱ：注重从学士学位课程到硕士学位的研究生课程，每年合计颁授20个以上硕士学位。

学士学位授予院校文科类：也称为学士学位授予院校博雅类，主要注重学士学位课程，要求授予的学士学位至少一半属于文科领域。

学士学位授予院校普通学科类：也称为学士学位授予院校通识类，主要注重学士学位课程，要求授予的学士学位属于文科领域的不超过一半。

学士/副学士院校类：可授予学士学位或低于学士学位，一般要求授予的学士学位不少于百分之十。

2000年版卡内基教学促进基金会分类法的具体分类名称及标准见表1。

表1　卡内基教学促进基金会分类法标准①

分类名称	分类标准
博士/研究型大学-E	提供大量的学士学位课程，并承担能颁发博士学位的研究生教育。在调研的三个学年中，每年至少在15个学科领域授予至少50个或更多博士学位
博士/研究型大学-I	提供大量的学士学位课程，并承担能颁发博士学位的研究生教育。在调研的三个学年中，每年至少在3个学科领域授予10个博士学位或在所有学科领域授予20个博士学位

① 陈厚丰. 中国高等学校分类与定位问题研究[M]. 长沙：湖南大学出版社，2004:133.

续表

分类名称	分类标准
硕士学位授予院校Ⅰ	提供大量的学士学位课程，并承担能颁发硕士学位的研究生教育。在调研的三个学年中，每年至少在3个或更多的学科领域颁发40个或更多的硕士学位
硕士学位授予院校Ⅱ	提供大量的学士学位课程,并承担能颁发硕士学位的研究生教育。在调研的三个学年中，每年授予20个或更多的硕士学位
学士学位授予院校-文科类	主要是提供学士学位课程的本科生教育院校。在调研的三个学年中，在文科学科领域内所授予的学位至少50%是学士学位
学士学位授予院校-普通学科类	主要是提供学士学位课程的本科生教育院校。在调研的三个学年中，所授予的所有学士学位中文科学士学位数不足一半
学士/副学士学位授予院校	主要是本科生院校所授予的绝大多数学位低于学士学位，即副学士学位与证书。在调研的三个学年中，所授予的学士学位数至少占所有本科生学位数的10%
副学士学位授予院校	只授予副学士学位和证书，几乎毫无例外的没有授予学士学位的权力。在调研的三个学年中，所授予的学士学位数不足所有本科生学位数的10%

卡内基分类法首次提出了根据承担任务划分高等学校类型的方法，为各国政府提供了高等教育政策分析和决策的参考①，是最精细、最清楚而又符合高等教育发展规律、符合美国国情的一种分类②。但卡内基分类法是先有高等学校的多样化，后有分类标准③，是针对高校过去和现在业已形成的静止状态的分析④，影响了通过分类帮助高校明确定位的指导价值。以高校承担的人才培养层次和学位高低多寡来分类，置之于我国，也很容易导致高校贪大攀高、发展方向单一问题，加剧高校发展中业

① 陈厚丰. 国外高等学校分类法及其评析：以美国卡内基和联合国教科文组织的分类法为例[J]. 当代教育论坛，2004(3)：96-99.

② 沈红. 美国研究型大学形成与发展[M]. 武汉：华中理工大学出版社，2000：262.

③ 冯向东. 高等学校定位：竞争中的抉择[J]. 北京大学教育评论，2004(2)：15-17.

④ 邱德雄. 我国普通高校定位的理性选择[M]. 成都：巴蜀书社，2009：12-14.

已存在的一味追求学科综合、层次提升的现象。

二、英法德等欧洲发达国家的分类

英国高等教育的历史比较悠久，不同高等学校基本任务、学科特点和组织结构等方面大都保持了建立初期的特点。总体来讲，英国大学的分类与其历史沿革大致相当，基本走的是“二元—趋同—趋同下多元”的发展模式。所谓二元，即大学与多科技术学院并存；所谓趋同，指随着多科技术学院升格为大学，管理体制趋向统一。自 20 世纪 60 年代起，英国高等教育发生了一些重要变化，比如 10 所新大学的诞生、开放大学的出现、高级技术学院的升格等。顺应时代潮流，英国大学的管理体制在总体趋同的大形势下走上了多元发展的道路。具体来讲，对应于不同历史时期，英国的高等学校可以分为“大学”和“非大学”两类共 10 种类型，其中“大学”6 种类型，即：古典大学(培养绅士、社会精英和科学家，如牛津、剑桥等)、近代大学(培养区别于绅士的适应工业化发展的大量技术人才，如伦敦大学)、城市大学(主要建在一些重要的工业城市，与当地的工业发展和经济建设有密切联系)、新大学(主要建在中小城市的郊区，为激增的中学毕业生提供更多的入学机会)、多科技术学院(主要面向工商界，后升格为多科技术大学)、高等教育学院(主要培养师范类人才)。“非大学”主要有 4 种类型，即：未升格的多科技术学院、苏格兰中央所属学院、高等教育学院和继续教育学院。

法国最早的大学始创于中世纪，受当时社会环境的影响，较早的一批高等学校大都具有一定的保守性和封闭性。这批传统大学是精英教育的典范，居于法国高等教育系统的顶端。1789 年法国大革命爆发，也给高等教育带来了变革。一是出现了一批以巴黎理工学校、巴黎高等师范学校等为代表的新型大学，它们以实用性技术人才为培养目标，侧重于培养教育、经济、工程领域的高级管理人才和国家急需的行政人才。这批学校被统称为“大学校”，以区别于传统的综合性大学。在综合性大学和“大学校”之外，法国还存在一种短期高等技术学院，侧重培养第三产业中高级技术人才，学制一般为二年，毕业生可以直接工作，也可以进入大学继续深造。

在此基础上，还有学者对法国高等学校的类型进一步细分，这就是所谓的“五类法”，即把高等学校分为五种类型，包括短期高等技术学院(还可细分为大学技术学院和高级技师学部)、综合性大学(淡化专业，实施通识教育，重视研究创新能力培养)、高等专业大学(即“大学校”)、高等专科学院(为学生提供某一特定职业技能教育或培训)、高等教研机构(享有国家政策方面豁免的高等学校或教育机构)[①]。

德国的高等教育发端于中世纪后期，最瞩目的事件是洪堡大学的诞生。它是世界上第一所将科学研究与知识传授相融合的大学，被誉为“现代大学之母”，对后世全球大学产生了深刻影响。20 世纪中后期，科技进步不断加大其在社会经济发展中的比重，社会迫切需要大量具有理论基础又有较强实践能力的工程技术人员。这样的背景下，一批三年制高等专科学校应运而生。21 世纪初，这些高校更名为应用科学大学。因此，德国大学的分类很明确，基于学术性和应用性分为区别明显的学术型大学和应用型大学。两类大学的培养目标差异明显，但均有很好的质量意识和追求，都能按照各自的人才培养模式追求属于自己的卓越教育，两类大学的社会声望并不存在差异。除了二分法之外，也有学者把德国高等学校分为四种类型，即综合性大学及同等级高校(高等师范学校、科技大学等同样具有博士学位授予权高校)、应用科学大学(多为高等专业学校)、高等艺术和音乐学院(培养艺术音乐人才以及中小学校艺术音乐教师)、职业学院(开展理论与实践相结合的职业教育，以具有鲜明特色的双元制人才培养而闻名)。

三、俄罗斯的高等学校分类

俄罗斯的高等学校体系基本是在原苏联时代高校结构的基础上转型调整而来。苏联时代的高等学校分为综合大学、多科性工学院、单科性专业学院三种类型。1996 年，俄罗斯《高等职业和大学后续职业教育法》颁布，规定其高等学校分为综合大学、学术学院和专业学院三类。可见，俄罗斯的高等学校分类是以法律形式明确的，

① 申皓，陈蓓．试析法国的高等教育体制[J]．法国研究，2007(3)：85-92.

充分体现了国家意志，具有强制性特征。高等学校需要变更办学类型，也需要按程序向国家负责高校设置的机构提出申请。

综合性大学一般规模较大、学科覆盖全面，主要从事高级科研人员培养，同时开展广泛的基础和应用研究。综合性大学科研任务最重，其社会地位和声誉相应最高。学术学院学科覆盖面相对较小或比较单一，主要从事科学或技术某一领域的基础和应用研究，同时培养该领域科研人员。需要注意的是，学术学院与综合性大学的最大区别在于学科多寡，而非简单水平高低，事实上学术学院的培养目标常常也是本领域精英人才，它们也多是本领域的国内研究中心。专业学院则体现出一定的行业性和应用性，主要是为本领域的社会从业人员提供学习进修机会，开展相应基础或应用的科学研究工作。

除了国家法律规定的高等学校结构体系之外，俄罗斯其实还拥有很多高等专科学校，其主要任务是面向社会生产实际积极开展职业教育。它们可以被视为独立的高等学校或者高等学校的分支机构。此外，按照办学主体区别，和世界很多国家一样，俄罗斯的高等学校还有另一种分类方法，即把高校分为国立高校、地方高校和私立高校三种类型。在苏联时代，高等教育办学自主权受到极大限制，苏联解体后，俄罗斯积极推动私立高校发展，短短几十年，私立高校数量剧增并占据半壁江山，极大丰富了俄罗斯的高等教育资源供给。

四、印日韩等亚洲国家的分类

印度高等学校的分类相对比较明确，对应教学、科研两大职能，高校分为“大学”和“非大学”两类。其中“大学”通常具有从学士、硕士到博士的完整学位授予体系，自主授予学位，办学规模较大，不同学生在“大学”可以分别接受相应层次的高等教育。“非大学”主要是学院，大多没有学位授予权，属于地方性院校。“大学”又可以分为单一制大学和附属型大学。其中单一制大学包括中央大学、邦立大学、名誉大学和私立大学等。附属型大学是印度大学的主流组织模式，不少办学历史悠久、极富声誉的大学都属于附属型大学。此类大学由若干学院组成，但这些学

院均为独立的办学实体，并不依附于母体运作，唯一需要依赖母体的，是学院不可以自行颁发文凭和授予学位，必须由母体大学进行。与此对应，母体大学对学院拥有一定的质量监控职能，有义务对学院的教学质量控制工作进行管理。大学从事教学、科研以及对学院的必要管理工作，学院主要从事教学工作。此外，在印度还有一种主要从事科研工作的高等学校。

日本的高等教育起步较晚，其真正意义上的大学诞生于1868年的明治维新之后。第二次世界大战结束之后，日本大力发展高等教育，高等学校得到空前的迅猛发展。甚至有观点认为，坚持国立与私立大学分层分类发展，正是日本高等教育质量提升与规模扩张实现同步前进的典型特征[①]。经过二战前后的结构调整，日本的高等学校主要分为四种类型：大学(含研究生院)、短期大学、高等专科学校、专修学校。其中大学又分为国立大学、州立大学和私立大学，主要区别在于办学经费的来源渠道不同。大学主要培养具有科研和专业能力的人才，重视素质教育和基础教育，趋向于综合化方向发展。短期大学主要培养具有某种职业和生活能力的人才，是在第二次世界大战之后出现的新型大学，主要是那些还不具备成为大学的高等学校，它们一般规模很小，重视技能训练。高等专科学校相对比较特殊，它主要培养适应科学技术发展的技术人才，招收初中毕业生、学制五年，学生毕业时水平基本与短期大学毕业生相当。专修学校根据社会需求灵活设定，专业、学制均不固定，相对比较复杂，以致有人不认为它属于高等学校，但日本文部省官方文件中把它列入高等学校范畴。

韩国的高等教育在20世纪非常引人注目，用20年时间实现高等教育大众化，再用15年实现高等教育普及化，韩国高等教育的国际化和多样化发展路径选择令其在20世纪末就实现了普及化进程。韩国的高等学校，一般认为可分为四种类型。一是以尖端的、创造性的具有竞争力的研究为主的研究型大学，二是以培养国家发展需要的专门人才为主要目标的教育型大学，三是面向海洋、体育、教育等特定领域的专业型大学，四是培养产业技术人才及进行再教育的务实型大学。其中研究型大

① 冯晓玲，武毅英. 日本高等教育发展模式对我国建设高等教育强国的启示[J]. 教育学术月刊，2010(4)：79-81，92.

学一般规模较大，拥有学士、硕士到博士完整的学位教育体系；教育型大学主要培养中小学师资，提供4年制免费教育；专业型大学也被称为初级学院，一般学制2～3年，主要开展面向生产一线岗位的职业教育；务实型大学也称为开放大学，主要是为需要接受产业学术及专门知识的技术者提供高等教育机会。

五、联合国教科文组织的分类

各国高等学校的分类方法各不相同，1976年，联合国教科文组织综合考虑了发达国家和发展中国家的不同教育情况，高度总结凝练，推出了一个具有普适性的分类标准，即《国际教育标准分类》(International Standard Classification of Education，ISCED)，目的是“使其成为一份供各国国内和国际上收集、汇编和提出可比较的教育指标与统计数据的文件”。[①]《国际教育标准分类》是目前世界上被广泛使用的高等教育分类标准。

1997年，联合国教科文组织对标准第一版进行了修订。主要原因是随着社会发展，世界教育情况出现了一些新的变化，具体表现为提供教育的部门或机构更多，教育的形式更多，特别是职业教育和培训的发展、包括远程教育在内的现代教育手段的出现，一些国家和国际教育组织认为有必要对第一个版本的国际教育标准分类进行修订。2011年，联合国教科文组织推出了该标准的最新版本，新版本对教育和高等教育的定义进行了新的界定，还明确了职业教育和学术教育同样的地位。[②]

《国际教育标准分类》(1997年)共分三级(可细化为7级或7个教育阶段)。第一级细分为0级(第一级前教育)、1级(第一级教育)，分别相当于我国的学前教育、小学教育。第二级细分为 2 级(第二级第一阶段教育)、3 级(第二级第二阶段教育)、4级(第二级后非第三级教育)，其中前2级分别相当于我国的初中教育、高中教育，第4级一般称为高中后与大学阶段之间的补习期，严格来讲在我国无准确的对应阶段。

---

① 孔繁敏，等. 建设应用型大学之路[M]. 北京：北京大学出版社，2006：14-16.

② 朱淑珍. 国际教育标准分类与我国高等职业教育发展探索[J]. 中国高教研究，2014(10)：102-106.

第三级细分为5级(第三级第一阶段教育)、6级(第三级第二阶段教育)，其中第5级相当于我国的专科、本科和硕士研究生阶段，第6级相当于我国的博士研究生阶段(如图1所示)。

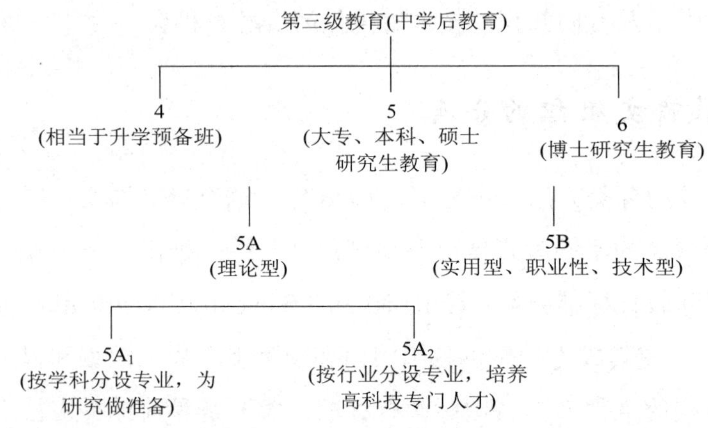

图1 《国际教育标准分类》(1997年)第三级教育分类[①]

按照《国际教育标准分类》(1997年)，第三级即高等教育阶段，其中第一阶段“不可直接获得高级研究文凭”(5级)包含我国的专科、本科和硕士研究生层次教育，第二阶段“可获得高级研究文凭”(6级)对应于我国的博士研究生层次教育，其所谓“高级研究文凭”可对应于我国的博士研究生文凭。

值得注意的是，《国际教育标准分类》所依据的标准是专门人才的类型而不只是层次的高低。[②]5级可分为5A和5B两类，其中5A是理论型的，“目的是使学生进入高级研究项目或从事高技术要求的专业”，相当于我国的普通本科教育；5B是实用型的，“主要目的是让学生获得从事某个职业或行业，或某类职业或行业所需的实际技能和知识”，相当于我国的高职，但学习期限可以延长至四年以上。理论型的5A又可分为$5A_1$和$5A_2$两类，其中$5A_1$一般是为研究做准备的，侧重于基础理论学科，$5A_2$一般是培养科学技术工作的人才，侧重从事应用的专业教育(见表2)。

① 潘懋元，吴玫. 高等学校分类与定位问题[J]. 复旦教育论坛，2003(03)：5-9.

② 潘懋元，董立平. 关于高等学校分类、定位、特色发展的探讨[J]. 教育研究，2009(2)：33-38.

表 2 《国际教育标准分类》(1997 年)第三级教育与我国高等教育对应关系①

<table>
<tr><td colspan="4">《国际教育标准分类法》教育分级</td><td>中国教育层次结构</td></tr>
<tr><td rowspan="3">高等教育第一阶段
(不可直接获得高级研究文凭)</td><td rowspan="3">5</td><td rowspan="2">5A(4 年以上)</td><td>$5A_1$</td><td>本科、硕士研究生阶段(侧重于基础理论学科)</td></tr>
<tr><td>$5A_2$</td><td>本科、硕士研究生阶段(侧重于应用的工、农、师)</td></tr>
<tr><td colspan="2">5B(2～3 年)</td><td>高职高专教育阶段</td></tr>
<tr><td>高等教育第二阶段
(可获得高级研究文凭)</td><td colspan="3">6</td><td>博士研究生教育阶段</td></tr>
</table>

《国际教育标准分类》(2011 年)将教育分为 9 个阶段，即：0 级(早期儿童教育)、1 级(初等教育)、2 级(初级中等教育)、3 级(高级中等教育)、4 级(中等后非高等教育)、5 级(短线高等教育)、6 级(学士或等同教育)、7 级(硕士或等同教育)、8 级(博士或等同教育)。其中 1 级相当于我国的小学教育，2、3 级相当于我国的中学教育，5、6、7、8 级为高等教育，分别相当于我国的高职高专、本科、硕士和博士教育。高等教育阶段中，每一级又可细分为两个类别，其中 5 级分为普通教育和职业教育，6、7、8 级分为学术教育和专业教育(如图 2 所示)。

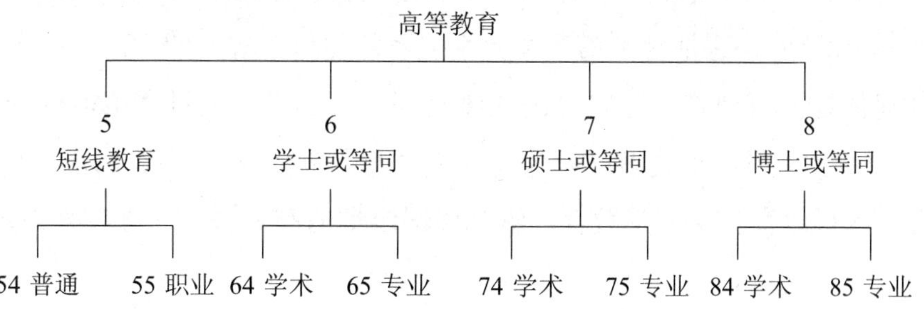

图 2 《国际教育标准分类》(2011 年)高等教育分类

① 陈厚丰. 中国高等学校分类与定位问题研究[M].长沙：湖南大学出版社，2004：149.

与《国际教育标准分类》(1997 年)中把高等教育分为 5、6 两个等级不同，《国际教育标准分类》(2011 年)有 5、6、7、8 四个高等教育等级，其中 5、6、7 级共同对应上一版中的 5 级，8 级对应上一版中的 6 级。此外，《国际教育标准分类》(2011 年)明确把 5 级分为“发展学习者的普通知识、技艺和能力以及读写和计算技能”的普通教育和“掌握在某一特定的职业或行业或某类职业或行业从业所需的知识、技艺和能力”的职业教育，这在 1997 版中是没有的。而在 6、7、8 级中，则用学术教育和专业教育加以区分。

第二节　我国高等学校的分类

高等学校是社会组织体系的组成部分，高等学校的出现和发展根本在于社会的发展需求。高等学校分类对内是高等教育自身规律的要求，对外则应该是对社会人才需求和供给情况的反映。所以高等学校分类不仅与不同国家的经济、政治和文化息息相关，也与国家在不同历史阶段的发展特征紧密相联。

一、我国高等学校分类演变

1898 年，京师大学堂建立，标志着中国近代综合性大学的开端。1904 年，清政府颁行“癸卯学制”，这是我国第一个完整、系统并付诸实施的学制，中国近代高等教育从制度体系上得到确立。到国民政府时期，高等学校按科类结构可分为综合大学与单科性大学，按隶属关系可分为公立大学与私立大学，按办学层次则可以分为专科教育、本科教育和研究生教育。纵观民国时期的高等教育，总体来讲规模较小，因此分类也较为简单。

新中国成立初期，为满足经济社会建设的需要，国家按照苏联高等教育办学模式对高等学校进行了一次大规模的院系调整，具体的调整措施为：一是全面接管与改造民国时期的教会大学和私立大学，确立以公立高等学校为主体的高等学校办学

体制；二是将原来包含文学、法学、理学、工学、农学、医学等多个学科门类的综合大学改组为文理综合大学；三是以新设、重组、升级等方式建设工科、医科、农科、师范等单科型高等学校；四是将地处高等教育较发达地区的高校搬迁至高等教育欠发达地区。通过调整，此阶段的高等学校按照学科门类，可以划分为文理综合类、工业类、农业类、林业类、财经类、政法类、医学类、师范类、语言类、艺术类、体育类等高等学校；按照办学层次，可以划分为大学(综合类)、学院(多科性院系)和高等专科学校；按照隶属关系，可以划分为部属院校、中央业务部门属院校、地方院校；按照教学形式，可以划分为全日制高等学校、半工半读学校以及各式业务学校。

1977年高考恢复后，高等教育进入快速发展时期。到20世纪80年代，随着改革开放政策的不断深入，高等教育体制改革也随之进入新阶段。此阶段的高等学校从人才培养目标的维度把高校分为三种类型：一是以培养研究生为主的高等学校，这类学校逐步成为教学与科研中心；二是以培养本科生为主的高等学校，这类学校围绕教学开展科研和学术活动；三是以教学为主的专科院校。从办学层次维度看，此阶段的高等学校可分为全日制大学、独立设置的学院、高等专科学校等三大类。20世纪90年代，国家对高等教育管理体制进行改革，教育体制改革明确以政府为主导，结合社会主义市场经济需要，适当开展面向社会需求的自主办学。①高等学校层次更加细化，高等职业学校开始出现，民办高校迅速发展扩充。

进入21世纪，全国一大批专科学校以及其它类型的高等教育机构通过合并、组建等方式升格为新建本科学院。到2005年，一种新的类型——应用型高校的概念逐步被提了出来，2010年，国家颁布《国家中长期教育改革和发展规划纲要(2010—2020年)》，首次明确提出应用型人才概念，并对高校分类体系提出要求：一是指导高校合理定位，实行分类管理；二是优化学科专业结构，重点扩大应用型、复合型、技能型人才培养规模。

---

① 张春晓，茹宁.改革开放40年来我国高等学校层次与类型的演变[J].中国轻工教育，2018(5)：5-10.

二、我国现有的高等学校分类

同国际高等教育的分类方法及标准众多、各有千秋类似，我国现阶段对高等学校分类的方式同样纷繁复杂。其中有的分类是基于政府部门的相关文件要求，有的是源于高校的某些特征属性约定俗成，更多是来自专家学者或研究机构由于不同研究目的的成果和结论。梳理这些分类方法会发现，之所以出现各不相同的分类结果，根本是因为基于不同的分类维度。

(一) 学位授予权维度

所谓学位授予权，是指经批准获得的向学位申请者授予学位的资格和权力。在我国，高等学校的学位授予权由国务院学位委员会对高等学校不同学科教学、科研能力与水平及办学条件基础等方面进行评估、论证、审定、认可后授予。《中华人民共和国学位条例》第三条将我国的学位分为学士、硕士、博士三级。

学位制度的建立本身是出于学位管理规范化的需要，但客观上使得高等学校因此而被划分为无学位授予权高校、学士学位授予高校、硕士学位授予高校和博士学位授予高校 4 种类型。学位授予权的有无、学位授予权的不同等级、学位授权点的分布、学位授权点的数量等等，显示出了高等学校的学科特色和办学实力的差异。

在采用学位授予权维度进行高等学校层级划分时，对于有学位授予权的高等学校仍需确定一定的标准，从而将拥有同层级学位授予权的高等学校进一步细分。可以以学位授予权点的数量及分布为标准进行细分，这样才能有效地将拥有个别数量博士学位授予权点/硕士学位授予权点的高等学校同拥有较多数量的博士学位授予权点/硕士学位授予权点的高等学校区分开来。

(二) 学科覆盖面维度

从学科覆盖面维度对高等学校进行划分的基础是学科门类的归类。为加强对高等学校宏观管理，促进高校改善办学条件，2004 年，教育部《普通高等学校基本办

学条件指标》颁布实施，从办学条件要求角度将高校分为综合大学、民族、师范、理工、农业、林业、医药、语文、财经、政法、艺术、体育院校等12类。2011年，国务院学位委员会和教育部颁布修订《学位授予和人才培养学科目录(2011年)》，规定我国高校的学科门类分为哲学、经济学、法学、教育学、文学、历史学、理学、工学、农学、医学、军事学、管理学、艺术学等13个。基于此，我国的高等学校可划分为综合类高等学校、理工类高等学校、农业类高等学校、医学类高等学校等。此外，根据高校各学科门类的比例，学者武书连也曾把高等学校分为综合类、文理类、理科类、文科类、理学类、工学类、农学类、医学类、法学类、文学类、管理类、体育类、艺术类等13类①；《上海高等教育布局结构与发展规划(2015—2030年)》，则根据上海高校的人才供给将高校分为医学、理工农、经管、法学、艺术学、文史哲教等六大类型。

基于学科覆盖面对高等学校进行分类的方法，一方面，可以直接从分类中看出学校的主导学科、服务面向与专业范围，体现出学校的办学特色与学科优势，如中国农业大学，校名就是按照学科覆盖面的维度确定，学校的优势学科一目了然。但另一方面，随着我国高等教育的不断发展以及各高等学校办学能力与水平的不断提升，这种分类维度存在一个弊端，即以某一学科门类命名的高等学校并非只覆盖这一学科门类，且如果按照学科覆盖面标准指导高等学校分类发展，会割裂学科间的交叉联系，阻碍某些高等学校的发展。

(三) 高校职能维度

高等教育的三大基本职能分别为人才培养、科学研究和社会服务，但因社会需求及学校自身发展条件的不同，不同高校各项职能的发挥也不同，因此，可以从高等学校职能的角度，依据高校发挥教学、科研和社会服务三大基本职能的不同侧重对我国高等学校进行分类。从高等教育职能的角度可以将我国高等学校划

---

① 安心. 大学分类制度:影响大学发展的一个重要瓶颈：兼论我国大学分类的利弊[J].国家教育行政学院学报，2005(4)：45-48.

分为教学型高等学校、研究型高等学校和服务型高等学校三大类型。教学型高等学校以培养高级专门人才、履行教育教学职能为主；研究型高等学校科研能力较为突出，同时这类高校的人才培养职能和社会服务职能履行也较好；服务型高等学校主要以培养大量技术技能型人才为主，以社会需求为导向及时调整学科专业设置。

潘懋元将整个的高等教育系统分为两个子系统，即：普通高等教育系统和职业高等教育系统，同时，根据履行社会职能的能级，将普通高等教育子系统中的高校在纵向上划分为研究型、教学科研型、教学型三个层次，将职业型高等教育子系统中的高校在纵向上划分为教学科研型和教学型两个层次。[①]刘献君从高等教育职能的维度将高等学校划分为研究型大学、教学研究型大学、教学服务型大学、教学型本科院校、专科学校和高等职业学校。江苏省教育厅“建立健全科学的高校分类评价体系”课题组从分类评估和指导角度出发，把省域高等学校分为研究型大学、教学研究型大学、应用型本科院校和高职院校四种类型。

从高等教育职能的维度对高等学校进行分类，可以很好地了解到高等学校的办学地位与办学方向，反映出学校教学与科研的比重，体现出学校科研水平与能力，但与此同时，这种分类方法需要对教学、科研和社会服务指标进行量化，并准确把握三者在高校活动中所占比例，这在实际中并不容易实现，因此，从高等教育职能角度对高等学校进行的分类，不同类型之间的边界较难准确界定。

(四) 人才培养类型维度

高等学校的人才培养类型就是人才培养的目标，即培养什么样的人。伴随着经济社会发展需求的改变以及高等教育大众化进程的不断深入，高等教育价值观已由单一的学术导向为主转变为多样化的社会导向为主，高等教育价值观的改变必然带来人才培养理念的改变，人才培养类型从单一走向多样化，当前，对人才进行分类分型培养已成为高等学校人才培养的一种普遍方式。因此，可以从人才培养类型的

① 潘懋元，陈厚丰. 高等教育分类的方法论问题[J]. 高等教育研究，2006(3)：8-13.

维度对我国高等学校进行分类。

国际上普遍将人才划分为学术型人才、工程型人才、技术型人才和技能型人才四类。党中央在十六大报告中曾经提出，要着力培养高素质劳动者、专业人才和拔尖创新人才三种人才。据此，从人才培养类型的维度可以将我国的高等学校划分为职业类高等学校、专业类高等学校和学术类高等学校三种类型。职业类高等学校主要为社会培养高素质劳动者，这类学校培养的学生大部分将直接走上工作岗位；专业类高等学校主要培养高级专门人才，其培养的学生有不超过 50%的将进入研究生阶段学习，因此，这类高校既培养少量的职业型高素质人才也培养一定量的拔尖创新性人才；学术类高等学校以培养拔尖创新型人才为主，侧重于本科以上教育。

潘懋元从人才培养的类型和专业设置面向的维度，将高等学校划分为学科型/研究型高等学校、应用型/专业型高等学校、技能型/职业型高等学校三大类型。陈厚丰根据人才培养目标及学科专业设置将高等学校划分为三类：一是学科类高校，以培养学术研究型人才为主要目标；二是专业类高校，以培养专业应用型人才为主要目标；三是职业类高校，以培养高级技术型人才为目标。马陆亭在 2004 年出版的《高等学校的分层与管理》一书中对我国高等学校分类进行了全面探讨，他选取人才培养类型为分类标准，直接将高等学校划分为学术型人才培养学校、应用型人才培养学校。

(五) 高校隶属关系维度

所谓高等学校隶属关系，简单来说就是高校分属哪个部门管理。20 世纪 50 年代初期，我国的高等学校分别由部委和地方管理，根据隶属关系将高等学校划分为教育部所属院校、中央部委所属院校和地方所属院校三种类型。20 世纪 90 年代以后，随着高等教育管理体制改革的深入，高等学校办学管理权下放，中央和地方两级办学的新格局逐步形成。因此，从隶属关系维度，当前我国高等学校大体分为中央部属高校、地方所属高校。中央部属高校是由指国务院组成部门及其直属机构在全国范围内直属管理的高等学校，可细分为教育部直属高校和其他部委属高校。地方所

属高校是指隶属各省、自治区、直辖市，或者地级市，由地方行政部门划拨经费的高等学校，具体还可细分为省属高校、市属高校。地方所属高等学校占我国高校总数的绝大多数，按照学校的规格，地方所属高校又划分为省属国家“211 工程”重点大学、省部共建大学、地方性直属高校三种类型。

(六) 二元复合维度

所谓二元复合，就是不仅仅以某一种维度对高等学校分类，而是构建二维标准对高等学校进行分类，以充分体现高等学校以人才培养为核心、以社会需求为导向的办学目标和服务方向，避免同质化发展倾向。最为典型的，是上海市教科院于 2015 年发布的二维高校分类法。其核心思想是，根据高校主干学科门类或主干专业大类建设情况，将高校划分为综合性、多科性、特色性三个类别，再根据高校人才培养和科学研究功能的承担情况，把高校分为学术研究、应用研究、应用技术、应用技能四种类型①。学术研究型高校以综合性、多科性为主，应用研究型高校以多科性、特色性为主，应用技术型高校以特色性或多科性为主，应用技能型高校以特色性为主。通过二维分类，引导高校通过纵横对照，在各自的队列中找准位置，办出水平。

此外，武书连在《再探大学分类》中，也提出一种新的高等学校分类方法。他认为大学的类型由类和型两部分组成，类表现的是大学的学科特点，型体现的是大学的科研规模。在此前按照学科门类把高校分为综合类、文理类、理科类、文科类等 13 类的基础上，他以科研规模大小为标准，又将高等学校划分为研究型、研究教学型、教学研究型、教学型四种。②每所高校所属类型由上述所划分的类与型两部分组成，如南京大学按学科门类及其所占比例划分属于综合类，按科研规模划分属于研究型，因此南京大学属于综合研究型大学；东南大学按学科门类及其所占

① 郭少东. 地方本科高校转型发展中的应用性科研体制建设[J]. 中国高校科技，2017(9)：36-39.

② 安心. 大学分类制度:影响大学发展的一个重要瓶颈：兼论我国大学分类的利弊[J]. 国家教育行政学院学报，2005(4)：45-48.

比例划分属于工科类，按科研规模划分属于研究型，因此东南大学属于工科研究型大学。

三、我国高等学校分类的特点

(一) 分类标准繁杂众多

目前我国高等学校分类标准众多，比如按照高校隶属关系可分为教育部直属、部属、省属、市属，按照人才培养类型可分为学科类、专业类、职业类，按照高校学科覆盖可分为综合性大学、师范类、理工类、农林类、医学类等。这与国际高等教育层面的分类标准众多是一致的，因为高校作为一种社会组织，具有多重社会属性，从不同视角审视高校，必然会产生不同形式的分类方式。当这些方式被普遍使用，则形成了不同的高校分类标准。

众多分类标准，有些是按高校的客观属性分类，比如部属、省属，有些是基于政府对高校的管理需要而设定，比如博士学位授予高校、硕士学位授予高校、学士学位授予高校、无学位授予权院校。这些分类方式是由高校的现实情况决定的，简单清晰，没有争议，但从研究角度来讲价值不大。还有一些分类，比如按照学科设置分类的综合性大学、理工类、农林类等，更多带有时代印记，是为了适应新中国成立初期经济社会的建设需要，但高等教育发展到今天，单一学科的高校基本已经不存在，几乎所有高校都是多学科办学。这种分类已经落后于时代，与目前高等学校的现状及社会发展需要不相适应，甚至可能很快被自然淘汰。我们研究高校分类，更多应该关注那些符合目前高校实际，且以专家学者、研究机构为分类主体的学术性分类，分类不是目的，通过分类帮助和指导高校正确定位、科学发展才是关键。

(二) 分类方法偏重纵向分层

我国高等学校分类重视分层轻视分类现象比较明显。所谓分层，是纵向的，比如把高校分为部属、省属、市属，再比如博士授予高校、硕士授予高校、学士授

予高校等。这是因为我们习惯于用行政管理的科层制模式审视高校，忽视了高校作为教学科研机构自身的价值追求。我国高等学校的主体是国有、公办，不同高校的隶属关系不同客观存在，政府按照高校的隶属关系给予相应政策支持，有其合理性，受此影响，民间或学术机构、乃至高校自己，容易忽视或者模糊高校作为独立社会组织的内在特征。由高校隶属关系到省部级高校、正厅级高校、副厅级高校，再到全国重点大学、地方重点高校、地方一般高校，再到世界一流、国内一流、省内一流，高等学校的分层现象愈来愈重。在分层思维影响下，高校的盲目攀比、求大求全的现象难以避免，追求综合性、高水平、研究型等倾向非常普遍。

分层是纵向的，分类更多是横向的，分层关注的是学校层次、级别等外部特征，分类关注学校办学定位、人才培养方向等内在特征。科学的高校分类需要强化分类，弱化分层，而不能以分层主导分类，或者以分层替代分类。高等学校分类是个不断调整的过程，国际上那些先进的高校分类都是根据高等教育系统变化和高校内部发展特征进行的，首先重视横向分类，兼顾纵向分层。比如在联合国教科文组织《国际教育标准分类》中，作为高等教育的第 5 级分为理论型和技能型的 5A、5B，5A 再分为学术型和应用型的 $5A_1$、$5A_2$，每个类别都可以培养本科、硕士，不同类别高校区分是培养人才类型不同而非层次区别，很大程度上避免了一味追求学术型的现象。

(三) 价值追求鼓励科研导向

人才培养、科学研究和社会服务是我们通常所说的高等学校三大基本职能，作为社会组织，高校在隶属关系、学科设置等方面也各具特色，出于不同需要，按照不同标准对大学分类是可能的。但对我国现有的高校分类标准，尤其是对专家学者为分类主体的研究性分类标准进行分析，方案各有不同，却都共同偏重于科研导向。比如，把高校分为研究型、教学科研型、教学型等，其内在分类逻辑就是科学研究而非人才培养，或者说是科学研究优先于人才培养。过分放大科研在高校分类中的比重，轻视高校其他职能尤其是人才培养职能，难免会对高校的理

性发展产生负面影响。各类高校都把科研能力当作学校的核心竞争力，在资源配置和政策激励方面鼓励科研，导致所有高校都在模仿研究型大学的发展路径，忽视自身特点和优势，发展目标趋同，不利于高校准确定位，也不利于人才培养这个根本。

高等学校的三大基本职能并不是与生俱来的。大学在欧洲诞生之初，主要是发挥人才培养职能，培养中世纪欧洲社会发展所需要的官员、医生和神学类专业人才。19 世纪初，洪堡提出以培养人才和发展学术为大学的目的，率先把科学研究职能引入大学。19 世纪末，实用主义精神受到追捧，高等学校服务于社会的要求被不断提起，随着赠地学院(美国新型高等学校，依据 1862 年《莫里尔法案》获联邦政府赠地而建立)和威斯康星思想的出现，服务社会才成为大学的第三项职能。三大基本职能共存至今，人才培养是历史最“悠久”的职能，也是大学最基本的职能。潘懋元先生说，“高等学校的基本职能是培养高层次专门人才，那我们就应该根据高等学校的这一基本职能来划分才合理”。[①]高校分类，首要标准应该是高校人才培养的类型，而不是科学研究水平或者其他。

(四) 分类结果影响力不足

我国高等学校分类标准多、分类方法多，概括起来，这些不同的分类标准和方法大体也可以划分为三种情况。

一是国家法律法规或政策文件出于管理需要而区分的，比如《普通高等学校设置暂行条例》《普通高等学校基本办学条件指标》，以及某些针对某类高校的特定规定等，都会根据高校的办学层次、办学条件等对高校做出事实上的分类，比如综合性大学、学院、高职，或者综合院校、工科院校、农林院校等，这些分类具有强制性、影响力大，但其本质并不是为高校分类。

二是因为高校属性而形成的约定俗成的分类，比如部属高校、省属高校、市属高校等，这是根据客观事实自然形成的分类。

① 潘懋元，董立平. 关于高等学校分类、定位、特色发展的探讨[J]. 教育研究，2009(2)：33-38.

三是以专家学者或者研究机构为分类主体的学术性分类，比如潘懋元、陈厚丰、马陆亭等学者的分类，这是我们研究高校分类应该关注的重点。但相对于前二者，这种类型的分类影响力相对较低。

影响力不足首先源于分类主体单一。不管是哪位学者或者研究机构的分类，都是作为他们个体的研究成果而存在，尽管有些学者颇有声望，研究成果在学术圈中很有份量，但并没有被社会广泛接受。高等学校是个庞大的社会组织体系，而且随着经济社会高速发展，高校越来越由社会的边缘走向中心，与社会大众的联系越来越紧密，对高等学校的分类结果，只有成为社会共识才算是真正的成功。其次受我国传统文化的影响，社会大众普遍更加愿意接受来自政府方面的要求和规定，愿意服从于行政意志，而不太容易接受作为社会机构或个人的思想和主张。所以我国的高等学校分类研究，一方面作为研究主体的专家学者或机构，还需要持续深入，形成更加扎实稳定的研究成果，另一方面也还需要教育行政力量的参与，推动分类主体的多元融合，推动对部分比较成熟的分类标准的支持力度，来提升高校分类标准的权威性，提升分类结果的公信力。

第二章　应用型高等教育的历史溯源与发展历程

随着科技革命的兴起，应用型高等教育作为一种新的教育类型，在全球范围内迅速发展起来，目前已成为世界高等教育体系中的重要组成部分。厘清应用型高等教育发展的嬗变过程，分析中西应用型高等教育发展的来龙去脉，有助于我们更宏观的把握应用型高等教育的发展过程，更为深刻理解应用型高等教育的本质与内涵，进一步明晰我国应用型高等教育的办学定位与目标。

第一节　应用型高等教育的起源与发展历程

应用型高等教育在世界各国有着丰富的实践，特别是西方发达资本主义国家经过多年的实践探索已形成了特色的育人体系。在这里，我们主要通过介绍美国、英国、法国、德国等国家的应用型高等教育的发展历程与特点，为我国应用型高等教育的未来发展提供借鉴。为全面展现各国应用型高等教育发展的全貌，我们从各国现实社会背景中分析应用型高等教育的起源与发展问题，并着重分析应用型高等教育与现实经济社会发展的内在联系。

一、应用型高等教育的起源

应用型高等教育作为高等教育的一个重要类型，从历史溯源上来看，最早可追溯到欧洲中世纪。欧洲中世纪虽经常被史学家称为“黑暗时代”，但在这一时期却孕育出了人类的文明之花——大学。大约在公元 10 世纪与 11 世纪，随着手工业和商

业的繁荣和发展，资本主义经济开始在欧洲萌芽和发展起来，从事商业和手工业的市民阶层力量逐渐壮大。商品资本的流通加速了城市的发展，城市如同雨后春笋般地出现，12 世纪的欧洲已成为城市的世界。到了 15 世纪，欧洲约出现了 5000 个新兴城市。城市的出现为应用型大学的产生创造了有利的条件，大量的知识分子涌入到城市，城市成为了知识的生产与消费地。同时，“城市的快速发展推动了工业和商品经济的繁荣，城市经济的发展使城市分工更加细化，对具有专业素养的劳动者的需求增多”①，对专业技能提出了更高的要求，从而使中世纪的神学教育传统发生了转变，出现了专门的行会组织，这些行会组织后来逐渐发展成为神学、法律等专门学校，主要任务是培养专业性的职业人才。在课程教学的内容设置上强调实用性，如法学院主要开设民法和教会法；医学院开设临床医学课程。当时人们普遍认为，“大学是中世纪为数不多的能使人向上流动的机构之一，实用性课程可以为成功的事业铺平道路。”②

到了 11 世纪末，欧洲的第一所大学意大利波那亚大学成立。而后，法国巴黎大学、英国牛津大学、意大利萨勒诺大学、西班牙拉曼加大学、德国海德堡大学、法国奥尔良大学、英国剑桥大学相继出现，至 15 世纪末，欧洲已拥有 40 多所大学，这些大学当时虽在教会的控制之下，但仍然具有鲜明的应用性特征，为社会培养了大批实用性人才。不过在这一阶段，从总体上而言，大学仍然带有强烈的宗教色彩，基督教神学占据大学的主导地位。

现代意义上的应用型大学出现于 18 世纪下半叶到 19 世纪上半叶，在这一时期，欧洲社会经历了广泛而深刻的社会变革，先是肇始于英国并迅速波及其他欧洲主要国家的工业革命，以及之后爆发的法国大革命，这两次革命使得封建制度和封建神学遭到彻底瓦解，欧洲大部分国家建立起了资本主义经济和政治制度。传统教育也随之失去了存在的基础，现代意义上的应用型高等教育得以真正产生。

法国创建了专门学院、综合理工学院，专门学院按照“传承一门科学、一门技

---

① (法)雅克 · 勒戈夫. 中世纪的知识分子[M]. 张弘，译，北京：商务印书馆，1996：89.

② 贺国庆. 外国高等教育史[M].北京：人民教育出版社，2003：64.

术或一门专业”的原则设置学科、专业，强调学科或专业的实用性。为加强专业人才的培养，不同类型的专门学院由政府不同部门管辖，制定出严格的培养计划，课程设置也多为近代军事、机械、农业、医学等新兴实用性学科。为迎合工业化快速发展的需求，资产阶级政府于1974年创建了综合理工学院，综合理工学院直接隶属于政府管辖，主要开设科学与技术课程，教学内容强调实践性与应用型，强调科学理论与实践相结合，成为近代应用型大学的样板。此外，在法国其它高等教育机构中也开设了大量与工业发展密切相关的课程，为法国经济的发展培养输送了一大批高级技术技能型人才，直接推动了法国资本主义经济的发展与繁荣。如法国学者大卫·兰德斯指出：“20世纪初，法国工业的成功可以归结于理学部很早便注意到技术教育”。

英国是世界上第一个资本主义国家，但在这一时期，由于传统势力较为强大，高等教育改革的力度落后于法国，如以牛津、剑桥为代表的传统大学始终以神学、古典人文教育课程为主要教学内容，对国内经济发展漠不关心，单纯追求学术，与工业生产关系生疏，技术和实用学科仅居于次要地位，远滞后于时代的发展需要。正如伯顿·克拉克所言：“如果社会不能从原有机构中获得它所需要的东西，它将导致其他机构的产生。”①1826年以伦敦大学为代表的11所新大学的成立打破了英国传统大学的神学传统，伦敦大学引入了大量的实用性课程，以面向社会培养专业人才为己任，从而拉开了英国应用型高等教育发展的序幕，这也被称为“新大学运动”。

受“新大学运动”的影响，为培养更多的实用型人才，英国各城市纷纷创办城市大学，比较有代表性的有纽卡斯尔的阿姆斯特朗自然科学学院(1871)、里滋的约克夏科学学院(1874)、谢菲尔德的费思学院(1874)、伯明翰的梅森科学学院(1880)、诺丁汉的大学学院(1881)和利物浦的大学学院(1881)等等。这些大学是以提供职业教育为主，开设的课程都是以工程、机械、造船、采矿、冶金等职业教育课程为主，学

---

① (美)伯顿·克拉克. 高等教育新论：多学科的研究[M]. 王承绪，译. 杭州：浙江教育出版社，2001：126.

生在接受二到三年的教育后，可以获得从事某一行业的资格证书，毕业后学生可以进入工业部门从事技术开发、管理等相关工作，城市大学立足于地方工商业发展需求，完全与地方经济融为一体，受到当地企业与用人单位的欢迎。

美国应用型大学始于“农工学院”。南北战争之后，美国消除了奴隶制度，为资本主义的发展开辟了广阔道路，但当时美国的工农业发展远落后于西欧各国，为培养更多的工农业生产的技术人才，促进农业工业化，1862 年，美国国会颁布了《莫里尔法案》,《莫里尔法案》实施后，美国联邦政府划拨了 1743 万亩土地用以建立农工学院，又称为“赠地学院”。农工学院以短期教育为主，在人才培养目标、专业设置和服务面向等方面具有鲜明的应用性特征，农工学院开设农业经济学、园艺学、昆虫学、农业植物学、畜牧学、兽医学、农场管理等课程，同时农工学院充分利用人才、技术优势，针对性开展社会服务，提供信息与技术咨询，解决农业生产中的技术难题，为农业经济发展提供技术保障。如威斯康星大学发明的奶脂百分比测定法可对市场销售的牛奶进行快速分级，该项成果为该州制奶业节省数亿美元。随着农工学院的发展，农工学院还根据地方需要开设了不同的课程，课程领域超出了传统农业的范畴，涉及到经济、医疗、管理、教育和公共服务的各个领域。据统计，1862—1896 年，美国共建立 69 所“赠地学院”，大多数农工学院也都升格为大学，加利福尼亚大学、麻省理工学院、康奈尔大学、威斯康星大学等都是在此基础上发展起来的。

德国应用型高校出现在 19 世纪后期，伴随着德国工业化进程的推进，工科大学、地方技术学院在德国开始纷纷建立，它们的办学方针以及人才培养的规格直接面向各城邦政府的经济、军事需要。为推动多科技术学院的发展，1864 年各学院校长与德国技师协会共同发表了题为“有关多科技术学校组织基本原则”的草案，在这份草案中，对多科技术学院的人才培养目标、课程设置、师资队伍等方面内容进行了规定，同时也为多科技术学院升格为工科大学奠定了基础。19 世纪 70 年代以后，多科技术学院已陆续升格为工科大学，新升格的工科大学在课程设置上仍然保留着多科技术学院的部分特征，传授技术课程，注重学生应用技术能力的培养。

二、欧美国家应用型高等教育的发展历程

第二次世界大战结束之后，西方各国政府逐渐意识到劳动力的质量是推动经济社会发展的关键，为了满足战后经济科技发展对高素质技术技能型人才的迫切需要，以美国、法国、英国、德国为代表的资本主义国家对高等教育进行了相应的改革、调整，通过创建、升级、改造等多种形式，完成了现代应用型高校的建设工作，应用型高等教育在全球范围内迅速发展起来。

(一) 美国

二战结束后，美国一跃成为世界上经济实力最强的国家，教育在推动国家经济与科技发展方面的作用也日渐突出，美国高等教育进入了黄金发展时期。美国政府以及社会各界对高等教育的投入达到了空前高度，仅从 1959—1960 到 1969—1970 年，高等教育的财政投入由 57.9 亿美元增加到 215.2 亿美元，十年间增长了近 300%，高等学校的财政收入占 GNP 的比例由 1.4%上升到了 2.6%。[①]

1973 年卡内基高等教育理事会在《高等教育的目标与成就》报告中将社会服务确立为高等学校的重要职能，提出人才的培养方向是训练某些专业或职业的人才，强调学生对迅速变化的工业和技术社会的适应性，这份报告为美国应用型高等教育的发展起到了积极的推动作用。此后，各高校纷纷加大了与地方合作，不断提升服务地方能力。50 年代，斯坦福大学率先以固体电子学跨学科研究为开端，吸引了大批电子工业企业在该校附近建立研究生产基地，斯坦福大学为这些企业提供师资以及高端技术支持，工业企业为大学的科研教学活动提供资金、设备，校企合作取得了丰硕的成果，到了 20 世纪 60 年代形成了以斯坦福大学为中心，数十家高科技公司组成的电子工业基地，这一基地是美国历史上第一个科技园——硅谷。此外，在美国其他地区也纷纷形成了大学-工业中心：以哈佛、麻省理工学院为中心建立了波士顿——剑桥科学工业中心，以约翰·霍普金斯大学为中心建立了华盛顿-巴尔的摩

① American　Council on Education.Fact Book. 1980：23.

科学工业中心；以哥伦比亚大学、耶鲁大学、纽约大学和普林斯顿大学建立了纽约-新泽西科学工业中心；在五大湖区，围绕“十所著名大学”成立了芝加哥科学工业中心。①

社区学院是美国应用型高等教育的重要组成部分，占据了美国应用型高校的半壁江山。社区学院的概念源自美国著名教育家、芝加哥大学第一任校长威廉·哈珀，他将大学教育分为“高级学院”和“初级学院” 两部分，并与J. Stanley Brown建立了全美第一所公立社区大学“乔利埃特初级学院(Joliet Junior College)”，哈帕也因此被人们誉为“初级学院之父”。但早期初级学院的职业性、应用性特征并不显著，主要是为学生以后升学做准备，学生经过初级学院的学习后，能够进高一级的学院继续学习深造。

二战结束后，美国政府逐渐意识到培养高素质的劳动力是经济发展的重要引擎。为了在国际竞争中保持绝对优势，美国政府高度关注社会劳动者的素质提高，社区学院因此获得了快速发展。1947年美国高等教育总统委员会颁布了《为了美国民主的高等教育》报告，指出美国将建立成百上千所新的两年制具有大学功能的教育机构，并将这种新的教育机构命名为“社区学院”。社区学院的办学目的是为整个社区提供教育服务，为社区青年提供大学教育，以此去除地理或经济障碍，实现教育机会的公平。这一目的要求社区学院的功能拓展和项目多样化。除此以外，社区学院应是成人教育的中心。社区学院应尝试满足其所在社区的整个的中学后教育。②

此后，社区学院除了面向学生提供升学准备之外，还具有职业教育功能，社区学院面向商业、农林、电子机械等各行业领域开设了大量的相关课程，通过这些课程的学习，学生能够掌握相关行业就业所需的知识与技能，提高就业的竞争力。社区学院的教师队伍也逐渐多元化，来自于行业且具有丰富实践经验的技术人员、工程师成为社区学院的重要师资力量，担任教学工作。人们普遍认为，“除非教师具有

① 黄福涛. 外国高等教育史[M]. 上海：上海教育出版社，2008：28.

② President’s Commission on Higher Education. Highe education for American deinocracy[M]. New Yoik，NY:Harper＆Brothers Publishers，1948:67-68.

鲜活的和一手的与生活本身的接触，否则教师不能理解职业教育的方法原理。教师要教给学生工作技能，其必须有脚踏实地的经验，经过实践训练并且成功地干过相应的工作。”①

经过多年的发展，目前社区学院已成为美国应用型高等教育体系中的重要组成部分，在国家教育和培训体系中发挥着重要作用，为美国经济社会发展培养输送了大量高素质技术技能型人才，促进了美国经济的发展繁荣。

此外，为推动应用型高等教育的发展与完善，美国政府相继颁布了一系列的法律法规，如“帕金斯职业教育法案”“从学校到工作机会 1994 年法案”“帕金斯职业与应用技术教育 1998 年修订法案”“帕金斯生涯与技术教育提升 2006 年法案”等。这些法律法规涉及到美国应用型高校发展的诸多方面，对于提高美国应用型高等教育的质量和覆盖面，推动美国高等教育的大众化等方面都起到了积极的促进作用，传统学术性大学与应用型高校的边界也越来越模糊。

（二）法国

二战结束后，法国经济遭受了沉重的打击，工农业生产仅是战前的 45%，社会生产力水平急剧下降。为尽快恢复国民经济，法国效仿美国、日本等经济发展速度较快的资本主义国家，开始重视高等教育，高等教育被列入国家优先发展项目之一，教育经费的投入也在不断增加，高等教育获得了快速的发展，从 20 世纪 40 年代到 70 年代短短 30 年间，法国大学生人数从 55479 人增加到 837776 人。为更好地推动高等教育的发展，1968 年法国政府颁布《高等教育方向法》，明确规定了大学的根本任务，提出大学应参与各地区的社会和经济发展，适应工业和技术革命要求的民主化进程；为学生传授必要的知识，对他们进行全面培养；利用新的传播方式，促进终身教育的发展。②《高等教育方向法》明确了大学服务经济社会发展的基本任务，

---

① EELLS W C. Why junior college tenninal education[M]. Menasha，WI: Geoige Banta Publishing Copany，1941:266.

② 黄福涛. 外国高等教育史[M]. 上海：上海教育出版社，2008：39.

为法国应用型高等教育的发展明确了方向。

法国政府建立不同层次结构的高等教育体系。法国的大学教育被划分为不同阶段，每个阶段都设有相应的文凭。第一阶段为普通基础教育阶段，学制两年，设有文学、艺术、法学、经济学等课程，学生修满学分后，可获得大学普通学业文凭，学生获得文凭后可以进入第二阶段学习，也可进入劳动力市场。第二阶段是专业学习阶段。本阶段学制两年，第一年授予学士学位，第二年授予硕士学位，取得学士学位的学生可以继续第四年的学习；获得学士学位的学生可进入第三阶段攻读博士学位，也可进入劳动力市场，学生获得第二阶段学位也标志着他已具备了从事某行业的知识与技能。第三阶段是博士生教育阶段，学制 3～4 年，该阶段设有两个平行的文凭，一是研究型的深入学习文凭(简称“DEA”)；二是职业型的高级专业学业文凭(简称“DESS”)。前者是为以后从事研究工作的准备阶段，后者是深入学习专业知识，强调知识的实用性，获得该文凭意味着“一种直接为职业生活做准备的高度专业化教育的完成”。同时，法国政府还将技术学院、高级技术员班纳入到了高等教育体系之中，实施高等职业教育。

到了 20 世纪 80 年代，法国政府颁布《萨瓦里法》，将应用型教育放在了一个更加突出的位置，《萨瓦里法》对大学第一阶段教学进行了改革，针对大学第一阶段文凭缺乏专业性，难以就业问题，提出增设新的大学第一阶段文凭——大学科技学院文凭，为那些不能接受长期教育的学生提供职业教育。由此，法国构建起了一个完整的、相互衔接的应用型高等教育体系，在整个高等教育体系中占有重要的位置。目前，法国应用型高校主要包括高级技术员班、大学技术学院以及大学职业学院。

高级技术员班在性质上属于高等职业技术教育，一般设在技术高中，主要招收技术高中生，学制两年，旨在通过短期的职业技能培训，为生产、服务、开发等行业培养高级技术人员或技工。高级技术员班级专业划分较细，涉及第一、二、三产业 150 多个专业，在课程设置上强调灵活性与应用性，教学内容上具有明显的岗位针对性和实践性。学生毕业后可以获得“高级技术员证书”，拿到证书后，学生既可

以选择第二阶段的大学继续学习深造，也可以选择直接就业。

大学技术学院是法国高等教育制度中的一种新的尝试，它设在大学内，是大学所属的一个特殊的“培训与研究单位”，学制为两年，主要是招收获得高中会考文凭者或同等学历者，培养目标是培养工业和第三产业所需的高级技术员和高级职员，学生毕业后授予“大学技术文凭”。该文凭与大学第一阶段文凭属于同一教育水平层次，获得大学技术文凭文凭后，学生可继续注册第二阶段的学习，也可以三级技术资格就业。大学技术学院面向产业发展需求，课程设置注重强调应用性、实践性，整个教学过程偏重实践性，除了理论学习外，学生还必须要在实验室、车间、企业等现场进行实习，真正做到理论与实践操作的结合。大学技术学院因其专业设置灵活多样、培养周期短、费用低、效益高，受到社会各界的一致好评，自创建以来一直保持着良好的发展态势，吸引了越来越多的青年人入学。

大学职业学院是设在各地大学之内的高等教育机构，旨在为工业和经济领域培养高端技术技能型人才与管理人才。学制三年，招收大学一年级的学生，或已取得大学技术学院毕业文凭、高级技术员证书的学生。大学职业学院的建立是法国大学界与企业界的首次合作，学院的专业设置以及人才培养方案是由学院与企业共同制定，要求学生在企业的实习时间不少于半年，必须掌握两门外语，学生毕业后，根据在校期间的学习情况，颁发大学职业学业文凭、大学职业学院学士文凭和大学职业学院硕士文凭，这三种文凭与大学第一、二阶段的文凭属同一层次。大学职业学院三年级还设置了“工程师-技师”资格证书，以提高学生就业的竞争力。大学职业学院自创办以来，发展迅速，办学规模和学生人数不断增加，目前已成为法国应用型高校的重要组成部分。

总体而言，经过多年的实践探索，法国应用型高等教育已形成一个完整的人才培养体系，应用型教育与普通教育之间的界限被打破，不仅实现了双方的文凭互认，而且二者之间能够相互沟通、取长补短。同时法国应用型高等教育在人才培养规格上也进行了不同层次的区分，实行宽窄并举，满足不同行业对技术技能型人才的不同需求。

(三) 英国

二战结束后，英国科技应用型人才匮乏，严重影响了英国战后经济的复苏以及英国的工业化建设进程。为了捍卫英国在国际上的大国地位，英国政府认真总结了战后国内外形势认为：高等教育特别是应用型高等教育的发展制约着一个国家的综合国力与国际竞争力，振兴英国当务之急应改革现行的教育体制，大力发展应用型高等教育。通过高等教育的改革，破除现行教育体制对经济发展的阻碍，充分发挥应用型高等教育在经济建设中的引擎作用，以保持英国在国际上的大国地位。1956年英国政府发布了《技术教育白皮书》，《白皮书》指出，为避免英国处于“被别人抛下的危险之中”，英国亟需发展应用型高等教育。“要尽快把技术学院的高级课程招生能力从9500人提高到15000人”。

英国通过对部分高级技术学院的整合和升格，创办了34所多科技术学院，扩大了高等教育入学机会，强化应用型人才培养。1965—1966 年之间，招生人数从不到17万增长至逾45万。多科技术学院不同于传统大学，在管理体制、办学模式、招生就业等方面立足于地方，更加贴近行业发展需求。在管理体制上，多科技术学院主要是由地方政府管理，地方政府成立教育委员会，教育委员会主要负责学校的办学经费及办学方针、专业设置、学校领导任免以及其他重大改革事项。地方教育局负责教学、招生、就业和管理等事务，校长主要负责执行理事会决定以及学校具体运行。

多科技术学院强调办学的灵活性、应用性，在专业设置上，主要依据地方和企业的具体需求而设立相关专业，并根据地方企业的发展趋势和产业发展变化而进行相应的结构调整，一旦发现劳动力市场中某些行业人才过剩，或过气行业，便会停止招生并对相关专业进行调整、撤并，以确保学院所供应的人才专业结构和人才素质结构与当地经济发展需要相契合。

多科技术学院为做到真正贴近各地区的工商业、服务业发展需求，采用工学交替的“三明治”(sandwich)学习模式，即学生在企业、学校不同场域中接受教育和培训。学生第一或第二年在学校完成基础理论知识和专业基础理论学习，第二或第三年去工厂、企业实习，面向真正的生产工作一线，以真实的生产项目为载体，将理论知识运用到实践生产中，研究解决在实际工作中所遇到的技术问题。第四年返回学校进行毕业设计和答辩，他们的毕业项目大都来自于实习中的真实项目。整个学习过程突出实践性、应用性，重点培养学生应用技术解决生产实际问题的能力。[①]“三明治课程”紧密地将课程学习和生产工作结合在一起，保证学校的课程设置、教学内容紧跟产业发展，提高了学生的知识应用能力，受到学生与社会的普遍欢迎。

多科技术学院的师资队伍是以行业企业的兼职教师为主体，大多数教师具有丰富的生产和管理经验，他们能够引导学生将所学习的理论知识应用于生产实践，并能根据行业、产业发展的新趋势，及时调整教学内容，传授新知识和新技能，有针对性地开展教学，取得了教学和生产双赢的效果。学生毕业后很受企业欢迎，就业率达到 90% 以上。

1987 年在英国议会发布的《高等教育——迎接新的挑战》白皮书中，充分肯定了多科技术学院的重要作用，认为它在技术与其他业务领域扮演着独特的、越来越重要的作用。经过多年的实践与发展，目前多科技术学院已经基本都升格为大学，也称为“新大学”。根据 1991 年英国发布的《高等教育：新的架构》白皮书以及 1992 年出台的《继续及高等教育法》，多科技术学院升格后的“新大学”仍然延续了以往回应产业需求和社会需求的办学传统，以培养应用型人才为目标，注重学生实践能力的培养，特别是在 2008 年金融危机之后，英国政府为振兴实体经济，要求“新大学”提供更多面向专业技术人才培养的学科专业。

（四）德国

二战结束后，德国虽是战败国，国内经济受到了重创，但依靠前期已有的工业化基础以及优良的劳动力素质，在马歇尔计划的支持下，德国经济很快得到了复苏，到了 20 世纪 60 年代，德国已成为世界第三大经济体。

---

① 中国教育科学研究院课题组. 欧洲应用技术大学国别研究报告[R]. 2013(10).

随着经济的复苏，社会对劳动力的要求有了新的更高要求，迫切需要一大批具有较强实践能力的高端技术技能型人才。而当时德国的高校主要以培养学术性人才为主，在专业设置上以基础性学科为主，且获得大学文凭的时间较长，至少需要五年时间，无法满足现实社会对技术技能型人才的需求。

在此背景下，1968 年德国各州政府决定将原有的工程技术类学校进行合并或改革，创建了应用技术大学。随后，联邦德国政府颁布了新的《高等教育法》，正式明确了应用技术大学在德国高等教育体系中的法定地位，应用技术大学与传统大学同属于德国高等教育，两者之间只有类型之分，并没有等级之别。很快应用技术大学便在德国迅速发展起来，学校数量不断增加，招生规模也在不断扩大，目前德国应用科技大学的数量(232 所)已远远超过研究型大学的数量(110 所)。

应用技术大学自创办以来，始终传承了工业技术学校和高级专科学校的办学传统，强调办学的应用性。在专业设置上，以开设应用性专业为主，早期以工程技术类专业为主，而后随着互联网技术的发展以及新兴产业的出现，增设了许多新的专业，如计算机技术、工业工程与管理、生物工程、化学工程、应用化学、卫生健康和护理等专业，原则上不设一般意义上的人文社科哲学类及自然科学类专业。在专业教学方面，应用技术大学也是以实践性课程为主，强调学生实践能力的培养。在人才培养方案中安排有一至两个学期的 “实习学期”。实习期间学生进驻企业，真正深入到生产和经营一线，参与实际工作，并将实习企业中的一项具体项目或项目的解决方案作为自己毕业设计的主题。在学生最后的毕业设计评价中，也将是否有助于解决真实工作场景中的问题作为一项重要的评定标准。

应用技术大学对于教师的资质也有特殊的要求，一般来说需要具备两个条件：一是学术性，即获得博士学位，是某一学科或领域的专家；二是实践性，应用技术大学教授应在本专业从事至少 5 年以上的实践工作经历，其中至少有三年是学术性机构之外的工作。应用技术大学教授每 4 年会有一次“研究休假”，在假期中，教授们要去企业工厂参与工程实践，及时了解生产工作中的新问题和新动态，以更新扩充自己的知识结构。同时，应用技术大学还会聘请具有丰富实践经验的的企事业单位的工程技术人员与管理人员作为兼职教师，扩充师资队伍。

德国应用技术大学归德国各联邦州政府管理。因此，它与地方产业发展结合的较为紧密，例如：奔驰公司总部所在的斯图加特地区和大众集团所在的沃尔斯堡，当地的应用技术大学都以工程制造、电子、汽车专业为主；在传统的纺织工业城明兴格拉特巴赫主要开办纺织高等应用技术大学，不莱梅应用技术大学充分利用港口城市的特色和近邻空中客车生产基地的优势，大力发展航空科技、船舶制造、航海技术等特色专业。与地方产业的紧密结合，不仅有利于应用技术大学的专业学科建设，而且从地方经济的发展来看，也有利于地区的产业结构发展与调整，为区域经济的发展培养更多的技术技能型人才。

应用技术大学创建以来，始终保持着较高的就业率，毕业生有着较好的收入前景。根据 INCHER 的研究显示，2007 届应用技术大学毕业生在毕业一年半后月净收入平均为 2950 欧元，略高于综合性大学毕业生的 2850 欧元。其中，应用技术大学硕士毕业生的净收入达到 3400 欧元，高于综合性大学硕士毕业生(2950 欧元)和传统的大学文凭(Diplom)获得者(3100 欧元)。①

随着应用技术大学影响力的不断增强，德国对高等教育学制进行了改革。1998 年，德国联邦议会通过了《高等教育总法》，应用技术大学获得了授予国际通行的“学士(Bachelor)”和“硕士(Master)”学位文凭的资格，这就意味着应用技术大学与传统大学之间的界限被打通了，二者一起共同支撑着德国经济社会的发展。应用技术大学是德国高等教育体系中不可或缺的重要组成部分，同时也是德国始终保持国家竞争力的秘密武器。

第二节 我国应用型高等教育的发展历程

我国应用型高等教育肇始于洋务运动时期。第二次鸦片战争之后，为挽救处在

① 中国教育科学研究院课题组. 欧洲应用技术大学国别研究报告[R]. 2013(12)

风雨飘摇中的清政府，朝廷内部一些开明的官员们掀起了一场“师夷长技以制夷”的洋务运动，洋务运动以“中学为体、西学为用”为指导思想，主张学习西方先进的生产技术，强兵富国，改变贫困落后的社会现状。当时国家急需“翻译兼译述的人才、海陆军人才及制船造械的技术人才”[①]。为了满足国家对人才的需要，京师同文馆、福建船政学堂、广州同文馆、天津武备学堂等洋务学堂纷纷建立。这些学堂具有鲜明的应用性特征，无论是人才培养目标，还是办学模式、专业设置都具有鲜明的职业导向，成为我国近代以来最早培养高素质实用性人才的学校。

但由于管理体制的落后、文化观念的保守、官员的腐败以及帝国主义对中国发展的遏制等因素，洋务学堂的发展并未引领中国走向独立富强。直到新中国成立之后，我国应用型高等教育才真正得以发展与兴起。本章节中将我国应用型高等教育发展历程划分为四个不同的历史阶段，分别是开始阶段、恢复阶段、扩张阶段、内涵发展阶段，应用型高等教育在不同的阶段都呈现出不同的特征。

一、开始阶段：1949—1978 年

1949 年新中国成立之后，恢复和发展国民经济成为党和国家面临的首要问题。教育作为社会主义建设的重要工具，被提上了重要议程。1958 年中共中央、国务院在《关于教育工作的指示》中明确提出，教育必须为无产阶级政治服务，必须同生产劳动相结合。到了 20 世纪 60 年代，随着“一五”计划的完成，国民经济得到了恢复，亟需一大批技术技能型人才投身到社会主义现代化建设事业中。而此时的新中国，技术技能型人才相当匮乏。为满足国家对人才的需求，在这一时期，全国各地兴办起了各种形式的“劳动大学”，劳动大学采取半工半读的形式，面向农业、面向生产、面向基层，将“工”与“学”有机结合起来，其中最典型的就是安徽劳动大学与江西共产主义劳动大学，劳动大学直接面向地方农业生产开设课程，确定教学内容。为培养学生的实践能力，学校还办起了农场、林场、牧场等各种为农业服

① 陈青之. 中国教育史[M].北京：东方出版社，2008：453—456.

务的工厂作为学生的生产实训基地，学生通过参加生产劳动，开展技能训练。劳动大学建立了教学、生产、科研三结合教育体制，是我国现代应用型高等教育的雏形。与此同时，在这一阶段，国家还在一些高校开设短期专修科，如南京大学、西北农学院、北京农业大学等 7 所院校举办了二年制林业专修科。专修科的教学内容直接面向生产生活，与生产实践密切结合，学生可以将理论知识直接应用于社会主义现代化建设的实践之中，具有显著的应用型特点。

然而，随着“文化大革命”的爆发，我国高等教育的发展受到了严重的破坏，偏离了原有的发展轨道，应用型高等教育也进入了停滞阶段，直到 1978 年改革开放之后，我国应用型高等教育才得以重回正轨并迅速发展。

二、恢复阶段：1978—1990 年代初

1978 年党的十一届三中全之后，党和政府的工作中心转移到经济建设中来，为解决经济发展对应用型人才的迫切需求以及满足人民群众对接受高等教育的强烈渴望，党和政府对我国的高等教育进行了改革，改建、新建了一批新型大学，这些新型大学高举“培养应用型人才”的大旗，拉开了我国应用型高等教育发展的序幕。

1991 年 10 月，国务院颁布《关于大力发展职业技术教育的决定》，明确提出构建“具有中国特色的，从初级到高级、行业配套、结构合理、形式多样，又能与其他教育相互沟通、协调发展的职业技术教育体系的基本框架”。[①] 1996 年 5 月，《中华人民共和国职业教育法》颁发，《职教法》的实施具有划时代的意义，确立了职业教育在教育体系中的法律地位，使职业教育的任务、职责与发展目标更加明确，为职业教育的良性发展提供了法律保证。1991 年，经原国家教委批准，在邢台军需工业学校的基础上，创建了邢台高等职业技术学校，1997 年更名为邢台职业技术学院，成为我国第一所高等职业院校，拉开了我国应用型高等教育的序幕。1998 年 9 月，

① 国务院. 关于加快发展现代职业教育的决定 http://www.moe.gov.cn/s78/A07/s8347/moe_732/tnull_816.html.

《中华人民共和国高等教育法》颁布，其中第 68 条明确规定：本法中所提及的大学、高等专科学校、高等职业学校、成人高等学校和独立设置的学院均属于高等学校范畴。[①]这就意味着应用型高等教育正式成为我国高等教育体系中的重要组成部分。

1980 年，由武汉大学(汉口分校)、华中工学院(汉口分院)、湖北财经学院(汉口分院)、武汉工学院(汉口分院)合并组建的原江汉大学成立。学校成立之初，就以服务地方为宗旨，把培养学生的实践能力视为办学的“生命线”，走出了一条有别于传统高校的办学之路。江汉大学办学机制灵活，通过租借教室和教学设备、抽调干部、使用兼职教师和聘任教师、组织劳动服务公司等方式，创新办学体制，同时深入农村设立教学点、开办农学系，培养农业生产人才。江汉大学加强实践教学环节，建立“早期实习、多次实习”人才培养机制，提高人才培养质量。教学计划规定，文科的实习时间要占到总学时的 1/4，理工科要达到 1/3，同时每学期每个学生都要有 9 周的实习时间，为了加强实习环节的教学质量，学校在实习基地建设和办学选点上，尽可能选在实践条件较好、便于学生实习的地方。江汉大学农学分部地处市郊的白沙洲，附近有市属农业科学研究中心以及蔬菜、畜牧、水产等 8 个科研所，学生随时可以到这些科研单位无偿实习。同时还在校内建立了相关专业的仿真模拟实验室，可以使学生的早期实习不出校门。江汉大学在办学定位、办学宗旨、办学思路等方面较好的诠释了应用型大学的内涵，为我国应用型高校建设作了积极探索。

1985 年北京联合大学成立，北京联合大学是一所经教育部批准成立的北京市属综合性大学。成立之初，北京联合大学就明确了自身的办学定位，提出了错位发展的办学思路，确立了以培养适应国家特别是首都经济社会发展需要的高素质应用型人才的人才培养目标，将“区域化”作为学校办学的基本定位。学校秉承 “学以致用”的校训，不断明确办学方向，将“发展应用型教育、培养应用型人才、建设应用型大学”确立办学宗旨，面向北京市产业发展需要，着力培养适应经济社会发展

① 中华人民共和国高等教育法. http://www.people.com.cn/item/faguiku/jy/F44-1020.html.

需要的高素质应用型人才。[①]同年，上海工程技术大学成立，上海工程技术大学以应用型人才培养为宗旨，深入开展产学研合作，每学年实行三学期制，即理论教育 2 个学期，在校内完成；实践教育 1 个学期，在合作企业进行。在实习期间，合作企业向学生全面开放，并指派企业导师指导和考核学生实习。学生在真实的生产环境中，学习技能、熟悉生产，实践能力得到了极大提高。此外，学校还成立教育发展基金会，及时了解企业用人需求，筹措发展资金，建立实习基地等。

在这一时期，除上述高校外，金陵职业大学、南通纺织工程大学、合肥联合大学等 13 所高校相继成立，成为我国最早一批应用型高校的代表，为应用型人才的培养积累了丰富的实践经验。为促进应用型高等教育的发展，1985 年，我国从世界银行贷款 3500 万美元支持 17 所应用型大学的建设，大力推动了应用型高校的快速发展。

三、扩张阶段：20 世纪 90 年代末—21 世纪初

到了 20 世纪 90 年代末，随着改革开放的不断深入，为了适应社会经济持续快速发展，我国高校进入了大规模扩招阶段，高等教育进入了大众化发展阶段，应用型高等教育也迎来了发展的黄金时期。在这一阶段，党和政府出台颁布了一系列的法规政策，保障、推动了我国应用型高等教育的快速发展。

1999 年 6 月，中共中央、国务院颁布《关于深化教育改革，全面推进素质教育的决定》，提出要大力发展高等职业教育，培养一大批具有必要的理论知识和较强的实践能力，生产、建设、管理、服务第一线和农村急需的专门人才。[②]2002 年 9 月，国务院颁发了《关于大力推进职业教育改革与发展的决定》，提出高等职业教育招生规模占高等教育招生规模的一半以上，“十一五”期间，要为社会输送 1100 万名高

---

① 朱建新. 地方应用型大学变革研究[D]. 杭州：浙江大学博士学位论文，2019：57.

② 中华人民共和国教育部.中共中央国务院关于深化教育改革，全面推进素质教育的决定[EB/OL]. 1999-06-13. http://www.moe.edu.cn/publicfiles/ business/htmlfiles/moe/moe_177/200407/2478.html.

等职业院校毕业生。①2006 年 10 月，教育部、财政部共同颁布《关于实施国家示范性高等职业院校建设计划，加快高等职业教育改革与发展的意见》，提出“重点支持建设 100 所国家示范性高等职业院校”，“带动高等职业教育加快改革与发展，逐步形成结构合理、功能完善、质量优良的高等职业教育体系，更好地为经济建设和社会发展服务”。②

这一时期，在国家政策的推动下，我国应用型高等教育进入了快速扩张阶段，高校的数量不断增加，办学的规模也在不断扩大，一批民办高校、地方性大学、专门大学相继成立，部分专科层次高校升本或合并升本，如 2000 年，淮阴职工大学、淮阴工业专科学校、淮阴工业专科学校交通分部、江苏省农垦职工大学合并组建淮阴工学院，升格为应用型本科院校；同年，南京机械高等专科学校与南京电力高等专科学校正式合并升格，组建南京工程学院；2003 年，河北建筑科技学院(含华北水利水电学院邯郸分部)、邯郸医学高等专科学校、邯郸农业高等专科学校合并组建河北工程学院等等。应用型高等教育规模的扩大，极大提升了我国高素质技术技能型人才的规模和素质。同时因扩张过快也带来了诸多问题，比如教学质量不高、教学资源匮乏以及学生就业困难等。

四、内涵发展阶段：党的十八大至今

进入党的十八大以来，我国进入了新的历史发展阶段。在新的历史起点上，我国的产业结构发生了深刻调整，表现为第一产业占比快速下降，第三产业占比快速提高，2013 年第三产业生产总值首次超过第二产业，占比 46.1%。与此同时，农业现代化、新型城镇化全面启动，文化创意和服务产业迅猛发展以及电子商务、生物医药、装备制造为代表的新兴产业和新兴业态迅速发展，迫切需要一大批既掌握现代科学技术知识又接受系统技能训练的应用型、复合型、创新型人才，特别是产业

① 国务院关于大力发展职业教育的决定. http://www.moe.gov.cn/s78/A07/s8347/moe_732/tnull_816.html.

② 教育部，财政部.关于实施国家示范性高等职业院校建设计划加快高等职业教育改革与发展的意见 http://old.moe.gov.cn/publicfiles/business/htmlfiles/moe/s3876/201010/109734.html.

链高端的高素质技术技能人才。

然而我国应用型高等教育经过多年扩招之后，办学规模虽已位居世界第一，但办学的质量却饱受社会诟病，所培养的人才不符合市场要求，导致了“用工荒”和“就业难”现象并存，以及高校盲目扩张导致的专业重复设置、高校同质化发展、教育资源浪费等问题越演越烈。面对办学的诸多问题，为提高人才培养质量，我国应用型高等教育从偏重规模扩张转向质量提升，进入了内涵发展阶段。习近平总书记在党的十八大报告中明确提出，要推动高等教育内涵式发展，确立了新的历史阶段我国高等教育的发展方向。在党的十九大报告中，习近平总书记再次明确提出，加快一流大学和一流学科建设，实现高等教育内涵式发展。

事实上，早在 2001 年，教育部在颁布的《关于做好普通高等学校本科学科专业结构调整工作的若干原则意见》中，就明确提出新一轮的专业调整要以发展高新技术类学科专业和应用型学科专业为重点，全面进行学科专业结构调整，深化教学改革，努力形成与国家经济、科技和社会发展相适应的高等教育学科专业和人才培养结构，促进高等教育适度超前发展。高等学校尤其是地方高等学校，要紧密结合地方经济建设发展需要，科学运用市场调节机制，合理调整和配置教育资源，加强应用型学科专业建设，积极设置主要面向地方支柱产业、高新技术产业、服务业的应用型学科专业，为地方经济建设输送各类应用性人才。[①]2010 年 7 月，《国家中长期教育改革和发展规划纲要(2010—2020)》正式颁布，《纲要》明确了我国应用型高校的发展方向，提出应用型高等教育要“适应国家和区域经济社会发展需要，建立动态调整机制，不断优化高等教育结构。优化学科专业、类型、层次结构，促进多学科交叉和融合。重点扩大应用型、复合型、技能型人才培养规模。加快发展专业学位研究生教育”。[②]

① 中华人民共和国教育部. 关于做好普通高等学校本科学科专业结构调整工作的若干原则意见 http://www.moe.gov.cn/s78/A08/gjs_left/moe_1034/201005/t20100527_88506.html.

② 国家中长期教育改革和发展规划纲要领导小组办公室. 国家中长期教育改革和发展规划纲(2010—2020 年)[M].北京：人民出版社，2010：49.

2012 年教育部颁布了《关于全面提高高等教育质量的若干意见》，提出高校要牢固确立人才培养的中心地位，坚持稳定规模、优化结构、注重创新，走以质量提升为核心的内涵式发展道路。

2013 年 6 月，在教育部的牵头下，国内 35 所地方本科院校发起成立应用技术大学(学院)联盟，联盟致力于中国应用技术大学的建设与发展，为地方高等学校转型提供经验和借鉴，促进中国高等教育的分类管理，完善现代职业技术教育体系。联盟各成员定位于应用技术型人才培养，服务地方和行业，密切与行业、企业的合作，为企业提供人才培养和技术服务支撑，同时建立产教融合和协同创新机制，推动地方高等学校更好地服务区域社会经济发展。①应用技术大学联盟的建立进一步助推了我国应用技术大学的建设与发展。

2014 年，由应用技术大学(学院)联盟和中国教育国际交流协会主办的产教融合发展战略国际论坛在驻马店召开，会议闭幕后，参加论坛的 178 所高校共同发布了《驻马店共识》，指出中国的现代化建设不仅需要拔尖创新人才，还需要数以亿计的技术技能人才，将科技进步的重大成果应用到生产、生活领域，推动产业转型升级和经济社会向前发展。大众化的高等教育，更需要加快先进技术的转移、应用和积累，把培养面向现代生产服务一线的高素质技术技能人才作为主要任务。《共识》中提出了地方本科院校要向应用技术大学转型，这在教育界引起了很大反响。

2014 年 6 月，教育部等六部门共同印发的《现代职业教育体系建设规划(2014—2020 年)》提出，“推进高等学校分类管理。建立高等学校分类体系，探索对研究类型高校、应用技术类型高校、高等职业学校等不同类型的高等学校实行分类设置、评价、指导、评估、拨款制度。鼓励举办应用技术类型高校，将其建设成为直接服务区域经济社会发展，以举办本科职业教育为重点，融职业教育、高等教育和继续教育于一体的新型大学”，“引导一批本科高等学校转型发展。支持定位于服务行业和地方经济社会发展的本科高等学校实行综合改革，向应用技术类

① 应用技术大学(学院)联盟简介. http://www.worlduc.com.

型高校转型发展。”[①]由此，我国构建了一个完整的、不同层次的应用型高等教育体系。随后，国家印发了《关于加快发展现代职业教育的决定》，提出要“探索发展本科层次职业教育，建立以职业需求为导向、以实践能力培养为重点、以产学结合为途径的专业学位研究生培养模式。研究建立符合职业教育特点的学位制度。”“引导普通本科高等学校转型发展。采取试点推动、示范引领等方式，引导一批普通本科高等学校向应用技术类型高等学校转型，重点举办本科职业教育。独立学院转设为独立设置高等学校时，鼓励其定位为应用技术类型高等学校。建立高等学校分类体系，实行分类管理，招生、投入等政策措施向应用技术类型高等学校倾斜。”[②]

为推动应用型本科建设，2015 年 10 月，教育部、国家发展改革委、财政部联合出台《引导部分地方普通本科高校向应用型转变的指导意见》，对地方应用型高校的转型进行了顶层设计。在《意见》中，对应用型本科高等教育的主要任务、配套政策和推进机制做出了明确规定，为地方本科院校向应用型转型指明了发展方向。《意见》要求地方本科高校找准转型发展的着力点、突破口，真正增强地方高校为区域经济社会发展服务的能力，为行业企业技术进步服务的能力，为学习者创造价值的能力，按照试点一批、带动一片的要求，确定一批有条件、有意愿的试点高校率先探索应用型(含应用技术大学)发展模式[③]。

2017 年 12 月，国务院办公厅印发《关于深化产教融合的若干意见》，对应用型高等教育的产教融合进行了系统的制度设计，构建了教育和产业统筹融合发展格局。2019 年 2 月，国务院印发了《国家职业教育改革实施方案》，《方案》中提出到 2022 年，职业院校教学条件基本达标，一大批普通本科高等学校向应用型转变，建设 50

① 教育部等六部门关于印发《现代职业教育体系建设规划(2014—2020 年)》的通知 http://old.moe.gov.cn/publicfiles/business/htmlfiles/moe/s8159/201406/170737.html.

② 国务院关于加快发展现代职业教育的决定. http://www.gov.cn/zhengce/content/2014-06/22/content_8901.html.

③ 教育部 国家发展改革委 财政部关于引导部分地方普通本科高校向应用型转变的指导意见 http://www.moe.gov.cn/srcsite/A03/moe_1892/moe_630/201511/t20151113_218942.html.

所高水平高等职业学校和150个骨干专业(群)[①]。

综上所述，十八大以来，我国应用型高等教育进入了内涵式发展阶段，政府除了密集性出台一系列政策文件之外，党和国家领导也在不同场合对应用型高等教育的质量提升提出具体要求。2014年2月，国务院总理李克强主持国务院常务会议，明确提出要切实把职业教育摆在更加突出的位置，加快构建现代职业教育体系。坚持面向市场、服务发展、促进就业的办学方向，进一步深化改革创新，强化产教融合、校企合作，积极鼓励和支持社会力量参与，努力建成一批高水平的职业学校和骨干专业，加快培育大批具有专业技能与工匠精神的高素质劳动者和人才，深度融入大众创业、万众创新和“中国制造2025”的实践之中，促进新动能发展和产业升级，带动扩大就业和脱贫攻坚。2014年6月，习近平总书记对全国职业教育工作会议作出重要指示，提出要把加快发展现代职业教育摆在更加突出的位置，要牢牢把握服务发展、促进就业的办学方向，深化体制机制改革，创新各层次各类型职业教育模式，坚持产教融合、校企合作，坚持工学结合、知行合一，引导社会各界特别是行业企业积极支持职业教育，努力建设中国特色职业教育体系。

此外，2018年国务院专门成立了国务院职业教育工作部际联席会议。联席会议由教育部、发展改革委、工业和信息化部、财政部、人力资源和社会保障部、农业农村部、国资委、税务总局、扶贫办9个部门和单位组成，国务院副总理孙春兰为召集人。联席会主要负责落实党中央、国务院关于职业教育工作的重大决策部署；统筹协调全国职业教育工作，研究解决职业教育重大问题；研究审议拟出台的职业教育法律法规和重大政策，部署实施职业教育改革创新重大事项，听取国家职业教育指导咨询委员会等方面的意见建议；督促检查职业教育有关政策措施的落实情况等等[②]。

---

① 国务院关于印发国家职业教育改革实施方案的通知 http://www.gov.cn/zhengce/content/2019-02/13/content_5365341.htm?from=singlemessage&isappinstalled=0.

② 国务院关于印发国家职业教育改革实施方案的通知 http://www.gov.cn/zhengce/content/2019-02/13/content_5365341.htm?from=singlemessage&isappinstalled=0.

在国家顶层设计和高校内生发展的双轮驱动下，全国各省份纷纷响应，指导相关高校走质量提升为核心的内涵式发展道路，江苏、广东、浙江、辽宁等20多个省(自治区、直辖市)先后出台了推动应用型高等教育内涵发展的相关文件以及配套政策，从学校管理、专业设置、招生计划、建设资金、教师聘任等方面进行了具体规定，在校地合作、校企合作、教师队伍建设、人才培养方案和课程体系改革、学校治理结构等方面积极改革探索。

江苏省政府先后印发了《职业教育创新发展实验区建设方案》《加快推进现代职业教育体系建设的实施意见》《深化产教融合的实施意见》《加快推进职业教育现代化的若干意见》等文件，在全国率先开展现代职业教育体系建设，推进中职、高职和本科衔接试点项目工作，系统设计改革框架，整体推进改革举措，积极探索系统培养高素质技术技能人才的新模式、新机制。引导并确定一批普通本科高校及独立学院向应用技术型高校转型，支持有条件的高等职业学校建设为应用型本科院校；出台专项激励政策，到2025年建设10所高水平应用型本科院校。

辽宁省构建了高校分类发展体系，明确高校的不同类型领域及使命，其中应用型高校定位以培养专业技术应用人才为目标，以提升服务能力为导向，将办学思路与服务区域经济社会发展紧密衔接，加强产教融合和校企合作，增强学生就业创业能力，加快步入面向辽宁主导产业和战略新兴产业的高水平应用型大学行列，突出服务地方特色①。

浙江省启动了中职与应用型本科一体化人才培养试点工作，遴选了省内的15所中职学校，与省内8所本科院校联姻，联合培养学生。中职与应用型本科一体化人才培养以培养高素质应用型人才为目标，通过应用型本科院校、中职学校、行业企业共同参与七年制人才培养方案设计，共同招生，共同开发课程，共同实施教学计划，共同管理与考核评价，实现中职教育与本科教育的无缝衔接，系统化培养本科层次技术技能人才。

广东省围绕产业转型升级、粤东西北地区振兴发展等重大战略，提出加快建立

① 崔丽英. 论应用型高校的发展历程及特点[J]. 河南科学学院学报，2018(2)：13-16.

人才培养、科技服务、技术创新、万众创业的一体化发展机制，形成具有广东特色、适应发展需要、基本达到世界水平的现代职业教育体系。十三五期间，广东省、市两级政府投入近百亿元，采用超常规的思路和方法，支持高水平理工大学实现跨越式大发展。入选的南方科技大学、东莞理工学院等 11 所本科院校将重点打造一批特色鲜明的学科专业以及科技研发服务平台，通过内培外引的方式形成一批高层次技术技能型人才队伍和团队，以培养服务于地方经济社会发展，服务于广东、振兴粤东西北的高端应用型专门人才。

经过多年的理论与实践探索，应用型高等教育作为一种新的高等教育类型，已成为我国高等教育体系中的重要组成部分，办学目标、办学定位、专业设置、服务面向等基本问题也更加明确，始终将人才培养质量提升放在办学的首位，走内涵式发展道路，紧紧围绕着区域经济社会发展需求，培养具有一线生产、管理和服务能力的高素质应用型人才，应用型高等教育在实现中华民族伟大复兴的历史征程中发挥着越来越重要的作用。

第三章　应用型高校的基本特征与办学定位

应用型高等教育的基本特征是：办学导向的行业性、服务面向的区域性、办学目标的应用性、课程设置的复合性、培养过程的实践性和人才评价的多样性；应用型高校确定办学定位的原则有：自主定位与服务地方相结合、从实际出发与可持续发展相结合、社会需求与办学可能相结合；应用型高校精准定位的思路是：立足地方、聚焦应用、追求特色、服务区域和行业；应用型高校办学定位要考虑的因素有：充分了解区域经济社会发展态势、高等教育的发展趋势、学校发展的限制性因素，以及社会对高等教育的要求；应用型高校的一般性办学定位是：高级工程师的摇篮、产业转型升级的重要动力源、区域经济社会发展的协同创新中心；基于应用型高校办学定位的具体维度有：服务对象、人才培养目标、办学层次、办学类型、办学规模、学科专业、办学质量和办学特色。应用型高校办学定位可能出现的偏差有：发展模式雷同、定位趋同、追求层次、贪大求全等。

第一节　应用型高等教育的基本特征

应用型高等教育重在培养知识、能力和素质协调发展的高端应用型人才，主要面向生产、建设、管理、服务一线，其基本特征主要体现为对接行业和区域需求，重在应用性和实践性。

一、办学导向的行业性

目前，世界各国都在大力发展应用型高等教育，特别是职业教育。应用型高校

的共同特点是注重为特定区域和行业服务，体现出显著的行业指向性。从国际上来看，德国的应用科技大学就是为了满足行业需求，并立足应用型科研和社会服务而设立的。与此类似，我国应用型高等学校也是为了满足地方经济社会发展需要而产生的，具有显著的地方特色，围绕特定产业而生。应用型高校根据地方经济社会特征及其发展趋势，结合学校实际设置学科专业，为地方或行业需求培养人才，主动为地方高质量发展献智供才，彰显自身特色，从而实现高等教育与区域发展之间的良性互动。行业是应用型高等教育发展的指针，应用型高等教育要着眼于行业需求的变化。应用型高等教育的专业价值取向应是行业性，其专业设置应加强与相关行业的合作互动，充分考虑学生的行业适应性。此外，鉴于行业的通用性，应用型高等教育也要参照国际行业标准，促进人才培养的国际化，提高毕业生的核心竞争力和职业迁移能力。

二、服务面向的区域性

应用型高等教育与区域经济社会发展的关系日趋密切，与所在地区产业发展的特色密切关联。应用型高等教育的生命力取决于学校专业设置面向所在区域，为区域发展服务的能力。在专业设置上，既要准确把握地方产业特点，了解岗位需求及其就业前景，又要依据区域经济社会发展变化进行灵活调整。当然，在扎根地方办学的过程中，应用型高校需要准确研判地方产业发展与社会治理中的难点热点领域，既要立足当下，又要着眼未来，在注重学科专业灵活调整的同时，也要注意其稳定性和长期性，真正把某一领域的办学优势延续下去。唯有如此，才能在服务区域高质量发展的同时，保持自身的办学特色，形成办学的优势品牌。

三、办学目标的应用性

应用型高等教育的人才培养目标是培养应用型高端人才，这既不同于研究型大学，也不完全等同于职业教育。应用型高校培养的人才不仅能掌握各种技能，还具有一定的理论储备。目前，社会的人才需求日益多样化，需要既有理论基础又有实践能力的应用型、复合型人才。这就要求各大应用型高校调整人才培养目标，进一步重视人才培养的应用性。从区域和行业需求出发，使人才培养模式更具应用性是应用型高校重构培养目标的关键。在这方面，我国的师范类本科院校和高等师范专科学校就具有鲜明的应用型特征。20世纪90年代以来发展迅速的高职院校更是具有明显的应用性特点，其专业设置和人才培养模式都具有鲜明的市场应用特性。因此，这些应用型教育的办学实践为应用型高校办学定位转型提供了咨询并奠定了坚实的基础。

四、课程设置的实用性

应用型高校的课程设置必须体现应用型人才培养目标，课程结构既不能完全对照传统的学科体系，也不能完全以技术技能培养为依据，而要根据区域和行业人才实际需求进行调整，并考虑到学生的全面可持续发展。随着产业结构的调整变化，我国社会行业分化与整合也越来越快，这要求应用型高校的课程设置也要根据行业和产业特点因时而变，体现出较强的实用性和复合性。例如，我国的大部分高职院校在课程设置上都体现出明显的实用性特点，摒弃了以往以传统学科体系为基础、聚焦于理论知识灌输的课程设置模式，以行业岗位需求为基准开设新课程。在理论够用的基础上，围绕行业标准对其进行内容体系和教学模式的应用性改造。不少专业取消了传统的毕业论文写作，而是将其改造为项目设计和岗位工作流程展示等形式，在部分学校更是探索以申报专利的形式来代替传统的论文写作，体现出更强的可见性和行业性。当然，应用型高校的课程设置并非不重视理论基础。在国际上，德国的应用科技大学的课程体系就分为基础教育、专业课程和论文写作三个部分，只有通过基础课程阶段后的中间考试，学生才能进入专业课程教学阶段。同样地，我国应用型高等教育的课程设置也是面向学生全面协调可持续发展的，课程体系包括了理论、实践和素质教育等内容。此外，应用型高等教育的课程体系也面向岗位和岗位群的标准，增加职业资格培训内容，推行“学历证书+职业资格证书”的双

证书毕业制度。

五、培养过程的实践性

应用型高等教育的实践性教学环节应实现课内外一体化设计，校内外结合，实验、实训、实习一体化。一方面，专业课教学内容的实用性被凸显，理论教学与实际技能培养融为一体。理论课程设置实践教学环节，巩固理论知识，提高实践应用能力。另一方面，实践性体现为应用性导向，即通过校企合作共同育人，将企业实训实习融入课程开设的各个阶段，培养面向行业的应用型人才。

应用型高校的产学研一体化要充分发挥实践的主导性，以科学研究为突破口，教学科研协同育人，在教学过程中不断总结而形成科研课题。应用型高校应创设良好的环境，助力师生开展基于应用的科研活动，在实际工作过程中培养学生的科研能力和职业能力。一方面，应用型高校应更加主动地参与到行业发展过程中，帮助行业解决具体的管理、服务和技术等问题，在这个过程中既培养学生的实践与职业能力，又提高教师的科研与社会服务水平。另一方面，应用型高校还应主动加强与科研机构的联系，及时了解最前沿的研究成果，提高师生科学研究能力。在教学过程中坚持产学研结合，实现高校与行业、企业良性互动，促使高校不断增强自身的人才培养实效。通过广泛的产学研合作，实现学校教学和服务企业相结合的良性循环，提高学校的行业服务能力和人才培养效果。产学研结合将应用型人才培养与企业人才需求相结合，使应用型人才培养与企业对人才的需求实现有效衔接，使学生掌握的知识、能力与素质能更快地转化为现实的职业能力。

六、人才评价的多样性

应用型高等教育的人才培养质量评价，不能单纯以学术研究和技术技能为标准，而应以人才与社会对应用型人才的需求相吻合为标准。应用型高校的人才评价体系要充分体现应用型人才的关键核心能力。我国的应用型人才评价体系已经开始改变过去那种以学术性人才培养为目标的体系，而是体现因行业分化基础上形成的人才需求多样化，依据不同行业的人才需求来衡量教育水平。尤其是目前的高职院校已明确自身的办学定位是培养技术技能型人才，而对理论则给予“够用就行”的角色定位。而对本科层次的应用型高校，则会强化理论训练。但无论是应用本科还是高职，归根结底都是要培养应用型人才。在未来，那种人才分高低之别的传统观念将被新的分类观念取代。

在上述理念下，应用型高等教育的人才评价方式也要体现出多样化特点。首先，要实现评价主体的多元化。应用型人才评价应立足高校，引入社会评价，建立由用人单位、行业企业、职业技能鉴定机构等共同参与的人才质量评价体系。其次，促进评价内容的多样化。要改变过于注重知识体系评价的做法，构建包括知识、能力、素质在内的综合评价体系，根据不同类型的应用型高校特点，建立符合人才培养目标的质量评价标准。最后，要实现人才评价方式的多样化，不仅要看人才培养的量化数据，比如升学率、考研率，就业率等，还要重视学生的升学质量、就业质量。实际上，人才培养的评价方式最终不能只看面上的数据，还要看学生的终生发展能力和发展水平，包括用人单位的评价、校友的评价、职业适应性、职业迁移能力等。

第二节 应用型高校办学定位的原则与思路

一、应用型高校确定办学定位的原则

高等学校的办学定位是指高校依据自身的类型、基础及所处的环境，确定学校的发展目标和方向。办学定位主要包括学校的服务对象、人才培养、办学层次、类型规模、学科专业等内容，是对学校培养目标、发展方向的界定。与研究型高校一样，应用型高校具有人才培养、科学研究、社会服务和文化传承等功能，但它又兼有服务地方、面向区域经济发展的特点。基于上述应用型高等教育的基本特征，应

用型高校办学定位必须按照以服务求支持、以贡献求发展的原则，主动适应地方高质量发展的需求，合理确定自身定位。

（一）自主定位与服务地方相结合

1. 形成适合地方高质量发展需要的服务模式

应用型高校一般以单一领域、多领域和全方位等模式服务地方经济社会发展。单一领域服务模式的典型就是以师范教育为主的地方院校，主要服务于基础教育领域。这类院校主要有师范类、医学类、艺术类等专业性高校，行业针对性较强。多领域的服务面向包含两个或两个以上不同的领域，综合性大学多数采用这种服务模式。这种服务模式涉及领域多，服务范围广，然而由于分散用力多，管理难度大，难以聚焦特色。全方位服务模式是对地方提供全领域的服务，优点是可为地方提供较为全面的社会服务，缺点则是涵盖面太广而重点不突出。实践证明，任何服务模式都是特定历史背景下的产物，应用型高校要在服务实践中总结凝练出相对合理又独具特色的服务地方模式。

2. 创建利益主体互利共赢的运行机制

第一，共谋发展是社会服务主体的内在动力。应用型高校的社会服务是高校与区域、行业之间互利互惠的社会活动。对于政府来说，要通过引导应用型高校为地方社会各领域提供服务，以达到经济增长、社会有序、文化传承的目的。在竞争性的市场环境下，企业对人才、知识和技术的需求是实现企业可持续高质量发展的关键。应用型高校发展、提升自身是直接目的，为区域和行业服务是手段。而要实现发展自身的目的，就必须精准对接地方与行业的需求。第二，市场需求是开展社会服务活动的外在推力。一方面，市场是推动应用型高校开展社会服务活动的直接动力；另一方面，应用型高校应按照市场机制来改善服务地方的效果。世界高等教育发展史显示出，西方发达国家高校所取得的成就与其成熟的市场机制密不可分。与西方相比，我国应用型高校在运用市场机制为地方服务上还存在一定差距，以市场为导向开展社会服务应成为应用型高校社会服务的主要方式。第三，政府参与是顺利开展社会服务的重要保障。在大众化教育向普及化教育发展的进程中，发挥政府的主导作用十分重要。一方面，高等教育的普及化涉及整个教育系统的变革，需要政府做好发展规划，从数量和结构等方面科学规划与合理安排普及化的进程，精准定位应用型高校；另一方面，随着高校的作用日益显著，各国均认识到应用型人才对经济社会发展的推动作用，从而为应用型高校更好地服务区域和行业创造良好的环境。比如，一些国家通过立法、下放高等教育管理权等措施来保障高校办学质量和水平。

(二) 从现实出发与可持续发展相结合

一要坚持现实可行性原则。高校办学定位一定要依据客观基础，既要坚持一定的超前性，又要坚持现实可行性。二要坚持比较优势原则。应用型高校必须充分挖掘自身的特色办学资源，立足本校教学、科研和社会服务等方面的基础和优势，突出特色，选准方向。三要坚持可持续发展的原则，使学校发展具有系统性、协调性和持续性。

(三) 社会需求与办学可行性相结合

应用型高校在认真考量区域经济社会发展的同时，也要结合学校自身的办学基础和传承情况，保持一定的办学定力，坚持有所为有所不为，而不都是另起炉灶，打破重来。具体来说，一是坚持扬长避短原则。应用型高校既要紧密结合本地经济社会发展对人才和科技的需求，又不能一味地被市场牵着鼻子走而盲目新设一些自身并无基础的专业。实际上，这种盲目跟风设置新专业的做法在新建本科院校中广泛存在。比如，随着电子商务行业的兴起，很多新建本科院校在并无太好基础的情况下跟风设置电子商务本科专业，结果因为师资、教学设施等不足，人才培养质量受到较大影响。而到了今天，电子商务行业又面临新的变化，学生就业面也随之调整。一些学校如果不能适应这种变化，可能又会撤销这类专业，导致出现专业建设中的市场导向悖论。因此，应用型高校应在诸多市场需求中寻求与自身办学优势相符合的方向，实现正相关、正反馈，办出高水平。二是主次兼顾的原则。由于应用型高校建校时间较短，办学基础普遍相对较弱，无论外部环境如何，其必须聚力定

位于一种教育层次(无论是本科还是高职高专)。当然，少数具备条件的优势专业，根据需要可以开展更高层次的教育。

总之，应用型高校的办学定位要以服务地方为主，但并不排除发展面向全省乃至全国的特色学科和专业。另外，学校学科专业定位的总体目标是大众化或普及化高等教育，但也不排除个别学科领域在区域乃至全国领先，甚至在国际上产生一定影响。

二、应用型高校准确定位的思路

在确定自身定位时，应用型高校应遵循教育发展的基本规律，紧密结合学校办学基础和实际，按照强化应用、凸显特色、服务地方的原则，厘清办学思路，科学制定学校的发展规划。

(一) 聚焦应用

应用型高校与研究型大学在某些层面有一定差距，但也存在共同之处。要根据自身的定位，充分认识自身的办学条件和实力，培养留得住、用得上、发展好的高级应用型人才是其根本出路。突出应用就是要紧密服务地方高质量发展，主动适应相关行业的人才需求。结合学校办学基础，加强应用学科专业建设，调整学科专业设置并推动人才培养模式改革，着力打造行业发展行业急需的学科及专业群，为地方高质量发展输送适销对路的应用型人才，并能通过科学研究为地方政府提供高水平资政服务。应用型高校要围绕地方主导产业发展和社会治理的需求，主动对接特色产业和社会服务重点领域开展应用性的科学研究，使科技创新同地方发展需求有机融合，提升学校的社会服务能力，在区域高质量发展中发挥重要作用。

(二) 稳健发展

应用型高校的发展经历过不同的阶段，从年幼走向成熟。在应用型高校发展的不同阶段，应具有发展定力，不能充满随意性，经常改变自身的发展战略。目前，不少应用型高校的发展处于初步积累的阶段，不可定位过高和类型失当。处在不同发展阶段的应用型高校，各自的发展定位是存在一定差异的。坚持稳健的发展，是这类学校进行科学定位需要坚持的基本原则。目前，市场对技术技能型人才的需求不断提高，对其培养质量也提出更高要求。在这种情况下，各应用型高校的人才培养模式、专业课程建设、内部治理创新等方面都需要根据社会需求进行变革。但是，不管市场需求变化多大，应用型高校自身一定要保持发展的定力，不能完全照搬照抄其他学校的做法，在确定自身定位时，一定要守住特色，稳健发展，循序渐进。

(三) 凸显特色

应用型高校应该在整体提升办学实力和人才培养水平的基础上，尽可能彰显自身办学优势，凸显办学特色。实际上，不少地方应用型高校具备特色办学的良好基础。应用型高校多布局在非省会城市，具有显著的地方特色，其服务面向、办学历史、现实状况、发展环境、经费筹措能力等都存在较大差异。办学特色是应用型高校持续发展的活力源泉。从国际上来看，高等教育最忌讳单一的发展模式而丧失特色。要凸显办学特色，就要差异化发展，集思广益提高办学水平。当然，特色办学不是刻意求新，而是要在尊重应用型高等教育办学规律、达到办学标准、延续优良办学传统的基础上，对接地方和行业需求，形成颇具自身特色的办学模式。因此，应用型高校要坚持特色化办学思路，在保证教育质量达到国家规定办学标准的基础上，凸显地域与行业特色，形成多样化的发展路径。

(四) 服务地方

高校与区域社会发展关系密切。因此，要准确把握地方高质量发展的人才需求，提高人才培养的针对性。要准确把握高质量发展与高校办学的关系，以地方经济建设和产业结构的需求为导向进行学科专业建设；发挥应用型高校的比较优势，实现人才培养模式的多样化，为地方高质量发展服务；以构建应用型高端技术人才培养模式和满足地方社会需求为宗旨、以就业为导向进行人才培养；坚持产学研合作，开展应用型科研与技术服务。应用型高校肩负着服务地方的责任和使命，必须实现将根植地方与服务地方相结合，在服务地方中争取自身高质量发展的空间。以产学研融合的思维促进科技创新，为地方高质量发展提供科技服务，成为促进地方高质

量发展重要的智力支撑。

三、应用型高校办学定位因素考量

在明确应用型高校办学定位的原则和思路基础上，必须深入考量以下四大因素，以对其进行更加科学的定位。

（一）充分考量区域发展态势及相互关系

高等教育作为社会系统中的子系统，其发展必然要考虑社会政治、经济、文化发展的需求，高校的定位也一定要考虑社会发展需求，考虑在高质量发展理念贯彻的过程中，区域经济结构、社会结构以及由此而带来的就业结构的调整，考虑行业企业对从业者综合素质要求普遍提高的趋势，以及人才需求不断分化的趋势。高校在寻求办学定位时应深度对接市场，实现人才培养与行业需求的良性互动。

（二）科学研判高等教育的发展趋势

高等学校的科学定位是面向社会行使办学自主权的需要，也是在新时代高质量发展的背景下改革发展的必然选择。随着党和政府及教育主管部门的简政放权，高校的办学自主权进一步扩大，需要从实际出发进行精准定位。每一所高校都处于高等教育的大系统之中，其办学类型、办学层次和办学特色等方面都要形成自身特色。高等学校在确定办学定位时，必须了解国内外高等教育发展的态势，准确研判同类高校的发展状况，明确自身的相对优势。

（三）全面分析学校发展的限制性因素

高校的办学环境、办学水平、办学传承、办学资源等要素是学校办学定位的前提，立足实际、扬长避短是高校定位的必然选择。多数应用型高校经历了诸多转型过程，在培养目标、培养层次、办学规模、专业设置、服务面向等方面面临着新的抉择。必须科学分析学校的办学历史、办学基础和现有水平，不能脱离学校实际而去寻求研究型大学或综合性大学的定位，盲目设定建设国内一流甚至国际一流的高

目标。无论什么类型的大学，大学精神和大学文化的积淀以及办学水平的提升需要长期的积淀。所以，应用型高校一定要从学校的实际出发，充分考虑校情、地情和学情等因素，对学校办学的限制性因素，包括对师资、科研、学科、管理、资金等限制性因素进行客观全面的评估，积极寻求自身的比较优势，发挥办学特长，彰显自身特色。

(四) 密切衔接社会对高等教育的要求

高校的社会声誉是公众对其知名度的认同，表现为对高校办学特色的整体认知。在某种程度上，公众对高校的认识带有一定的模糊性，它是高校综合实力和办学水平、办学特色的总体情况的社会印象。这种认识一旦形成便会泛化、固化而产生长期影响。一所高校良好社会声誉是学校深耕多年形成的，而非一蹴而就。学校可以在短期内引进大量高层次人才，也可以在短期内改善基础设施等办学条件，但无法在短期内显著提升公众的认可度。尤其是对应用型高校来说，塑造良好的社会声誉或办学品牌需要较长的历史积淀。在这种情况下，应用型高校虽然通过改革创新，采取诸多措施，快马加鞭实现跨越式发展，但更重要的是按照社会对应用型人才的需求，埋头苦干，潜心育人，努力提高人才培养质量和学校整体办学水平。

第三节　应用型高校的一般定位与具体定位

一、应用型高校办学的一般定位

根据以上分析，我国应用型高校要培养的人才要具有追求卓越的创新精神、精益求精的工匠精神和敬业乐群的协作精神。为达成这种人才培养目标，应用型高校从宏观层面可进行如下三方面的定位：一是培养高级工程师的基地。人才培养、科学研究、社会服务是高等学校的三大基本职能，其中人才培养是所有不同目标定位的高校共同肩负的职能。研究型大学聚焦于培养学术型人才，应用型高校则专注于培养技术技能与应用创新并重的高级专门人才。在“中国制造 2025”战略背景下，

诸如工业互联网、大数据、物联网等战略性新兴产业将需要大量的应用型高级人才，应用型高校必然率先肩负起培养这类人才的重任。二是产业转型升级的重要智力支撑。全球经济形势整体走低，我国各项产业转型升级的战略必然围绕培育新的经济增长点、促进产业结构调整、扩大内需等方面展开，对政府、市场、行业、高校进行明确分工。在促进产业转型升级的供给侧结构性改革过程中，政府提供制度供给变革，进一步实现简政放权，创新社会治理体系；市场则主导生态重建，赋予市场主体应有的地位，激发市场活力；行业需要主导创新动力供给，推动行业尤其是新兴产业的转型升级；高校主导人才供给与智力支持，构建中国特色现代职业教育体系，加强应用型高校转型发展。三是推动地方高质量发展的协同创新中心。基于政府主导、行业引领的动力供给机制，应用型高校更重要的是要深度融入区域高质量发展的实践中，成为区域具有较强支撑能力的协同创新中心。创新动力供给要围绕区域主导产业的关键核心技术、产业结构、科技应用等方面的需求而定。应用型高校的学科、专业群建设，应围绕区域高质量发展的主导行业、产业来设定，人才培养模式要围绕区域行业长期的人才需求而改革。在此基础上，真正发挥优势行业对应用型人才培养的带动作用，促进应用型高校成为引领区域高质量发展的协同创新中心。

二、应用型高校办学定位的具体维度

基于应用型高校的一般性定位，可将其办学定位细化为八个具体维度：服务对象、人才培养目标、办学层次、办学类型、办学规模、学科专业、办学质量和办学特色。

（一）服务对象

高等院校有四大功能，即人才培养、科学研究、社会服务和文化传承。这里所要研究的服务对象，特指高等学校在发挥其社会服务功能时所涉及的范围。一般说来，任何高校的服务范围都是有限的。那么，应用型高校面临着如何确定自己的服务对象的定位问题。

1. 服务对象定位的理念

应用型高校大多具有明显的地域特征，立足地方、面向基层、服务当地高质量发展应成为这些院校的核心办学定位。确立这样的办学定位，要求应用型高校必须形成自身独特的办学理念。

第一，转变办学观念，明确服务对象，树立起立足地方的办学思想。明确该定位需要冲破两个误区：一是办学的思维定式，即所有的高校都是按照一个路径发展，一般由高职高专升格为本科，再获得硕士、博士授予权甚至建成全国一流大学。二是服务对象的认识误区，即认为服务对象应追求高端，为地方服务就显得层次较低。实际上，应用型高校必须克服这两个误区，按照自身的办学性质，以服务地方作为自身的定位指南，在服务地方的过程中办出特色，发挥优势，在同类院校中办出一流水平；第二，开放校内资源，积极融入当地产业发展和社会发展的各项活动中。既要积极争取地方政府、行业和企业对办学的支持，建立稳定、可靠、互利的政行校企合作关系，又要积极利用自身优势参与地方产业发展与社会治理事业；第三，坚持面向基层，把办学服务面延伸到城市社区、工矿企业和广大农村。从全国情况看，多数应用型高校是其所处中小城市的少数高等学校，贴近中小城镇和农村，这就使得这类院校最有可能成为服务当地高质量发展的主要智力支持。因此，这些学校应当成为服务基层和地方的主阵地。

2. 服务对象定位的内容

形成恰当的办学理念之后，应用型高校服务地方的领域可分为以下四个方面：一是社会治理领域。充分发挥应用型高校的智库作用，按照新时代社会治理的规律和要求，为地方高质量发展提供决策咨询服务。从某种程度上来说，应用型高校加强自身的治理能力建设，也是为地方社会服务的重要方面。应用型高校要按照新时代要求，推行政治理论课教学改革，将“思政课程”与“课程思政”结合起来，引导学生适当参加所在地方社会治理和社会服务活动，并逐渐成长为当地各项事业的中坚力量。在这方面，应用型高校可以发挥人文社科类专业的优势，做好理论研究、发展规划、项目评估、宣传引导等方面的工作，促使战略决策更好地服务于地方社

会治理。二是产业发展领域。服务于地方经济高质量发展是应用型高校社会服务的最主要的领域，也是应用型高校社会服务的重点和难点。应用型高校服务于地方产业发展必须处理好两个问题：即服务门类的扩展与服务层次的提高。值得注意的是，应用型高校服务地方发展的层次和水平主要取决于高校学科专业建设水平，表现在其帮助解决产业发展实际问题中发挥的作用。为了进一步发挥应用型高校为地方经济社会发展服务的功能，提升服务层次和效益，应用型高校必须紧密对接地区产业结构和行业发展实际，动态调整学科专业设置，下大力气加强学科专业的建设水平，改革人才培养方案，努力提升人才培养质量。此外，在服务区域经济发展的过程中，应用型高校要紧密结合所在地区乡村振兴战略的实施，顺应高质量发展要求，致力于实现所在地区乡村的产业兴旺，促进城乡融合发展。三是文化传承领域。应用型高校为地方文化服务，主要包括两部分：城市文化服务和农村文化服务。应用型高校为城市文化服务，主要是针对现代城市文化尚未形成，以及城市文化品位不高这两个突出问题开展，尤其是在现代城市文化培育方面应发挥引领作用。应用型高校为农村文化服务，主要是围绕所在地实施乡村振兴战略的总要求，为实现乡风文明提供智力支持。四是继续教育领域。为地方教育领域的服务，主要划分为四个层面：学前教育服务、基础教育服务、职业技术教育服务、继续教育服务。首先，基础教育服务是地方高校教育服务的核心。因为从这类院校延生的历史可以看出，它们多数是在原来师范专科学校的基础上升格组建的，为当地基础教育培养师资是它们的根本任务之一，因此，应用型高校可以合作研究、师资培养与培训、心理咨询等形式积极为基础教育服务。其次，职业技术教育服务是应用型高校教育服务的重点。由于当前社会普遍存在着重升学教育、轻职业教育的观念，受其影响，职业技术教育发展仍受到一些制约。应用型高校限于自身一些办学条件的限制，其为地方职业技能培训服务的范围较窄，服务能力也较弱。但是，应用型高校可利用管理和资源优势，在地方政府支持下，改造吸收其他中、高等职业教育资源，为现代职业教育体系建设探索开路。同时应用型高校在转变继续教育观念、提高继续教育实效方面可以发挥更加积极的作用。当前，地方继续教育存在着单纯为学历考证服务的问题，教学模式、考试方法都严重脱离岗位需要的能力要求。为解决这一问题，应用型高校应积极作为，自觉承担起地方教育的担纲者作用，推动地方政府转变教育观念，使地方继续教育更好地服务于当地经济社会发展，尤其是可以帮助地方政府建立完善的再就业培训体系。从这个意义上讲，应用型高校可以在终身教育体系与学习型社会建设中发挥更重要、更关键的作用。

(二) 人才培养目标

随着产业结构的多元化和社会分工的复杂化，各行各业的人才需求分化程度也越来越深。一般来说，一类人才是研究事物发展规律，创造新理论、新知识的人才；另一类人才则是将客观规律、知识理论应用于实践，为社会创造直接价值的人才。一定意义上前者可称为学术型人才，后者可称为应用型人才。实践证明，学术型人才对于推动基础理论研究非常重要，但是就整个社会而言，此类人才所占比例较少，而应用型人才则是人才需求的主流。比如，20 世纪后半叶的美国，不需要技术技能的岗位由 60%下降到 15%，需要一定技术技能的岗位由 20%上升到 65%，全社会对学术型人才的需求却一直保持在 20%左右。近年来，我国对技术技能型人才(如高级技工)的需求不断攀升也充分证明了这一点。

与培养学术型人才相比，培养应用型人才存在更为清晰和特定的规律与思路。在培养目标上，要着眼于培养面向生产、管理、服务一线的高级专门人才。与学术型人才相比，它强调应用性；与单纯的高职高专教育相比，它又强调一定的理论基础、创新能力和发展潜力。在培养规格上，要按照厚基础、重实践、强能力的模式。一方面，应用型人才要具有基本的理论知识，绝不能因为突出应用而降低理论要求；另一方面，应特别注重学生实际应用能力的训练，把应用能力培养贯穿到理论教学过程中，实现工学结合的学中做、做中学。在评价标准上，更多地重视将理论知识转化为实践能力的应用培养，而不是侧重理论研究的学术能力。

1. 应用型高校人才培养定位的依据

应用型高校的人才培养目标定位涉及人才需求、学校办学基础和生源质量等因

素，要把“社会需要什么样的人才、学校能否培养出这样的人才”作为确立人才培养定位的基本依据。

第一，着眼于人才需求的多样化。学校高质量发展的基础是能培养出适应社会需要的人才。为培养符合市场需求的人才，学校要进行人才需求的市场调研和预测，包括预测社会对高等教育的需求，预测社会对专业规格的要求。我国实现高质量发展不仅需要理论人才，也需要大量的应用型人才；不仅需要大量技术技能型人才，还需要具有创造性的高端应用人才。随着科技创新周期的不断缩短，传统的以经验传授为基础的生产技术越来越少，取而代之的是逐步转向以具备一定理论基础的技术为主。生产过程对劳动者综合素质的要求不断提高，劳动者必须在具备一定的理论素养基础上才能掌握新的技术技能。因此，应用型高校应认清应用型人才素质结构的变化，更新调整人才培养的目标与规格。

第二，着眼于学校的办学条件。在人才需求多样化的形势下，应用型高校人才培养目标的确定，要着眼于学校的实际办学条件和基础。应用型高校的办学历史一般相对较短，办学条件和基础相较于高水平研究型大学，存在诸多短板。虽然近些年应用型高校加快了发展的速度，也加强了科研服务的能力水平建设，提出了“顶天立地”的双轮发展战略，但整体上办学实力还是相对较弱。但与此同时，由于应用型高校脱身于地方，具有扎根地方、契合地方、服务地方的天然基因，在为地方经济产业发展和服务上积累了较为丰富的应用型人才培养经验，在此领域深耕发力，可发挥出比较优势，为地方培养急需的从事生产、建设、经营、管理、服务一线的高端应用型人才。

第三，着眼于生源的现实状况。应用型高校的人才培养要贯彻因材施教的原则，要能体现以人为本。应用型高校的以人为本主要体现两个方面，一是以教师为本，二是以学生为中心。培养目标的合理定位，还要考虑受教育对象的知识储备、能力基础和个性特征，以增强教育的针对性。由于我国的高校招生制度特点，随着高等教育普及化时代的到来，高校招生规模不断扩大，一些理论学习基础较弱的学生进入到大学学习。按照传统的学科教学和学术标准来培养此类学生，不但效果不佳，

也不符合他们成长发展的实际需求。因此，应用型人才培养更多地要坚持扬长教育而不是补短教育，把一些在实际操作、管理经营、社会交往、艺术设计等方面具有优势的学生培养成适销对路的各类高端应用型人才。

2. 应用型高校定位的基本原则

第一，发展性原则。应用型高校必须深刻理解发展的内涵。首先，发展是一个历史渐进的过程。应用型人才的培养也要循序渐进，逐渐打造品牌，在激烈竞争的高等教育市场上奠定可持续发展的基础，从而逐步提高办学水平。如果脱离学校现实而仿效高层次研究型人才培养模式，就会导致学生就业定位不准，失去竞争力。其次，发展是一个不断前进的过程。在确保人才培养质量的前提下，应用型高校要向培养研究生层次的更高端应用型人才方向努力。应用型高校的科学研究职能决定了教师在教学的同时还要从事科研和社会服务，只有从事科研工作的教师，才能培育出更高层次的应用型人才。

第二，全面性原则。人才培养规格涵盖知识、能力、素质三个方面的基本内容。应用型人才应该是知识、能力、素质协调发展的人才，这要求应用型高校在人才培养的全过程要正确处理好知识、能力和素质三者之间的关系。对于具有创新力的应用型人才来说，要有一定广度和深度的知识基础。在能力上，要从对学生只能胜任单一岗位的技术技能训练，转变为复合技术技能的培养，能够胜任岗位群的复合岗位要求。在素质上，应用型高校要避免过分重视技术价值或工具价值，而忽视人文精神的倾向。简而言之，要从培养学生掌握单一的职业迁移能力转向具备可持续发展的综合素质和能力，实现“人尽其才，才尽其用”。

3. 应用型高校定位的实现途径

一是转变传统观念，确立以培养应用型人才为主的发展战略。在产业转型和高等教育普及化阶段，应用型高校要切实转变观念，力戒人才培养定位上的贪高求全，以应用型人才培养作为生存之基和发展之源，力求培养出满足地方需求、适销对路的应用型人才。

二是深化改革，以人为本，着眼于学校的高质量发展。以培养应用型人才为主的办学定位需要正确处理好学校整体发展目标与学生个体发展诉求的关系，正确处理好学校当前实际与未来高质量发展的关系。应用型高校在坚持以培养应用型人才为主战略的过程中要注意做好以下几项工作：首先，坚守培养应用型人才的主阵地不动摇，通过应用型人才的培养赢得社会认可，获得地方支持，为学校的未来发展奠定坚实基础。其次，坚持以人为本，注重学生的个性发展和职业迁移能力培养，在此基础上重点是养成全面可持续发展的素质和能力。再次，应用型高校并不等于纯粹的职业技能培训，在人才培养上应具有一定的进阶性，为人才后续发展留出空间。

三是加大投入，科学管理，为应用型人才的培养创造良好的条件。一要加强“双师双能”型师资队伍建设，重点投入引进人才，引导教师在培养应用型人才方面不断探索和研究，尽快适应人才培养目标的要求。二要加大实践教学投入，在人才培养的各个环节中加大实践教学的比重，把课堂教学与实践教学有机地结合起来，在传授理论知识的同时，注重实际应用能力的培养。三要加大基地建设投入，通过校企合作，打造一批产学研深度融合、协同育人的实践教育基地，为培养学生的实践动手能力和实际操作能力提供良好的条件。

(三) 办学层次

1. 高等学校的办学层次定位源于人才需求的多样性

在高等教育普及化背景下，高校的内部分工更加细致。其突出表现为，办学层次更多具有类型的意义，而无层级高低之别。应用型定位并不代表高校办学质量和层次低，而更多的反映了社会对高端人才的需求日益多元化。提高办学层次，并不意味着单纯的增设硕士点、博士点或学校的更名升格，而应该是在同层次、同类型的高校中提高教学质量，提高整体办学实力，从而彰显出自身特色。能否办出一流的大学，关键是看大学服务其自身定义的服务领域水平，关键在于能否形成办学特色和打造品牌，在于人才培养的质量能否为用人单位所接受，在于科技服务能否对地方高质量发展作出特有的贡献。应用型高校与研究型大学有着不同的使命和职责，不同类型的大学都可以办出高水平。

2. 应用型高校的办学层次定位

应用型高校的分类目前众说纷纭、不一而足，在国家层面的文件上也有不同表述。个人认为从应用的角度考虑，可以包括新建本科院校(地方本科院校或是未取得博士学位授予权的学校)和高职高专层次的学校。首先，新建本科院校要达到教育部制定的本科办学标准，除了要锻炼学生的实践技能，还要培养比高职高专更深的理论知识水平；其次，大部分高职院校属于大专层次，其设立是为了满足地方对技术技能型人才的需求。随着我国传统产业能级的优化提升和新兴产业的蓬勃兴起，高职教育较好地解决了因产业发展、行业分化、岗位多元造成的对技术技能人才需求增加的问题，成为服务地方产业发展的重要力量。目前，教育部积极引导新建本科院校向应用型转型，和高职院校在办学定位上存在差异，但也存在边界比较模糊、融合发展趋势。比如，2018 年国家已批准设立新生的职业本科，自 2012 年起已在部分高水平高职院校举办职业本科层次人才培养试点，并拟在少数优势专业，创造条件有计划地开办硕士乃至博士层次的工程教育等等。在未来产业分工和行业分化持续加速的背景下，应用型高校的办学层次也将日益多元，并呈现跨界融合、边界更加模糊的趋势。

(四) 办学类型

按照学科分类，可将高校分为综合类院校、多科类院校和单科性院校；按照行业划分，可将高校分为理工类院校、农林类院校、师范类院校、医药类院校、艺体类院校、财经类院校等；按照高校的功能，又可将高校分为研究型高校、教学型高校和职业型高校。

高等学校的类型定位应该由其人才培养的类型来决定。应用型人才培养主要是通过课堂教学、实习实训和创新创业教育等多样化、综合性的教学手段完成的。所以，这类院校更多的属于教学型院校，其办学立足于本科或高职高专教育类型，以应用和就业为主要导向，以学科专业建设为引领，以师资队伍建设为根本，加强内

涵建设，提升教育质量，着力培养素质全面、能力突出、技术技能精湛的高端应用型人才。这类人才其典型性在于三种精神的结合：即追求卓越的创新精神、精益求精的工匠精神、敬业乐群的协作精神。

(五) 办学规模

办学规模定位主要是指高校在校生的数量多少。一方面，高校要考虑社会对各层次人才的数量需求；另一方面，高校要考虑自身的办学效益，当然更重要的是考虑自身的办学实力和基础，不能贪多求全。一般情况下，在现行生均拨款的财政投入机制下，学校一般都会通过多招生、扩大规模来提高办学效益。但是，从保证人才培养质量的角度看，应用型高校的规模扩张一定要实事求是，要紧密结合学校实际的办学基础，不能盲目扩招。否则，不仅造成教学基础设施和日常管理无法满足要求，最重要的还在于会导致教学质量下降。因此，适度规模是办学者应着重考虑的，要体现效益，更要重视质量。

1. 高等学校确定办学规模的依据

高等学校规模是指在符合一定办学质量标准前提下的在校生数量，它一般以全日制学生数来表示。在同等的教学质量下，规模大的学校比规模小的学校具有更低的生均成本；在同样的生均成本之下，学校可以通过扩大规模，达到改善办学条件的目的。不过，相较于单纯的扩大规模，由提高师生比带来的生均成本节约往往更加显著，可获得最大化的办学效益。如果应用型高校是单纯通过设置、扩大二级学院(系)而实现规模扩张，但却没能使单体专业达到一定规模，仍难以明显提高办学效益。在某种程度上，院(系)平均规模和专业平均规模对学校资源使用率的影响，超过了学校规模对内部资源使用率的影响。当学校规模超出一定限度后，规模扩大可能会导致各类资源使用率增速放缓。换言之，高等学校的规模并非越大越好。根据相关研究，高等学校的适度规模平均大约在 4000 人。当学校规模低于 4000 人时，通过扩大教育规模而产生的生均成本降低是比较显著的。当学校规模大于 4000 人时，通过扩大规模而带来的生均成本节约并不十分显著；当学校规模达到 10000 人，生师比为 10∶1 时，生均成本仍有轻微下降。

2. 应用型高校的办学规模定位

应用型高校的办学规模要把握这样的原则：以质量为核心，体现效益成本，选择适度规模。适度的办学规模就是师生成本随着规模扩大前下降时的临界值。根据以上分析，应用型高校的适度规模应为 4000～10000 人。但是，目前我国应用型高校的规模多数已超过这一适度规模，既有标准已经大大偏离了现实。出现这一问题的原因主要是中国高等教育普及化具有一定特殊性。上述高校办学规模的理想设定是根据国际高等教育发展的普遍规律得出的，并不完全符合我国国情。中国的高等教育普及化是在特殊的社会制度背景下，采用不同于其他国家的特殊的路径而快速实现的。可以预见，应用型高校的办学规模还将进一步偏离预期。因此，中国应用型高校的办学规模，要在服从国家高质量发展的总体要求下，正确地解决好资金投入、办学条件与办学规模相匹配的等问题，确保学校办学质量逐步提高。

（六）学科专业

学科建设和专业建设是高等学校实现高质量发展的核心，它关系到学校的性质、类型和社会服务等功能，成为确定学校办学定位的关键。在新时代，不同类型的高校之间既有跨界融合与合作发展的趋势，也存在竞争关系。就应用型取向这一点而言，它并非应用型高校的专属特性。我国的研究型高校在学科发展、科学研究和社会服务中也具有越来越显著的应用型特征。这实际上给应用型高校的发展带来一定挑战，其学科、专业的科学定位显得更为重要。在未来的发展过程中，各高校必须适时地作出新的选择，确定自己的学科专业定位。就目前情况而言，我国应用型高校学科专业定位需统筹考虑以下几个层面：

1. 当前的学科专业定位

一是综合性。应用型高校是我国高等教育管理体制改革的产物。这场改革的目的就是要解决“国家统包、条块分割、部门办学、过度专业化”的问题。应用型高校应准确地把握这场改革的目的，尽可能使应用型高校的学科覆盖面更广。当然，

这并不是说要盲目地发展多而全的学科专业，而是为了留足学校长远发展的空间。二是基础性。应用型高校应下大力气建设和完善基础学科，使基础学科保持一定的实力。这无论是对学校的现在还是将来，都是至关重要的。例如，应用型高校多数拥有行业背景，它们不会随着知识创新而被舍弃。三是特色性。在特色学科、应用学科方面下足工夫是应用型高校实现高质量发展的根本。由于应用型高校原有基础相对比较薄弱，单独比较学校的整体实力或许并无明显优势，但在某个学科专业领域做出特色，体现出比较优势则是完全可能的。

2. 学科专业的发展规划定位

应用型高校在国家实施的以“本科教学工作水平评估”为核心的一系列宏观政策的调控下，正沿着健康的道路发展成长。应用型高校要切实抓住战略机遇，在通过本科评估的基础上，不失时机地抓住学科专业建设这一重点，做好学科建设的发展规划。一般说来，高等院校的学科建设要在办学条件和传承的基础上，按照“人无我有，人有我强，人强我特”的原则，在特色上做文章。但是，由于我国应用型高校数量众多，目前已很难完全做到“人无我有”和“人有我强”，同质竞争不可避免。为此，应用型高校未来学科专业建设的发展规划定位应把握好以下几个方面：一是人无我有办特色。前面已经提及，应用型高校多数是其所在地唯一或少数的本科院校，这种特殊性就为这类院校的学科建设提供了人无我有的环境。二是人少我有补缺位。作为应用型高校，很难做到学科建设上的人有我优。但是针对兄弟院校布点较少或较偏的学科，应用型高校便可通过补充缺位而大有可为。三是社会急需敢作为。随着科学技术的突飞猛进，产业结构日新月异，社会需求千变万化，这也为应用型高校的学科建设提供了新的机遇和挑战。

(七) 办学质量

质量是指产品或工作的优劣程度，如工程质量、教学质量等，而办学质量就是指高等院校办学整体水平的优劣程度。由于高等教育是按办学层次或类型而确定其分工的，所以不可能按照某种一般性的质量标准去衡量所有的高等院校，而是每个层次、每种类型的高校都有自己的质量标准。

应用型高校在高等教育普及化阶段，其主要任务就是根据地方高质量发展的需要，培养高层次的应用型人才。但与此同时，应用型高校的重要类型是本科，它们必须具备本科院校应具备的基本条件，应该达到教育主管部门制定的本科院校的基本办学标准。经过一段时间的建设特别是随着我国高等教育普及化的进一步推进，这类院校多数将成为我国高等教育的优质资源。综合这几个方面的因素，应用型高校的质量定位应该把握好以下两个方面：

1. 达到应用型高校的一般质量标准

社会对高等教育的质量要求决定了不同类型应用型高校的教育质量具有同一性，这种同一性是国家与社会对高等教育质量的起码要求。普通高等学校的一般性质量标准应该涵盖以下五个方面：一是政治标准。作为社会主义国家的大学，培养的学生首先应该坚持习近平新时代中国特色社会主义思想，成为我国社会主义事业高质量发展的合格接班人。二是专业标准。应用型高校学生应具备本专业系统的理论基础，具有从事本专业的操作技能，具有宽广的知识面，具有较强的创新精神和实践能力及职业迁移能力。三是职业道德标准。它要求学生能够爱岗敬业，具备较强的社会责任和合作精神等。四是科研标准。应用型高校的成立不是简单的时空扩张或形式变化，而是质的飞跃。除了基础理论进一步系统且扎实之外，最主要的是要具有基本的科学研究能力，这也是当前困扰应用型高校发展的主要问题之一。应用型高校既要具有强烈的科研意识，又要避免盲目与名校攀比，而是要立足自身的实力，在当地急需的应用性研究上有所突破，探索服务地方高质量发展的科研路径。五是人才培养标准。作为应用型高校培养的大批人才应该是有能力服务地方高质量发展的应用型人才。鉴于我国目前实行的高考制度，以及社会对本科院校认可与评价标准的趋同性，应用型高校逐渐提高办学层次，适当发展研究生教育。首先，针对当前社会对本科院校硕士研究生培养水平的评价，要逐渐提升人们对应用型高校的认可程度，同时以此逐渐规范学校的教学与管理，以此增强学校的竞争力。众所周知，由于目前高校招生方式仍然是“一考定乾坤”，容易导致一部分学有余力的优

秀学生难以得到进入具有精英教育施教能力高校的机会。应用型高校有责任、有义务把这一部分学生培养好并输送到较高水平的高校继续深造。其次，升格为本科的应用型高校，只有通过为学生继续深造提供助力的教育教学过程，才能真正逐步提高其教学水平和管理水平。

2. 应用型高校的特定质量标准

高等教育地方化是高等教育与经济互动的要求。首先，地方经济在发展和形成特色的进程中，需要高等教育与之配合、为之服务，形成一个与地方经济发展相适应的高等教育系统。因此，高等教育的地域化特征日渐凸显。其次，地方经济的发展将为地方高等教育的发展提供更大的财力支持，为高等教育不断追加投入，并进一步刺激高等教育更主动地适应地方经济社会发展的需要，从而推动高等教育高质量发展。最后，随着我国产业结构调整和社会治理体系的不断完善，地方经济社会发展与应用型高校的联系日益紧密。应用型高校要实现高质量发展，必须主动适应并服务于地方产业发展和社会治理，不断完善学科专业体系。从应用型高校与其所在地区经济建设和社会发展的关系可知，应用型高校必须具有区别于一般院校所特有的质量标准。

一是地方性。这一点主要体现在学校的学科建设、专业设置与课程的设置要紧密结合地方的经济建设和社会发展。作为应用型高校，要依次担负起这样的使命：首先，要为当地行业企业培养高质量的工程师，这是由这类高校的办学历史及其应承担的历史使命所决定的。这类院校几乎都是行业类专科学校升格成的本科院校，承担着培养适应地方产业发展的工程类、管理类人才。其次，要认真地研究分析当地产业结构的变化发展趋势，积极稳妥地设置相关专业，有针对性地为地方产业转型升级提供人力支持和技术信息支持。当前最主要的是要正确处理好地方急需与学校办学能力的关系，切忌不顾办学条件而盲目上社会急需的所谓热门专业。最后，要量力而行，积极探索新设具有地方特色的前沿交叉学科，或研究解决地方产业发展中具有前瞻性的重点科研项目，引导地方高质量发展持续进行。总之，为了使应用型高校更加贴近地方发展实际，其学科专业建设应遵循的原则可概括为：巩固提高传统行业性专业，大力发展应用型专业，积极探索新兴前沿交叉学科。

二是应用性。这里指的是应用型高校的教学侧重点及其人才培养的质量特色。应用型高校要时刻牢记自己的定位，充分评估自身的办学条件和实力。毋庸置疑，应用型高校在培养基础学科的研究型人才方面无法比肩研究型大学，在培养管理和研究层次的工程师方面不如老牌的理工类大学。在这样的背景下，培养留得住、用得好且发展潜力足的高层次应用型人才是这类高校的根本出路。例如，对工科类专业的学生在掌握好基础理论的前提下，重点突出工程应用的训练，以及他们在引导创新创业和行业转型升级中的作用。与老牌理工类大学毕业生相比，应用型高校的毕业生在立志献身地方行业一线的精神上高出一筹。实际上，地方行业企业的高质量发展需要的正是这种专业对口、技能精湛且忠诚度高的实用性人才。

三是文化性。一方面，应用型高校在地方高质量发展中的作用已成为人们的共识，但另一方面，它也是其所在地方最大的文化教育集团，其本身就是地方文化的形象和品牌。而更重要的是，应用型高校通过其文化传承、文化传播、文化创新与交流，推动地方文化的积累和发扬。要真正发挥这种作用，高校就必须有效梳理利用地方文化资源，以独具特色的地方文化为切入点，营造学校文化氛围，打造独特的文化品牌。蕴含丰富地方文化资源的教育模式，有助于形成应用型高校人无我有的特色，对于打造自身教育品牌、提升学校文化品位具有不可替代的重要作用。此外，促进地方文化的研究与传播，也为应用型高校的科学研究和社会服务开辟了一条新的途径。

综上所述，应用型高校在承担高等教育基本任务的同时，也要积极承担部分研究型教育的职能，建立以人为本的质量观，使受教育者能够各得其所，最终达到每个人的全面发展。因此，认清这一点，并在实践中把握好，是这类院校求得高质量发展的根本所在。另外，从我国高等教育目前持续健康发展的势头来看，21 世纪的头 20 年，应用型高校必将面临着严峻的挑战，在受到研究型和职业型高校双向挤压的态势下，会出现发展层次上的进一步分化。当然，如果利用好新兴产业发展的机遇，把握新兴交叉学科的特点，主动作为，乘势而上，推动新兴交叉学科的培育和

发展，也可将此阶段视为应用型高校发展壮大的重要战略机遇期。

(八) 办学特色

据教育部统计，我国各类高等学校有近3000所。这些高校大体上可以分为五大类型，第一种类型包括北京大学、清华大学等一流大学，也可扩大到原“985”高校，属于国际化的高水平研究型大学；第二种类型是进入原“211工程”的重点大学，属于高水平研究教学型大学；第三种类型是各省主管的地方性重点大学或各部委主管的行业性重点大学，属于教学研究型大学，学科专业有区域或行业特色，体现较高的特色水平；第四种类型是新建地方本科院校，也可称之为应用型本科学校，如淮阴工学院、南京工程学院等，属于教学型大学，多具有地方或行业背景；第五种类型是高职院校，如南京工业职业技术学院、深圳职业技术学院等，以培养技术技能型人才为主要目标，是我国高等教育大众化和产业、行业、岗位需求变化背景下发展起来的。当然，每种大类中的高校又存在诸多类型或层次。应用型高校主要包括地方本科院校和高职院校，他们不太可能再沿袭研究型大学的办学定位，而要以改革创新的精神，找准自身发展方向。

1. 办学特色释义

地方性、应用型高校应具有鲜明的办学特色，已被全社会普遍认同，但对“办学特色”的含义则存在不同认识，主要有以下几种观点：

第一，从办学特色的内涵上看，办学特色就是办学的个性化，不仅体现在高校办学性质、社会服务、行业特色上，还体现在办学目标、人才培养模式、办学规模和专业结构等方面。特色是“你无我有，你弱我强，你强我特”的生动体现；第二，从办学特色的性质上讲，办学特色是高校在办学历史上塑造起来的稳定的发展路径，以及公认的办学特征；第三，从高校与社会的关系上看，高校办学特色是学校在办学过程中适应高质量发展需要，符合应用型高等教育发展规律，有利于自身发展的个性外在表现；第四，从高校办学的历史渊源来看，办学特色是学校有别于其他学校的独特办学风格、办学文化、办学理念和办学传承；第五，从高校职能与办学特色的关系上来看，高校办学特色是高校具有区别于他校的发展模式，并在后续办学过程中长期传承而形成的理念。高校在实施人才培养、科学研究、社会服务三个基本职能时侧重点不同，其办学结果也就各具特色。办学特色是学校办学特殊性与个性在长期的办学过程中稳定、持久的体现，也是各类高等院校共同关注特色建设的根本原因所在。

2. 办学特色是应用型高校发展的客观需要

第一，高质量发展的客观要求。随着中国特色社会主义进入新时代，高质量发展成为统领我国经济社会发展的核心理念。高质量发展的理念，要求各地在探索地方经济社会发展模式时要深度考量地域性特征。由于各地区的发展基础、资源状况等不同，对教育的层次、规模、侧重点的需要必然会有很大差异，原来那种千篇一律的、大一统的综合性大学办学模式已无法适应新时代教育高质量发展的客观需求。同时，高等教育的竞争也在新时代日益加剧，这种竞争对高校提出了特色发展的要求。必须转变应用型高校的办学理念，在全国教育大变局中认真研究地方经济社会高质量发展的实际需求，在特色中找到自身发展的生长点。

第二，学校办学资源紧缺的现实要求。由于种种原因，长期以来，地方政府对应用型高校的经费资源投入相对不足，严重制约了学校办学效益。而且，由于高等教育投资较大，周期长且见效较慢，平均主义教育经费使用方式将很难打造质量突出的应用型高校。因此，只有走内涵发展的道路，选择部分在全省乃至全国具有一定特色和竞争力的学科专业进行重点投入，才能最终达到以特色品牌打造带动高质量发展的目的。

第三，学校自身发展的必然选择。随着科学技术日益向高度综合与高度分化相结合的方向发展，高等教育也相应呈现出高度综合与高度分化并存的特征，其主要标志是高等教育发展的多元化。世界一流大学必然有一流学科，它们在长期办学历史上形成了自身的办学特色和口碑。对我国高等教育而言，应用型高校因其所属部门或行业属性、专业类型、培养目标、师资水平等不同而有差异。目前，应用型高校面临的最大挑战就是如何满足所在地方经济社会发展的实际需求。在此背景下，

各应用型高校都在寻求最有利于自身发展的最佳路径。在这个过程中，各校也会形成自身的办学特色。

3. 强化地域特色

从传统办学评价指标上看，相对那些办学历史较长的著名研究型大学，应用型高校的实力相对较弱。在这种情况下，简单效仿著名大学的发展路径，既无必要，也无可能。在新时代，应用型高校的发展必须走接地气的高质量发展之路，即其学科建设和人才培养既要追求“顶天”，还要“立地”，做到扎根地方，深度利用所在地区的地域特色资源。一般而言，可从以下两方面进行发力：

一是利用地域特色文化加强学科建设。学科建设离不开一定的文化底蕴，地方文化底蕴既是学科建设所需要的文化资源，也是应用型高校建设特色学科专业的良好切入口。地方文化是各地在特定的历史背景下形成的一种属性文化，是一种典型的不可替代的“地方性知识”。地方文化传承和文化特色是属地应用型高校建设特色学科专业的重要依托，要将其与学校特色学科建设紧密结合起来。比如，湖南理工学院利用岳阳市深厚的人文和历史文化资源，创办《云梦学刊》，该刊物“屈原研究专栏”在海内外产生了较大影响。所以，强化属地文化特色也可以使应用型高校在某一领域占据高位。这不仅可以提高学校的学科建设水平，还可以促进地方文化的弘扬，并为文化建设高质量发展探路。

二是利用地方特色自然资源建设特色学科。自然资源的分布是随机不均衡的，具有很鲜明的地方分布特点。应用型高校在自然科学类、工程技术类学科领域，可以深度利用地方特色资源开展科学研究。这种依托地方特色自然资源所建设的特色学科具有较强的不可替代性，在科学研究和人才培养方面都具有很强的竞争力。比如，景德镇陶瓷学院就是在景德镇发达的陶瓷产业基础上建立的。该校以解决陶瓷生产过程中的重要技术问题为主攻方向，形成了无机材料、机械制造等与陶瓷产业相关的学科，成立了相关国家级特色研究机构，在陶瓷制品研发及提升我国陶瓷工业国际竞争力等方面，都做出了较大成绩，大大提高了学校办学影响力。再如淮阴工学院，针对淮安市岩盐、凹土资源丰富以及盐化工产业集聚的优势，利用化学工

程与技术、材料科学与工程等相关学科，建立了矿盐资源深度利用技术国家地方联合工程研究中心、省级凹土资源利用重点实验室、岩盐与凹土资源深度利用协同创新中心、省级盐化工工程实践教育中心等科研教学平台，并与淮安市盐化工产业园、井神盐业集团等开展深度产学研合作，在人才培养、科学研究和社会服务中取得突出业绩。又如，东北石油大学，就依托大庆丰富的石油资源及石化相关产业发展基础，开展石油石化类特色学科建设，在多个相关研究领域形成了独具特色的研究方向，建立了多个省级重点实验室，在石化类专业及延伸性专业的研究和应用方面，都取得一批较有影响的成果，也为大庆的石化产业发展提供了重要的智力与技术支撑。

高等学校的办学特色最终要落实到教育教学实践上，落实到人才培养质量上。应用型高校的办学特色更应体现在专业设置、培养目标、培养规格、培养途径等方面，体现在学生全面协调可持续发展的综合素质和能力培养上，以更好地满足地方高质量发展的需求，更好地满足学生个人全面成长的需求。因此，应用型高校要按照高等教育发展的规律，响应地方产业高质量发展和社会治理体系现代化变革的需求，自觉走政校联动、产教融合、校企合作的发展道路，坚持理实一体、工学结合、知行合一的育人理念，建立不断修订完善高素质应用型人才培养方案的机制，真正办出特色、办出水平，努力培养融“追求卓越的创新精神、精益求精的工匠精神、敬业乐群的协作精神”于一体的高素质应用型人才。

第四节　应用型高校办学定位的偏差

在第一至第三节，我们根据已有的研究和我国应用型高校发展的实际，指出了应用型高等教育的特征，提出了应用型高校办学定位的原则和理想类型。然而，应用型高校办学定位的具体实践始终与理想类型存在差距。随着中国社会转型的加速，国家教育政策的不断调整和高校之间的竞争日趋激烈，一些应用型高校在确定办学定位的过程中会产生偏差，给学校的发展带来不确定性和不稳定性。应用型高校在确定办学定位的过程中，相互学习、相互借鉴，及时总结和梳理这些偏差，并能够

迅疾纠偏，更好地体现和突出自身特点，实现高质量特色发展。一般来说，应用型大学确定办学定位的过程中经常出现的偏差主要表现在五个方面。

一、参照研究型高校的办学模式

在社会主义市场经济与国家政策的引导下，我国高等教育事业在快速发展的同时也不断分化，各种类型的高校都得到快速发展，一大批应用型高校也应运而生，为地方经济社会发展提供了充足的应用型人才。然而，在应用型高校发展之初，由于没有现成的路径可供借鉴，且高校数量众多、隶属繁杂，一些应用型高校模糊了自身办学的基础条件、定位方向和社会使命，盲目照搬综合性大学的发展思路，走多而全、大而强的发展道路，一味追求办学层次的提升，甚至参照一流研究型大学的模式去建设。目前我国的高等教育已经进入普及化阶段，高校要办成功，就要符合社会不断变动的需求，形成自己的特色优势，打造自己独有的品牌。应用型高校应清楚，由于出身地方，得到的投入相较于高水平综合性研究型大学要低太多，如清华大学 2018 年的办学经费接近 200 亿元，而一般应用型高校当年的办学经费都不会超过 10 亿元，因此高水平研究型大学的各种办学指标，是应用型高校在短期内无法实现的。所以，对于应用型高校来说，在当前阶段，应正视自身的基础和条件，审慎定位学科、规模，结合办学属地资源禀赋和特色文化，凝练学校办学特色和打造育人品牌，推动学校高质量发展，提高人才培养水平，这比盲目追求大规模、全学科更为迫切，也更有现实可行性。

二、办学模式趋同而缺乏特色

不可否认，当前阶段我国不少应用型高校都存在办学定位和办学模式趋同的现象。例如，在应用型高校的发展目标上，现在提的最多的就是“高水平应用型大学”，有些学校可能还会加上“特色鲜明的”“有国际影响的”“国际知名的”等限定词。当然，让所有的应用型高校都具有独一无二的特点，从而在数量众多、办学水平相差不大的应用型高校群体中出类拔萃，也并非易事。然而，在高等教育竞争激烈程度不断加大的今天，办学形不成自身特色，培养的人才得不到社会认可，高校的可持续高质量发展也无法真正落地。衡量高校办学水平和质量的根本标准就是能否根据现有条件和基础，按照自身定义的服务领域，产出符合社会需要的高水平成果，并得到社会广泛认可。为此，应用型高校要深入了解同类高校的发展现状，面向所在区域经济社会发展的现实需求，动态调整办学模式，优化学科专业布局，培育自身独特优势，实现错位竞争。另外还有不少同城应用型高校在专业设置上存在较大重复，办学水平也较为相近，形成低水平同质化竞争，既不利于这些学校相关专业的建设，又浪费有限的教育资源。更令人担忧的是，少数应用型高校仍在盲目追求贪大求多的外延式发展，加之教育资源及经费筹措能力有限，使学校原有的学科专业的特色和优势得不到继续发挥。在当前高等教育竞争日益激烈的形势下，这些高校很容易因失去办学特色，而导致学校的竞争力受到影响，失去应有的发展空间。

三、功能定位笼统而缺乏针对性

高等教育具有人才培养、科学研究、社会服务和文化传承这四大功能，对于不同类型的高校来说，在教育功能的实现方面，不可能做到面面俱到和绝对均衡，在现实办学实践中总会有所侧重。高等教育实施的是专业教育，明确服务面向和专业主攻方向才能科学定位。应用型高校的建设与发展还处于发展初期阶段，关于其功能定位是一个新课题，目前也有很多的研究探讨，学校的定位还需要进一步论证明确。因此，当前阶段一些应用型高校的办学定位很容易陷入同质化的笼统状态。正如上面举例的，在过去的数年中，许多应用型高校的发展定位都是“高水平应用型大学”，但即使是同样的“高水平应用型大学”的定位，对于每一所具体的应用型高校来说，打造什么特色可以各不相同，另外“高水平”也有各自的不同内涵界定，各个学校可以在此相同的表述下，更进一步的阐释说明各自的具体定位，规划提出实现这个目标定位的路径举措。因此，应用型高校高质量发展的关键就是找到符合自身特点的特色发展路径，如果认识不到同类学校之间的差异，就会出现定位偏差，

失去办学目标的精准性。

四、政策导向引发应用型高校定位失衡

各级政府是我国高等教育的办学主体，其投资和激励政策对高校办学起着决定性作用，在教育投入不足、举国办大教育的背景下，政府的财政拨款和收费政策往往是以学校的办学层次而非类型为重要依据的。政府部门为提高高等教育的国际竞争力，解决各类突出问题，提高社会认可度，先后实施了“211 工程”“985 工程”以及“双一流”建设工程。这种国家层面的“重点投入”和政策倾斜对综合办学实力强、水平高的重点高校的发展无疑具有极大的推动作用，可以充分提升这类高校的办学水平，在国际高等教育领域打响中国品牌。但是，由于重点投入的对象主要是根据学校的办学层次和产出成果来确定的，只有一批高水平的研究型高校，尤其是代表我国最高水准的少数重点大学才能获得这类国家战略工程的支持。地方的应用型高校只能观望，很难从中得到支持。另外，除了这些高端的国家战略投入，一些省级财政资金也以项目评比的方式予以投入，这种项目化的投入在一定程度上也助长了高校的攀比风，导致一些应用型院校也不断地去追求各种项目化建设经费，将之等同为“高层次”“高水平”。但事实上，对于大多数应用型高校来说，一味追求“高大上”的项目，容易导致办学定位偏离，不如戒除浮躁，潜下心来，办好自己的主业。

五、陷入僵化的高校分类标准

虽然对应用型高校如何定位还存在不同的观点，但强调应用、实践、服务地方等理念都已形成高度共识。然而，在找准自身准确定位的过程中，有不少应用型高校为了凸显自身特色，容易陷入非此即彼的极端化思维之中。这主要表现在一些应用型高校对各类高校进行了僵化的分类，忽略了不同类型高校可能的共通之处，从而使应用型高校的高质量发展受到影响。实际上，在人才培养、科学研究、社会服务和文化传承的四大功能上，各类高校都有一些共同的使命，只是各有侧重而已。比如，北京大学、清华大学、南京大学等高水平研究型大学，在科学研究领域自然占据明显优势，但这并不意味着此类高校就没有“应用型”的面向，甚至其办学的应用性效果并不比应用型高校弱。再如，在人才培养方面，虽然研究型大学承担了培养学术型人才的任务，但在目前的就业市场环境下，只有少数研究型大学毕业生从事“高端”的学术研究工作，他们中的大部分都会从事非学术研究性的工作甚至一线工作，同样具有明显的“应用”特性。又如，在社会服务方面，应用型高校引以为傲的就是服务地方发展的能力，但研究型大学同样可以服务地方，而且对地方更具吸引力。基于此，对应用型高校而言，也要做好科学研究的工作，不过研究的领域应以应用研究为主，以解决工程生产实践和基层社会治理中的具体问题为主要方向。因此，高等学校的分类更多的是相对意义上的，应用型高校不能被已有的分类标准牵着鼻子走，而是以高质量发展为根本指导，扩大办学的开放性。无论是研究型高校还是应用型高校，都要积极加强互动，取长补短，以学校的长远发展目标对自身进行更加科学的定位。

总之，应用型高校要根据应用型高等教育的基本特征来对自身进行科学定位，要本着服务于应用型人才培养、学生高质量就业、助力地方高质量发展和提升学校核心竞争力等根本目标，在服务面向、人才培养目标、办学层次、办学类型、办学规模、学科专业、办学质量和办学特色等方面做到精准定位，为应用型高校的高质量发展找准方向。

第四章　应用型高校的人才培养

习近平总书记在十九大报告中强调:“我国经济已由高速增长阶段转向高质量发展阶段”。随着我国经济发展由过去劳动密集型向科技密集型转型，国家经济社会对高素质应用型人才需求逐步提高，这同时也对我国应用型高校人才培养提出更高要求。我国高等教育不仅仅要培养学术型人才，也要培养出符合时代要求的应用型人才。应用型高校作为高素质技术技能人才培养的重要阵地，应当把应用型人才培养纳入教育教学实践中，坚持产、学、研相结合的方法，为国家和社会源源不断提供高端应用型人才。

第一节　应用型高校人才培养的特征与优势

一、应用型高校人才培养特征

习近平总书记强调，教育是“国之大计、党之大计”，对于地方高校，需要进一步“完善职业教育和培训体系，进一步深化产教融合和校企合作。加快一流大学和一流学科建设，实现高等教育内涵式发展。”高校发展已从单纯追求规模扩张向提升质量转变，从自我发展向与社会融合、协调发展转变。

应用型高校应积极响应国家经济结构调整需求，结合地方社会经济发展需要，在应用型人才培养方面进行综合改革，注重培养具有社会责任感、创新精神和实践能力的应用型高级专门人才，特别是具有创新精神和创业能力的高素质应用型人才。

黄炎培先生指出“用教育方法，使人人依其个性，获得生活的供给和乐趣；同时尽其对群之义务”。[①]其目的在于：谋个性之发展、为个人谋生之准备、为个人服务社会之准备、为国家及世界增加生产力之准备。培养应用型人才，必须先大力建设发展应用型高校，这既符合我国经济发展和社会进步的要求，也是建设高等教育强国的需要。[②]

随着国家产业能级的整体提升，我国的制造业逐步迈向中高端，从过去劳动密集型产业向科技密集型产业转型，对应用型人才的需求迅速增加，这就要求高等教育不仅培养学术型人才，而且要更多培养顺应时代发展的应用型人才。应用型高校作为应用型人才培养的重要阵地，应当把应用型人才培养纳入教育教学实践中，采取针对性的措施，为国家和社会提供大量急需且适销对路的应用型人才。应用型本科人才培养具备以下特征：

1. 培养目标：应用为本

应用型本科人才的培养目标包括两个要点：第一，“本科”是其基本要求。作为培养应用型本科人才的高校，首先需要满足我国本科教育的基本要求。对于应用型本科，无论是学术型人才还是应用型人才，都应掌握该学科的基本知识以及基本技能，才算达到最基本要求。[③]第二，“应用”是其核心体现。比较应用型本科人才与学术型本科人才，其本质区别在于，应用型本科人才可以直接适应相应职业和社会岗位的需求，具有较强的专业应用能力。因此，应用型本科人才培养目标的确定应着眼于“基础”，强调“应用”。[④]

2. 学科专业：需求导向

应用型本科一般具有比较鲜明的地方属性，其定位更应该服务地方经济、社会文化，即面向行业、服务地方。应用型人才培养模式的特点是以需求为导向来设置

---

① 孙爱武. 传承“做学合一”理念　彰显高职人才培养特色[J].中国高教研究，2013(8): 100-103.

② 孙爱武. 传承“做学合一”理念　彰显高职人才培养特色[J]. 中国高教研究，2013(8): 100-103.

③ 潘懋元，车如山. 略论应用型本科院校的定位问题[J]. 高等教育研究，2009(5)：35-38.

④ 潘懋元，董立平. 关于高等学校分类、定位、特色发展的探讨[J]. 教育研究，2009(2): 42.

构建学科专业，“需求导向”包括三方面含义：第一，根据社会应用需求设置学科。应用型学科更多的是指理论应用于实践的学术分支领域，即学科的应用取向；第二，根据社会需要设置专业。[①]一般来说，专业设置的依据有两个，一是学科分类，二是社会需求。应用型高校学科专业设置更强调社会需求，其原因为应用型人才对社会有较强的直接适应性；第三，根据社会需求调整专业方向。为了跟上社会需求的变化，可以调整专业方向来实现这一目标。[②]

3. 课程体系：依托学科、面向应用

“依托学科、面向应用”课程体系的开发，要求学生具备足够的学科基础知识，强调培养学生运用专业知识服务实际需要的能力。“依托学科”是应用型本科课程体系与高职院校课程体系的根本区别。高职院虽然也属于应用型高校的阵营，但其课程体系的逻辑起点是现实岗位需求，只强调理论够用和职业迁移能力。“依托学科”，是以学科为支撑，构建应用型课程体系。培养的“应用型本科”人才具备扎实的理论知识基础、较强的工作能力和可持续发展的综合素质能力，能够适应生产技术快速发展和产业升级的要求，以及在不断变化的环境中完成任务的能力。随着应用型教育的深入发展，职业本科作为一种新的高校类型出现，应用型本科和高职(包括职业本科)的办学方向趋于相近，边界也越来越模糊。因此，在办学的理念和实际的教学组织方面也有更多的共性要求，这就使得应用型人才培养的教育课程具有越来越强的系统性、完整性。“面向应用”是应用型课程体系与学术型课程体系的根本区别。“应用型”教育要求学生具备足够的学科知识，专业课程设计从学生专业应用能力出发，课程体系和课程内容分别从专业应用能力的特征指标转化。

4. 培养途径：产学研结合

应用型人才强调应用专业能力来达到社会需求，这就要求他们突破传统的校内

---

① 潘懋元，车如山. 略论应用型本科院校的定位问题[J]. 高等教育研究，2009(5)：35-38.

② 潘懋元，董立平. 关于高等学校分类、定位、特色发展的探讨[J]. 教育研究，2009(2): 42.

课堂传授知识为主的单一人才培养模式，走政校联动、产教融合、校企合作、理实一体、知行合一的产学研合作育人之路。产学研合作和双证书教育已成为培养应用型人才的重要途径，学生毕业后不仅要取得正规高等教育的学历证书，还要取得人力资源和社会保障部或其他权威机构的技能职业资格证书。[①]

5. 教学方法：行动导向

人才培养目标和课程教学目标的改革，必然需要不同的教学方法，从而使教学方法产生改革。教学方法的改革是实现课程目标和激发学生学习积极性的重要举措，行动导向教学，实质上是指在学校整个教学过程中，创造一种教与学翻转互动、师与生角色互换的情境。在新的情境中，通过学生的学习活动构建知识并形成能力，从而实现既适应相应职业岗位要求的同时，又能实现在其他职业实现构建知识的能力，进而达到教学方法要求的学用一致和知行合一。行动导向教学的特点为采用跨学科的综合课程模式，相比知识的学科系统性，更强调和重视“案例”教学、“解决实际问题”以及学生自我管理的学习方式。[②]

6. 教学评价：能力取向

树立以能力评价为主的教学理念，不再单纯地以知识评价为标准，而是转向以能力评价为主的多元化评价内涵，是高等教育应用型人才教学目标的客观需要和应有内涵，[③]也是高等教育进入普及化的客观需要。一方面，为满足多样化入学者的个性化发展要求以及适应社会经济发展多规格的人才需求，高校的质量标准必然更加丰富和多样。另一方面，多样化的培养目标、教学模式，以及个性化的教学过程，很难再用同质化的学术人才标准来统一衡量，对学生的评价是时代的要求，当前阶段必须承认人的个性差异，接受多元化发展，充分体现“因材施教”“个性培养”“分类指导”“分类评价”的原则。

---

① 潘懋元. 应用型本科院校人才培养的理论与实践研究[M]. 厦门：厦门大学出版社，2011: 64.

② 潘懋元. 应用型本科院校人才培养的理论与实践研究[M]. 厦门：厦门大学出版社，2011: 64.

③ 潘懋元. 应用型本科院校人才培养的理论与实践研究[M]. 厦门：厦门大学出版社，2011: 65.

7. 教师队伍：双师素质

教师是培养人才的关键，适合“应用型本科教育”的“双师型”教师是培养应用型人才的关键。这里的“双师型”教师不仅素质过硬，基础理论知识扎实、教学水平较高和科研能力较强以外，还需要专业实践能力较强和实践经验丰富；不仅了解学科行业基本理论和发展前沿，还能在教学过程中转化专业知识和实践能力。[①]“双师型”教师，除具备一般教师的基本能力和素质外，能力修养还需要具备以下特殊要求。

(1) 培养学生自觉遵守行业职业道德能力。“双师型”教师需要了解自己的工作过程、具体内容，以及其在行业中的地位、作用等。

(2) 培养学生实践技能和综合应用能力。“双师型”教师必须了解用人单位的要求，重视传授专业知识，在专业能力方面注重培养学生实践和应用能力。

(3) 引导学生参与管理能力。“双师型”教师应了解企业行业管理的规律和一般流程，培养学生的管理能力。

(4) 善于接受新信息、新知识、新思想的能力。“双师型”教师应不断提高自身素养，主动适应在信息社会新形势下对教师要求的变化。

(5) 具有较强的沟通协调能力。“双师型”教师要自觉按照社会主义初级阶段的竞争规律和价值规律处理事情，树立市场观、质量观、效益观和行业观。[②]

二、应用型高校人才培养优势

应用型高校的根本任务是培养高素质创新型应用人才，通过大力推进创新团队建设的方法，培养高素质应用型创新人才，不断提高我国创新能力和水平，进一步增强抵御外部经济风险能力，进一步提高经济发展的质量和水平，落实保证提高自主创新能力的目标，并拥有一批关系国民经济命脉、国家安全等关键领域的自主知

---

① 潘懋元. 应用型本科院校人才培养的理论与实践研究[M]. 厦门：厦门大学出版社，2011: 67.

② 潘懋元. 应用型本科院校人才培养的理论与实践研究[M]. 厦门：厦门大学出版社，2011: 67.

识产权。应用型本科高校可以在特色或优势学科带动下，走学科综合化的道路。进一步弱化和模糊学科概念，跨学科、跨院(系)整合学科资源，从而实现集中学科优势，大力培养应用型复合人才。

地区和行业发展可以支撑学科建设与人才培养，因此高校应在“政行企校” 合作上开拓思路，进一步与地方政府及行业企业建立具有全局性和长远性特点的战略联盟。学校与政府及行业企业的关系越密切、越长远，培养出来的人才越具有应用性和创新性特点。在全球贸易保护主义抬头和贸易争端错综复杂的新形势下，这些应用型人才会成为未来我国创新型国家建设的骨干和中坚力量，能够增强应对全球金融危机和经济不振给我国带来的挑战。

新时代对我国高等教育提出了新要求，应用型大学应以提高自主创新能力为目标，促进各类科技成果的转化，切实满足增强国家科技实力的长远发展需要。要做到这一点，必须解决好培养高素质应用型人才的问题。古今中外综合国力的竞争，归根到底是人才的竞争，尤其是创新型人才的竞争。因此，从建设创新型国家的长远目标看，应用型高校都必须始终把培养高素质创新型人才作为首要任务。相比较学术型高校，应用型高校更应该重视应用型人才的培养，明确学科建设目标，搭建教师事业发展平台；创新人才选拔机制，加强高层次人才和创新团队建设；完善人才培养机制，提升学生培养整体水平；深入开展产、学、研合作，走产教融合、工学结合育人之路。

在人才培养方面，应用型高校主要具备两种优势。

(1) 有利于创新人才培养。应用型高校办学的基本理念是产教融合，校企合作。其教学的突出特点之一是培养学生的实践应用能力。应用型高校通过广泛的合作，科学设置课程和实践教学环节，在实际应用基础上进行培训，可以使理论与实践更好地结合。实施教学科研协同育人，教学过程进一步与教师的科研开发相结合，为科研机构提供教师科研服务的同时，也为学生提供科研锻炼和实践环节，从而系统地提高教学科研质量。应用型高校在选择实践培训项目时，应充分考虑不同学校的办学条件和行业特点，不能将所有的实践教学环节都放在实践基地，而是要根据实

际情况，校内校外结合进行，加强与行业企业多种形式、灵活全面的深度合作，既吸收和利用企业先进的技术，也要考虑为企业创造好的生产环境，将学生创新能力的培养渗透到基础教学环节中。

(2) 有利于学生就业。应用型高校需要始终以培养高素质创新型人才为基本任务，积极利用各种资源，促进发展，通过优化课程设计以及教学内容和方法，培养应用型创新人才。应用型高校多具有地方属性，因此人才培养是针对特定行业和地区需求的，人才培养过程一定要注重与行业和区域发展的实际相结合。在用人单位的反馈中，应用型高校培养的人才也普遍因“素质高、能力强、留得住、用得好、潜力足”受到广泛欢迎。

第二节　应用型高校人才培养的定位、目标与规格

一、应用型高校人才培养定位

高校应有明确的人才培养目标定位，传统本科院校培养的是学术研究型人才，高职院校培养的是技术技能型人才，而应用型高校培养的应该是“追求卓越的创新精神、精益求精的工匠精神、敬业乐群的协作精神”相结合的应用型创新人才。

追求卓越的创新精神。“创新思维”或“创新精神”是创新型人才的基本内涵，创新型人才应具有高敏感度、高开放性和较高的思维灵活性。应用型大学人才培养的核心目标是培育创新精神、涵养创新思维和提升创新能力，“应用型”是其重要内涵。应用型大学应大力推进产教融合、科教融合，让学生尽早参与并融入产业、参与科研，早进企业、早进车间、早进岗位，早进团队、早进课题、早进实验室，加大各级实践基地和科研基地向学生(特别是本科生和高职高专学生)的开放力度，提高学生科研实践能力和创新创业能力。推动企业积极面向学校开放资源，为学生提供

创新创业实践载体，政校行企协同共建实践育人平台。

精益求精的工匠精神。“工匠精神”作为一种职业精神，其基本内涵包括专业、敬业、专注、创新等方面。“工匠精神”的培养应与实践教育和技能培训相结合，在分析学生特点、专业等因素的基础上，突出职业精神的培育和个人能力的培养，使学生掌握专业技能。应用型大学人才培养，要结合国家产业能级提升和企业转型发展需求，着力培养具有“工匠精神”的新型应用人才。

敬业乐群的协作精神。黄炎培先生提倡“敬业乐群”的教育思想。“敬业”主要是指对所学专业的热爱和对所任事业的责任，防止教育偏重于实践，会使人们的精神生活枯燥乏味、身心发育不平衡；“乐群”则是防止忽视学生个人品格和情操的培养，强调培养学生优美和悦的综合素养和共同协作的精神。社会的发展与进步离不开团队，培养应用型人才就是要求应用型高校除了培育学生的创新精神和工匠精神以外，更要注重团队协作意识，培养合作精神。

人才培养的定位是解决培养什么样人才的问题。作为培养应用型人才的主阵地，应用型高校应该摆脱传统的理论研究型人才培养模式，创建产教融合协同育人的办学模式，培养面向当前和未来产业发展急需的应用型创新人才。应用型高校不仅要传授全面的理论知识体系，更需要努力推动理论知识与实践能力结合的教育。新经济蓬勃发展之际，应用型高校应积极策应经济社会发展新需求，以解决实际生产需求为导向，着力于培养善于运用知识解决实际问题的应用型创新人才，以满足社会多样化需求。发达国家应用型人才培养都呈现出一个共同特点，即重视能力培养，包括综合职业能力和创新能力的培养，特别是创新能力的培养。随着社会经济的快速发展，良好的适应性和创新性是各国应用型人才培养模式的共同特征和基本要求，按照这种要求，学生通过学习可以获得未来职业所需的综合能力，尤其是适应能力和创新能力。

二、应用型高校人才培养目标

学界认为应用型人才培养目标是由不同层次的培养目标组成的人才培养体系。

杨志坚在《中国本科教育培养目标研究》一书中，把教育培养分为国家层面、学校层面和专业层面三个层次。本书侧重从国家层面、学校层面与专业层面三个角度来解析应用型人才培养目标体系。[①]

(一) 国家层面培养目标

国家层面的人才培养目标，顾名思义就是从宏观的国家层面对高等学校人才培养目标的基本规定。我国高等教育人才培养目标的基本定位是“高级专门人才”，核心是“高”和“专”。“高”是指高等教育在整个教育体系中的高等性以及学生所学知识与技术的高深性；“专”是指所学知识与能力结构的专业性。[②]《高等教育法》将不同层次的高等教育人才培养目标分为专科教育、本科教育和研究生教育。但是，高等教育法并未明确规定不同类型教育的培养目标。因此，从这一点出发，应用型人才应该是具有创新精神和实践能力，能够系统地掌握各学科和专业所必需的基本理论的高级专业人才。

(二) 学校层面培养目标

学校层面的人才培养目标是各校基于国家层面的人才培养目标，结合办学水平、办学方向和实际情况制定的相对明确的规定。随着办学自主权的扩大，学校层面的人才培养目标可以由大学本身来确定，高校人才培养大致可分为学术型人才，应用型人才和技术技能型人才。[③]学校应根据自身特点，进一步完善人才培养目标。

研究型大学以培养学术型人才和精英领袖型人才为主要目标。应用型高校以培养应用型人才为主要目标。现在很多地方应用型院校将人才培养目标定位于“高素质应用型人才”，如北京工商大学提出培养“复合性应用型人才”，首都经济贸易大学提出培养“高级应用型工程技术与管理人才”等。[④]

---

① 潘懋元. 应用型本科院校人才培养的理论与实践研究[M]. 厦门：厦门大学出版社，2011: 44.

② 潘懋元. 应用型本科院校人才培养的理论与实践研究[M]. 厦门：厦门大学出版社，2011: 44.

③ 潘懋元. 应用型本科院校人才培养的理论与实践研究[M]. 厦门：厦门大学出版社，2011: 44.

④ 潘懋元. 应用型本科院校人才培养的理论与实践研究[M]. 厦门：厦门大学出版社，2011: 44.

(三) 专业层面培养目标

专业人才培养目标是高校人才培养目标在专业层面的具体落实。在学校确定了具体的人才培养目标之后，需落实到每个具体专业上。专业是目前高校人才培养的基本载体，专业培养目标要根据学校人才培养的目标定位，在充分调研毕业生、用人单位、社会需求状况和学科专业支撑情况的基础上，结合国家标准和行业标准，科学客观地研究确定。同一个专业在研究型大学、应用型高校中的人才培养目标是不同的。[①]专业人才培养目标既要符合学校整体人才培养目标定位，更要体现学校的发展传承与专业特色。

三、应用型高校人才培养规格

应用性是应用型本科高校的本质特点。人才培养规格的设计不但要求“基础扎实、知识面宽”，更加强调动手能力、实践能力和创新精神。应用型高校要服务地方经济社会发展，围绕地方经济发展的需求设置学科专业，人才培养要在培养学生的应用能力上下功夫，要重点解决学生的知识更新能力、创新创业能力和服务社会能力[②]。不同高校、不同专业都应该制定不同的人才培养目标，也应该分别制定符合实际、切实可行、特色鲜明的人才培养规格。

应用型大学应注重“专业教育”，这不同于研究型大学培养学术研究和理论创新人才的“学术教育”，也不同于高职院校以培养职业技能型人才为目标的“职业教育”，应用型本科教育人才的培养目标包括三大类：知识水平目标、专业能力目标和社会能力目标。知识水平目标是指学生在教学过程中必须掌握的要点，专业能力的目标是学生通过学习知识和实践解决专业问题的能力，社会能力的目标是指为社会服务的综合素质，如适应社会的基本能力、判断社会的价值、良好的心理素质和行为习

① 潘懋元. 应用型本科院校人才培养的理论与实践研究[M]. 厦门：厦门大学出版社，2011: 45.

② 潘懋元. 应用型本科院校人才培养的理论与实践研究[M]. 厦门：厦门大学出版社，2011: 49.

惯。其中，知识水平目标和专业能力目标是具体的课程目标，而社会能力目标则需要课程与社会实践共同作用，它贯穿于职业培训的全过程，不同于研究型人才和技能型人才，更注重应用性。

(一) 应用型人才的知识要求

在知识、能力和素质这三个基本要素中，知识是能力和素质的基础与载体，能力和素质是在掌握知识的基础上经过培养、训练和实践锻炼提高而形成的。知识的广度和深度从根本上影响了知识结构，而知识结构的不同，则能力结构和素质结构也不相同。

应用型人才需要具备以下知识：

1. 工具性知识

工具性知识包括四个方面：

(1) 外语知识：具有一定的专业外语书籍和文学阅读能力，可以使用外语进行一般交流。

(2) 计算机知识：掌握专业需求的各种计算机技术相关知识，可以熟练运用计算机解决专业问题。

(3) 信息技术应用与文献检索知识：能够熟练掌握通过互联网收集和利用信息的各种方法，并具有一定的综合文献查找能力。

(4) 方法论知识：可以更好地掌握归纳、演绎、推理、总结和研究的各个方面，并将其应用于工作实践。

2. 专业知识

专业知识是应用型人才应重点掌握的知识。应用型人才应根据其专业类别，熟练掌握其所属类别的社会科学和自然科学知识，包括两个方面：

(1) 专业基础知识。应用型人才必须掌握本学科专业的基础知识和基本理论。

(2) 专业指导知识。专业知识包括理论知识和实践知识，应用型人才的培养必须同等重视，尤其需强化工作过程知识和工作经验知识的掌握，使学生在学习专业知识的过程中了解和熟悉未来将要从事的工作内容。

(二) 应用型人才的能力要求

在知识、能力与素质三要素中，能力是核心要素，能力是知识学习追求的目标，学习的目的是通过学习知识来获得个人技能。能力水平是评估人才价值的重要标准，应用型人才应具备以下两方面的能力。

1. 专业应用能力。

专业应用能力主要包括专业核心知识应用能力和基本专业技能。专业基本技能是指完成专业工作应具备或掌握的基本技术技能，专业核心知识应用能力是指可以全面应用专业知识的最重要的综合能力。基本的专业技能是核心专业应用能力的重要支撑，每个专业应明确培养的人才应具备的专业应用能力，然后根据每种专业的应用能力设置相应的课程。

2. 关键能力

关键能力不仅仅强调具体的专业技能和职业技能，更强调适应不同职业岗位的能力，即使职业岗位发生变化，这种能力也会继续发挥作用。这种能力被称为跨界职业能力或可迁移能力，具体表现为：

(1) 有效收集、分析和组织信息的能力；

(2) 表达意见的能力，是指有效利用一系列交流方式来交流思想和信息的能力；

(3) 计划和组织活动的能力，指计划、组织和管理自己的能力，包括独立完成任务的能力；

(4) 团队合作的能力；

(5) 使用数学思维和技能来解决问题的能力。

(三) 应用型人才培养规格的具体要求

应用型人才培养在知识、素质和能力方面有共同的要求，但对于各个具体的专业，由于专业培养目标的差异，各专业对于知识、素质和能力的具体要求也不尽相

同。此外，不同类型高校同一专业不同的培养目标也会导致不同的专业培养规格。因此，对应用型人才培养规范的探讨必须依据具体专业。专业与专业之间培养规格的差异，因为专业性质不同，要求必然不同，人们比较容易理解，但不同高校对同一专业具体培养规格的差异却并不非常清晰显著。目前，大多数教育部专业教学指导委员会也没有对专业培养规格进行分类指导。但也有一些专业教学指导委员会对专业培养规格进行了分类指导。以自动化专业为例，教学指导委员对该专业的具体培养规格分成了三类：即“研究型”“工程研究型”和“应用型”，并在知识、能力和素质结构三个方面细化了三类专业的具体要求。以专业知识需求为例，不同类型专业所需要的专业知识范围和程度是不同的。

(1) 知识要求。学术型教育强调理论知识学科系统化，而应用型教育要求理论和实践并重，强调理论的“广、浅、新、用”，能够为学生的应用能力培养奠定扎实的基础。应用型人才培养的知识目标定位基本上也是如此，应用型人才主要是将理论转化为技术，加强专业知识的运用，提供专业服务，解决实际问题。所以应用型人才强调具备足够的、扎实的专业理论知识基础和发掘应用能力。

(2) 能力要求。应用理科培养的专业技术人员与应用工科培养的现场工程师相比，具有更强的专业分析能力；应用文科人才则具有更强的关注社会相关现实问题、分析问题、结合实际状况解决现实问题和表达沟通的能力。

(3) 素质要求。应用理科、应用文科均应注重所培养人才的综合素质。综合素质可以分为基本素质和专业素质，其中基本素质需要达到的目标为具有良好的公民道德和职业道德，合格的政治思想素养，良好的身心素质和基本的人文、科学素养和良好的职业素质等；专业素质需要区分培养的是应用复合型人才还是应用服务型人才，对于不同的人才类型，学校在培养中的侧重点不同。对于培养应用复合型人才，需要在重视学科技能的基础上，着重培养其重视市场和养成信息意识的能力；而对于培养应用服务型人才，培养的方式为在良好专业技能的基础上，增加培养其服务意识和管理技巧的能力。

第三节　应用型高校人才培养的实践

一、应用型高校人才校企合作培养模式

(一) 校企合作模式培养原则

推进部分地方本科高校向应用型转变是国家推进高等教育分类发展、特色发展的重要战略部署，坚持产教融合，协同育人，加强与地方政府、行业企业的协同共建，集聚更多优质教育资源，创新多元协同育人机制，是应用型高校开展内涵建设，提升应用型人才培养质量的重要途径。

应用型高校和企业紧密结合，形成深度合作、协同育人的命运共同体。应用型高校需要紧密面向地方、面向行业，结合行业企业实际，制订符合学校定位的、适应社会经济发展需要的人才培养目标，定期评价培养目标的合理性并根据评价结果对培养目标进行修订。培养目标的制订、评价与修订过程均需聘请行业或企业专家全程参与。根据培养目标制订明确的毕业要求，认真调研社会对专业人才的需求情况、本专业面向的职业岗位群和岗位群要求具备的各项职业能力，对学生应具备的职业岗位能力进行系统分析，以实际工作过程和职业岗位能力分析为基础设置科学、合理的课程体系。邀请行业与企业专家对专业课程设置进行评价，通过专业教学质量管理体系审核和学校教学质量评价，促进教学工作持续改进，保证本专业培养目标的实现。

实施学历证书与职业资格证书并重融通，既是一条适应人才市场需求，培养高素质应用型人才的有效途径，也是推进职业教育人才培养模式改革，实现职业教育与就业对接的重要举措。为使学生在校期间取得相关的职业资格证书，须将“双证书”制度纳入专业人才培养方案中实施。

此外，针对部分高校注重教学科研而轻品德素养教育的情况，应用型高校因努

力做好思政课程向“课程思政”的转化，需要将学生的思想品德、职业道德和遵纪守法教育融入专业教学体系，把职业岗位所需的职业素养和职业能力培养贯穿整个教学过程，把学生培养成为理论扎实、技能过硬、敬业奉献、竞争力强的高层次应用型人才。

(二) 校企育人合作平台建设

校企协同育人平台是深化高校产教融合转型的重要载体。协同育人平台建设要取得实质性成效，需要各转型高校明确建设思路，找准突破口，平台建设还要具有一定的规模和合理的类型结构。应用型高校在搭建校企协同育人平台工作中，注重统筹规划，依托共建平台导入行业企业发展需求、引进创新创业项目、共建双师双能队伍、构建生产实训场景，为应用型人才培养提供强有力的支撑。例如，淮阴工学院在机械设计制造及其自动化专业校企平台建设过程中，与台湾地区高校、芬兰于韦斯屈莱应用科技大学，中兴通讯等多家高校、企业合作，开展校企协同育人平台建设合作，取得显著的成效。

(三) 校企合作培养模式改进方向

针对校企合作模式，需要在以下部分进行改进，以进一步提升应用型高校人才培养质量。

1. 优化人才培养方案

应用型高校需要在认真分析本地区行业发展现状和趋势，行业、企业对人才需求数量和规格的基础上，紧跟区域经济发展方式的转变、产业结构的优化升级，以及人才需求的趋势，调整和优化专业方向；根据企业提出的就业岗位和岗位能力要求，科学界定人才培养目标；通过职业能力分析、典型工作岗位任务提炼，构建专业实践课程体系，开发专业课程标准，优化形成专业人才培养方案。

2. 改革教学模式

坚持理实一体、工学结合和知行合一，根据专业特点和学科教学内容及学生实际，选择运用国内外先进成熟的教学模式，在此基础上进行教学模式改革创新，研

究开发具有本专业特色的教学模式和方法。以现代信息技术为依托，充分发挥计算机模拟仿真技术和多媒体的优势，推进教学环境和教学方式的创新，以最直观、形象、生动、立体化方式呈现教学内容，提高教学效率。坚持“学生主体”，关注学生的知识基础和生活实际，通过翻转课堂等教学改革，充分调动学生参与学习的积极性。重点发挥学生的主体作用，依托网络学院、慕课等学习资源，培养学生的学习兴趣，让学生主动探索，自己提出问题和解决问题。坚持“能力本位”，加强实践教学，突出职业技能、职业态度和职业情感的培养。

3. 创新教育教学内容

以人才培养对接用人需求、专业对接产业、课程对接岗位、教材对接技能为切入点，不断优化教学内容。根据学生实际，体现“重基础、强应用”的基本要求，开发公共基础课程校本教学资源；从突出培养学生的实际应用能力入手，并与国家职业资格证书考核接轨，开发专业核心课程校本教材及配套的教学资源(包括课程标准、教材、教学设计、微课、动画、课件、试题库、素材库等数字资源)。

4. 推进校企深入合作

应用型高校应实施学科专业一体建设，深化教学科研协同育人。加强与行业企业的协同共建，集聚优质教育资源，创新多元协同模式。校企共同实施嵌入式培养，共同组织顶岗实习，共同建设实训基地，合作培养教师，合作培训员工，联合开发教材，联合生产经营，全方位、多层次推进校企深度合作。探索实践“政府主导、行业指导、企业参与、学校主动”的校企合作运行机制，组建校企合作理事会，推进集团化办学。

5. 推行双证书制度

各专业要根据专业培养目标和对应的职业技能要求，选择合理、可行的的职业资格证书，在课程体系中植入职业资格考证课程，强化相应实践课程学习，将职业标准和职业要求嵌入人才培养方案和课堂教学内容中。提高考证比例和通过率，使学生在获得毕业证书的同时，获得相应的职业资格证书。

6. 完善评价模式

构建能力与知识考核并重的考核评价体系，实施考核过程全程化、考核内容综合化、考核形式多样化、评价主体多元化、评分标准导向化。丰富学生课程学业考试评价形式，实施过程性评价、终结性评价、综合展示性评价相结合，知识评价与能力评价相结合，口头型考试、开放型考试、操作型考试、合作型考试、闭卷型考试并行；以提升毕业生就业质量为学校教学工作核心，建立“政行企校”四位一体的参与教学质量评价机制，最终实现按学生毕业时的就业率、就业时的专业对口率、就业后的工作稳定率、工作后的岗位晋升率、自主创业率、就业薪酬水平、学生及家长满意度、用人单位满意度等多个方面对学校办学质量进行评价。

二、应用型高校人才培养实践

应用型高校根据产教融合、校企合作的培养模式，根据自身实际情况，探索出符合实际的应用型高校人才培养方案。例如，常州大学实施“嵌入式”校企合作人才培养机制，创新常州大学-东软集团“嵌入式”人才培养模式。通过校企联合制定人才培养方案，引入东软集团先进的课程模块嵌入专业课程体系，实现优势互补。东软集团承担专业课、实习实训、科创活动等教学环节，占总学时的比例达 25%以上。学校派遣教师到企业跟踪人才培养过程，提高课堂教学效果，浙江万里学院构建了适应区域经济发展的“一核心双符合三体系四途径”本科人才培养模式，如与维科集团合作开设“维科班”、与东忠集团合作开设“东忠班”、与建设银行合作开设“建行班”。特别是与宁波市鄞州区 12 家电商龙头企业联合组建“跨专业电商特色班”等特色定向培养班级，依据电子商务运行与管理人才、IT 人才、UI 设计人才、跨境人才等 4 类人才的对应岗位以及每个岗位的核心能力、关键素质，聚合多专业教学资源，设立平台课程、核心课程，通过相关专业设置专业模块、组建企业定制班、校内强化班等形式，加强电子商务跨学科人才培养，实现了学校、企业和学生的“三方共赢”；浙江科技学院加强与德国西门子、中兴通讯等跨国企业合作，建立健全专业集群评价体系，进一步加强专业认证力度，进一步增强与浙江省“十三五”重点产业相吻合的应用型专业数量，大力提高在这些专业中就读的学生所占比例；培育和新建国家级“2011 计划”、省部级以上重点实验室、创新团队、重点学科等平台 10 余个，获得国家级、省级科学成果奖励 20 余项，授权发明专利 200 余个。以上案例说明了各地应用型高校利用产学研融合、校企合作取得了丰硕成果。

下面通过淮阴工学院和南京工业职业技术学院(2019 年教育部批准为全国第一所公办职业本科试点高校)为例，详细阐述应用型高校人才培养模式和方法。

(一) 淮阴工学院应用型人才培养

1. 专业历史

淮阴工学院机械设计制造及其自动化专业自 2000 年招生，2003 年为省特色专业，2007 年遴选为国家特色专业建设点，2008 年为省品牌专业，2012 为“教育部卓越工程师教育培养计划”试点专业，2012 年为省重点专业和教育部专业综合改革试点项目，2015 年为江苏省品牌专业，2018 通过工程教育专业认证，2019 年省品牌专业期末验收优秀，2019 年获批为国家一流专业建设试点专业。

2. 特色优势

双元互动，构建数字化制造培养模式。以培养数字化制造应用能力为主线，实现理论与实践融合、校企联动育人、科研反哺教学、毕业证与职业资格证合一等多环节协同联动。开放协同，建立产教融合育人机制。通过中外协同、校校协同、校企协同、校政协同，多角度开放教学资源，共同培养应用型高级工程技术人才。项目驱动，强化工程应用能力和创新精神。以项目为载体，搭建师生工作室创新平台，通过校内校外、课内课外两大路径，积极组织学生参加学科竞赛及科研等，强化工程应用能力与创新精神培养。

3. 淮阴工学院应用人才培养

坚持以本为本，落实“四个回归”。深入学习贯彻新时代全国高等学校本科教育

工作会议精神，全面落实立德树人根本任务。发挥思想政治理论课主阵地作用，大力弘扬周恩来精神，把周恩来精神融入专业思政全过程，全面开展课程思政建设。聚焦一流本科教育，开展本科教育思想大学习大讨论活动，每学期初集中开展全体教师培训，全面提升教师的育人意识和育人本领。出台《淮阴工学院高水平应用型大学建设方案》，制订一流专业建设、一流队伍建设、一流学生培养行动计划，实施一流专业建设“2612”工程、一流队伍建设“1357”工程。加大本科教育投入，切实巩固人才培养中心地位和本科教学基础地位，推进本科教育向更高质量发展。

围绕“四新”建设，打造一流专业。对接新兴产业和区域优势特色产业发展需求，健全专业准入标准，建立专业预警与退出机制。主动策应新工科、新农科和新文科建设，对接区域经济社会发展需求，推进高水平应用型人才培养，围绕产业链、创新链调整专业设置，着力打造优势特色专业集群，增设机器人工程、数据科学与大数据技术、智能制造等经济社会发展急需的新专业，停招部分专业，优化以工为主、多学科协调发展的专业结构与布局。按照“六卓越一拔尖”要求，完善“卓越计划”国家、省、校三级衔接机制，大力实施卓越工程师和卓越农林人才培养计划；对接国际工程教育标准，加快工程教育专业认证步伐，化学工程与工艺、计算机科学与技术等 4 个专业通过认证，通信工程专业通过工程认证专家现场考查，生物工程专业自评报告获得受理即将进校考查，工程管理、土木工程、自动化等 3 个专业申请报告获得受理。

深化产教融合，推进协同育人。着力推进学科专业一体建设，深化教学科研协同育人，加强与地方政府、科研院所、行业企业协同共建，集聚优质教育资源，创新多元协同模式。面向地方产业发展需求，与台湾地区高校、在淮台企组建全国唯一的台商学院和台创学院，被国台办授予“海峡两岸青年就业创业示范点”；与中兴通讯等企业组建产业行业学院，获批教育部 ICT 产教融合基地、江苏省高等教育综合改革试点项目；与芬兰于韦斯屈莱应用科技大学开展“3+1”中外合作办学，深化国际合作育人。坚持应用导向，汇聚校内外实验教学资源，共建校企合作课程 170 余门。协同政校行企共建实践育人平台，建成国家级车辆与交通虚拟仿真实验教学中心、矿盐资源深度利用技术国家地方联合工程研究中心、国家级盐化工工程实践教育中心、国家级大学科技园等平台，建有省级以上科研教学平台33个，实现了学校所有学科专业省级以上平台的全覆盖。

强化学生为中心，培育质量文化。坚持以学生成长和发展为中心，以产出为导向，以教学质量的持续改进和提高为目标，强化质量意识，明确质量责任，落实质量行为，培育自省自律、自查自纠的质量文化。紧紧抓住人才培养的关键环节和主要因素，制定本科教学各环节质量标准，完善质量监控与评价机制，开展教学质量常态化监测评估，健全听课、评教、检查、督导、奖惩等制度，开展学生满意度和毕业生、用人单位跟踪调查，形成了质量标准、运行实施、监测评价和反馈调控协调衔接的质量管理闭环，构建了以学为中心的持续改进的质量保障体系。

4. 深化专业综合改革的主要成效

(1) 以“周恩来精神”引领，推进课程思政建设，提高了立德树人成效。坚持以“周恩来精神”育人为引领，推进课程思政工作开展。学院每学期至少开展一次“课程思政”比赛或研讨活动，并鼓励大家积极参加学校组织的“课程思政沙龙”。近三年来，学校有十余个班级获得淮安市“周恩来班”荣誉称号，学生每年在省级以上学科竞赛中获得各类奖项超过1500人次、校级及以上大学生创新创业项目几百项，学生以第一作者发表论文、申报专利呈井喷式增长。

(2) 搭建“信息化”平台，集聚优质教学资源，促进了学生个性发展。通过尔雅平台、中国MOOC、爱课程等信息化平台，建立了智慧教室，利用超星软件互动平台和资源，通过线上、线下相结合的方式，学生增加了自主学习的时间和空间，拓宽了知识面，增强了学习兴趣，完善了知识结构，促进了个性化发展。加大校企共建力度，进一步优化课程体系与教学内容，打造在线课程、重点教材、校企共建课程等优质信息化教学资源，2018年已建成“机械设计”“创新思维与创业”2门省级在线课程和《机械制造技术基础》等5本省级重点教材。积极开展与江苏大学、南京工业大学、台湾中华大学、台湾义守大学等境内外高校之间的跨校选修课程机制，

加强高等学校之间学分互认等，使学生享受更多的优质教学资源，并逐步实现教学资源共享机制稳定化、常态化。

(二) 南京工业职业技术学院职业本科人才培养

南京工业职业技术学院(本科)作为首批国家示范性高职院校，学校自 2012 年起与南京工程学院合作培养本科层次人才，已有机械电子工程等 6 个高职本科专业，在校生约 1000 人。2019 年教育部批准南京工业职业技术学院为全国唯一一所公办职业本科试点学校。以南京工业职业技术学院职业本科人才培养为例，进一步解析应用型人才的培养模式探索与实践。

1. 高职本科机械电子工程专业人才培养目标

为确定高职本科机械电子工程专业的人才培养目标，学校对南汽、史密斯(中国)公司、乐金电子等 50 多家企业进行了调研，把高职本科机械电子工程专业人才培养目标定为：面向机械电子工程生产线、现代物流设备、通用机电设备、轻工机械设备制造与应用企业；培养具有机械电子工程领域较扎实的专业理论基础和综合知识；掌握机械电子工程技术操作技能和技术应用能力；敬业爱岗，具有规范的工程素质，具有良好职业素养、创新能力和奉献精神；善于协同工作，可持续发展能力强；能在机电设备的设计制造、装配调试、维护维修、技术改造、技术服务与管理等相关岗位工作的高端技术技能型人才和工程技术人才。

2. 高职本科机械电子工程专业人才培养规格

高职本科机械电子工程专业招生对象为高中毕业生，培养年限为四年。学校把各项能力要求分成四大类：一是职业技术领域共性专业能力十九项；二是专业方向能力三项；三是方法能力六项；四是社会能力五项。毕业资格要求如下：学分方面，所修课程全部合格，修满 189 学分；计算机能力要求方面，江苏省或全国计算机等级考试(二级)考核标准；外语能力要求方面，高校英语应用能力 A 级(毕业资格)、英语四级(学位要求)；职业资格证书方面，机修钳工(高级)职业资格证书；按照《学位条例》和学校有关规定，授予工学学士学位证书。

3. 高职本科机械电子工程专业人才培养方案

1) 顶层设计与课程体系结构

根据人才培养目标和规格，学校对胜任机械电子工程岗位或能够完成某一工程技术任务进行具体能力分析，明确列出需培养的职业道德、职业知识和职业能力，并根据相应任务的能力需求进行课程与知识点的设置，以此为依据设置课程体系和教学计划，进而组织教学。

在顶层设计基础上，学校以能力为本构建了高职本科机械电子工程专业的课程体系，并建立了基于工作任务导向的课程体系与教学内容。在“技术平台+专业方向”课程体系框架下，重点围绕强化学生综合职业能力培养的综合实训课程，构建起“基于核心课程与综合实训+针对岗位的专项能力训练”的课程体系教学内容，以达到培养学生在真实的工作环境中整体化解决综合性专业问题的技术能力、思维方法与综合素质。

课程体系由公共基础课、技术平台课、专业课程、选修课程四大部分组成。课程总学分为189学分计3432学时，其中必修课程173学分3240学时，占91.5%，选修课程16学分256学时，占8.5%。在必修课中，公共与基础课48.5学分808学时，占总学时25.3%；技术平台课78学分1432学时，占总学时41.3%；专业课44学分936学时，占总学时23.3%。课程体系特别注重理实一体化课程和实践教学课程开设比例：理实一体化课程33学分528学时，占总课时15.4%；集中实践课时56学分1344学时，占总学时39.1%。

2) 工学结合的人才培养体系

学校以实验、实训、实习循序渐进落实能力培养的方式设计实践教学体系。专业理论教学和实验教学全部以学做合一的方式在专业实验室完成，综合实训在校企合作共建校内生产型实训中心完成，企业实践全部在校外实习基地以顶岗工作的方式完成。通过核心课程学习和综合实训项目的训练，使学生具备本职业领域综合职业能力。利用与合作企业共同打造的校内实训基地与校外实习基地来达到专业人才培养的目标，充分体现了以产学结合为特征的办学模式，并实现人才培养模式上“工

学结合”的高职本科特色。

4. 在“双师”队伍建设中谋求“做学合一”的师资支撑

国家示范性高职院校建设计划启动之初，有一些高职院校的建设方案里曾刻意强调需要增加多少教授、引进多少博士，但是，经过几年的探索，很多学校逐步改变了原先的师资队伍建设方案，逐渐意识到，根据高职院校生源对象的特点以及高职教育专业人才培养目标定位，从高职教育的基本规律和特点出发，优先考虑增加行业企业的具有丰富实践经验的“双师素质”教师，着力于打造“双师结构”或“双师双能型”专任教师队伍，打造“明师德、乐教学、能科研、精技能、懂行业、通市场”的教练型师资团队，这样才能带领学生去“做学合一”，才能有利于高职教育教学质量的稳步提高，有利于技术技能人才培养目标与规格的实现。

学校通过加强校内教师的“双师双能素质”培训，及时制定出台导向正确的师资培训制度，引导和激励教师积极参加社会实践，不断充实丰富企业工作经验，不断提高实践动手能力，紧盯产业转型升级的趋势，踏准技术进步的节拍，以此保证学校“双师双能”教师队伍的可持续发展和主动更新升级。而“双师结构”师资队伍的建设，则有利于在学校全面社会化、高度开放化的办学体制机制创新中，大力突破现行的封闭式、自我满足型师资队伍管理制度和管理方式的局限，大力引进或聘用行业企业及社会其他机构具有上述职业教育“双师”资质的技术专家或能工巧匠，在岗兼职高职院校专任教师，利用业余时间或经校企双方特别商定的时间，到校讲授有关课程特别是实践性很强的专业课程，作为学校专任教师队伍的一个重要的有机组成部分，和学校内部的专任教师合为一体，共同完成技术技能人才培养的重任。

三、应用型高校人才培养质量评价

(一) 应用型人才培养质量评价体系的作用与意义

人才培养质量评价，可以相对客观反映出用人单位对学校培养的应用型人才质

量的满意程度，同时可以评价应用型高校人才培养质量，有助于应用型高校进一步改善人才培养模式。社会用人单位对毕业生进行评价所评内容应该以整体素质和就业能力为主，适当兼顾其他。用人单位制定的人才培养质量评价标准，以及基于此标准反映出的人才需求关系，对于高校改进人才培养模式具有重要的指导意义，也为高校调整人才培养评判指标提供了重要参考。通过评价，有助于高校针对性地实施人才培养改革，高校毕业生能够更加契合社会和用人单位的需求，实现高校人才培养质量的逐步提升，使得高校、企业及学生个人达成“共赢”。

人才培养质量评价，能充分体现以人为本的发展理念。高校的主体是学生和教师，高校所强调的发展其前提就是学生和教师能得到更好的发展。学生更好的发展是在校努力学习知识，毕业后为国家经济建设和社会发展服务；教师更好的发展是利用学校平台条件，履行教书育人职责，充分体现自身的专业价值，培养人才贡献社会。科学的人才评价体系应通过定量与定性相结合的分析方法，从教师教学和学生学习情况、学习管理、客观公正的评价数据等方面，对人才培养全过程进行有效的评价，更好地体现“以人为本”这一理念。

人才培养质量评价，有利于规范高校的教育管理，从而提高高校的教学质量。在应用型高校转型发展的背景下，对高校转变教学方式和管理模式的要求不断提高。人才培养质量的评价是高校教育管理的一个重要方面，而人才培养质量的诊断和提高是重点和难点，对人才培养质量的评价还应包括来自社会的认可。从学校管理的角度来看，学校要制定一系列人才培养质量评价标准，先进行内部测试，及时发现人才培养过程中的质量问题，加以纠正。如果说，学校是内部管理和测试，那么社会是外部的检测和监督机构。社会认可的范围包括了用人单位、政府和第三方评价机构，用人单位评价主要从毕业生的职业能力、素质和工作贡献来进行，政府和第三方评价机构评价主要从社会需求的角度和学生个人素质表现来进行，通过各方评价结果反馈，能够指导高校改进教育教学管理，提升人才培养质量。

(二) 应用型高校人才培养质量评价原则

1. 目的性原则

构建我国应用型人才培养质量评价体系是为了实现应用型高校的教学目标，更好让应用型高校面向行业、服务地方。高校在制定应用型人才培养质量评价体系时一定要遵循突出学校特色和区域需求目标原则，同时应从实际出发，查找现实水平与培养目标之间的差距，并探索具有现实操作性的实现培养目标的途径。

2. 系统性原则

系统性要求应用型人才质量评价应尽可能做好顶层设计，统筹规划，以优化人才整体素质为标准，使评价体系更加完整、均衡。在构建评价体系时，将各阶段的评价纳入整体评价体系，使评价达到平衡，各阶段的评价指标与整个体系的总体目标相协调，确保评价指标体系的平衡性和完整性。

3. 社会需求的适应性原则

实施应用型高等教育、培养应用型人才是我国高质量发展的迫切需要。因此，应用型人才培养的质量评价，应该充分考虑和适应社会对于应用型人才的需求。应充分遵循社会和高校自身对于应用型人才培养质量的要求，考虑社会对于应用型人才需求的不断变化制订评价标准，并努力找准社会需求与高校自身需求的最佳结合点。

4. 评价指标的操作性原则

人才培养质量评价重要一环是指标的可操作性。定性指标和定量指标在反映评价结果时各有侧重。定量指标相对于定性指标更能客观地反映评价结果，而定性指标则更直接地反映评价结果。因此，指标设计必须坚持定量和定性相结合，确保指标的科学性、灵活性和客观性。

(三) 应用型高校人才培养质量评价的实践

自 2015 年 10 月，国务院下发了有关引导部分地方普通本科高校向“应用型”转变的决策部署开始，各地积极进行应用型人才培养以及人才培养质量评价模式探

索，各高校已经从过去评价标准缺失或者评价模式参差不齐的现象中走出来，形成多样化的人才培养质量评价模式以及标准，并取得了丰硕的成果。

淮阴工学院机械设计制造及其自动化专业在“新工科”背景下，创新产学研协同育人、人才培养质量监控、专业质量评价与持续改进等机制，积极出台政策鼓励教师指导学生申报创新创业等项目。设立 1 个海尔创客工作室，探索多样化的创客组织形式；设立 3D 打印、机器人等 8 个科技协会和兴趣小组，加大开放力度，以“互联网+”“挑战杯”“创青春”等大赛为切入点，提高学生参与广度。基于工程教育专业认证理念，制订培养目标和毕业要求、构建课程体系，建立全程跟踪的毕业要求达成度评价的机制，获批教育部“新工科”研究与实践试点项目，2018 年通过工程教育专业认证。

南京工业职业技术学院学生第一及第二学年主要在校内进行专业基础课程学习和相关实训，以掌握宽厚的专业理论和基本的技术应用能力；第三学年，学生在经过 3 个月时间的校内综合实训(也有部分学生在此期间到学院的合作企业参与工学结合培养)后，要有半年以上时间到企业进行顶岗实习；有些专业还尝试开展了“工学交替”的课程安排，集中进行实训或顶岗实习，衔接专业课程教学内容和企业生产实际需要，进行分段安排实施。此外，学校在人才培养评价中规定，各专业学生毕业时应取得相应的职业资格证书，将职业资格证书课程纳入教学计划之中，把社会职业标准融入课程中。经过多年探索，南京工业职业技术学院学生年终就业率连续多年保持在 98%以上，用人单位对毕业生的总体满意率达到 95%以上。学校在 2012 年获得“全国毕业生就业典型经验高校”，连续多年获得“江苏省高校毕业生就业工作先进集体”。

台州学院材料物理专业，依托材料学省级重点学科和凝聚态物理市级重点学科，紧贴与浙江、台州社会经济发展密切相关的新材料、先进制造、汽模配件、水泵阀门等主导产业，与浙江江鑫锻造有限公司、浙江沃尔达暖通科技有限公司等 17 家企业共建校外工程实训基地，与台州市政府共建材料工程应用型人才培养基地，培育大量高素质材料工程应用型人才。台州学院积极拓展“见习热处理工程师”“金相检

验高级工”“材料成分检验高级工”和“高级维修电工”等职业资格培训和考试，并组织材料物理专业学生参加各类考级考证。四年来，开展了 4 期“材料成分检验高级工”、4 期“高级维修电工”、4 期“金相检验高级工”和 4 期“见习热处理工程师”的培训与认证，2012 届毕业生中获高级职业资格证书的比例达到 82.9%。经过职业资格培训的毕业生，职业能力和岗位适应能力显著增强，毕业生广受用人单位欢迎，近三届毕业生就业率高达 95.68%。①

人才评价的目的就是结果导向，引导人才刻苦钻研、主动奉献，实现人才评价结果与市场需求的无缝对接。应用型高校及时地把考评结果有效地运用到人才培养的各个环节，有利于学校适时作出改进，有助于更好地提升人才培养质量。随着我国高等教育事业的加快发展，应用型高校在实践中积累了人才评价机制的好经验、好做法。但面对日益活跃的市场需求，只有建立更加有效的人才评价机制和快速反应的反馈机制，充分发挥评价的积极激励作用，才能更有效地选拔人才、合理配置人才、客观评价人才、正确引导和发展人才，才能更好地助推经济社会发展，并最终推动建设高质量的应用型高校。

① 冯尚申，郑薇薇，陈基根. 地方高校应用型工程人才培养质量探究[J]. 黑龙江高教研究，2015(04): 132-134.

第五章　应用型高校的学科专业建设

关于大学的职能，众说纷纭。现在全世界范围内大家公认的三大基本职能是人才培养、科学研究和社会服务。后来加入了文化传承创新的职能，再后来又加入了国际合作与交流的职能等。但前三项基本职能基本没有异议，而高校的学科建设和专业建设承载着实现这三大基本职能的功能。一般而言，对于应用型高校来说，专业建设的水平是生存之本，反映了应用型高校人才培养的质量；而学科建设的水平是发展之源，反映了应用型高校办学的整体水平。学科和专业两者间是灵魂与载体的关系，本科教学的水平高，能够培养出高水平的本科人才；同时学科建设水平高，可借此衍生出高水平的本科专业，促进人才高水平的培养。因此，对于应用型高校来说，高度重视学科建设与专业建设，努力提高学校的办学层次和人才培养水平，直接决定着学校的生存与发展。

第一节　学科建设与专业建设的本质

对于应用型高校，其科学研究职能的实现，主要是依托其学科建设为载体，而人才培养职能的实现，主要是以专业建设为依托，因此科学研究和人才培养两者共同支撑应用型高校的社会服务职能。虽然学科和专业两者各有其特定的内涵，却有着非常密切的联系。学科建设中的诸多内容可以为专业建设创造学术氛围和探索研究的环境，例如教学与研究基地、高水平师资队伍、包含学科发展成果的专业课程教学等均可以支撑专业的建设与发展，将新的学科研究成果及时引入专业教学内容，

可以形成高校的办学特色与优势。同时，学生通过毕业设计(论文)等环节参与到教师的科研工作中，能够有效地培养学生的创新意识和创新能力。因此，应用型高校应将学科和专业二者并重，推动学科建设与专业建设同步进行、协同发展，以学科建设支撑专业建设，带动课程建设；推进教学内容与科研项目相互渗透融合，深层次促进科研项目的研究成果能够及时转化为真实可授的教学内容，真正做到教学促进科研、科研提升教学，实现科研与教学协同育人，形成良性互动，最终实现应用型高校办学效益、办学层次和办学水平的持续提高。

一、学科建设与专业建设的内涵

概念和术语的界定是进行学术理论探讨的逻辑基础。目前国内常有学者将学科与专业混合通用，专业即学科、学科即专业，或者将学科专业一起连用，不加区分。这种学科和专业概念上的混淆，容易导致学科和专业的真正内涵不清晰，同时学科和专业本身特有的属性也被疏漏和忽视。因此，在探讨应用型高校的学科和专业建设之前，有必要首先对学科、专业及学科建设、专业建设等概念进行阐释。

(一) 学科建设的内涵

1. 学科的概念及涵义

学科(Discipline)一词最早源于印欧字根西腊文中的教(Didako)和拉丁语的动词学习(Discere)，以及由它派生出来的名词学习者(Discipulus)。随着人们认识的不断深入，在不同领域，学科的含义也在不断被丰富和完善。人们从多个不同的角度对学科进行了定义，包括根据现实的方法定义，根据建构的模型定义和根据研究的对象定义等。对于学科含义的界定，学者们也从不同视角进行了大量富有成效的研究。比如德国学者黑克豪森(H.Heckhansen)从经验和事实分析的角度考察认为学科是指对同类问题所进行的专门科学研究。法国学者莫兰(Morin.Edgar)从科学学的角度对学科进行了分析，认为学科是科学知识领域的一部分。伯顿·克拉克(Burton R.Clark)则认为学科是一门知识或是围绕这些知识而建立的组织。[①]我国学者陈燮君在《学科学导论》中，阐述学科是一个集学科精神、学科风格、学科价值、学科方法、学科素质、学科优势于一体的统一体。周光礼认为学科是科学学概念，既指知识体系，又指学术制度；而专业是社会学概念，指专门学业或专门职业。[②]

《辞海》中学科的定义为：① 学术的分类，即学科是一定科学领域或一门科学的分支；② 教学的科目或学习科目，它是学校教学内容的基本单位，是依据一定的教学理论组织起来的科学基础知识的体系。综合上述多种定义，人们常说的学科一般是指学术的分类，指一定科学领域或一门科学的专业分支。因此，我们所提及的学科概念是参照国家标准所采纳的，即学科是相对独立的知识体系。

2. 学科构成与学科建设

通常认为一门独立学科的形成需要研究对象、理论体系和研究方法等三个核心要素：研究对象，是指对于每门学科来说，都要有独具特色的、不可替代的可供研究的领域；理论体系，是指在研究过程中要形成特有的概念、原理、命题、规律，并在此基础上构成严密的逻辑系统；研究方法，是指遵循学科特点的科学、合理的研究方法。学科的发展，需要有前沿的学科方向，优秀的学科团队和优秀的学术带头人、现代化的科技平台，充足的科研项目与科研经费，合理的学科管理制度等。因此，为产出更高水平的科研成果，应用型高校应注重加强学科建设，主要内容包括学术带头人的培养，学术梯队建设，研究平台、研究基地建设，确定研究方向，争取研究项目，形成科学、合理的学科管理制度等。在国家级人才或团队引进、重大科研平台、省级以上科技获奖、国家级项目、高水平学术论文、重大横向科研项目等方面取得标志性成果。

---

① (美)伯顿·克拉克. 高等教育新论[M]. 杭州：浙江教育出版社，2001：37.

② 周光礼.“双一流”建设中的学术突破：论大学学科、专业、课程一体化建设[J]. 教育研究，2016(5)：72-76.

(二) 专业建设的内涵

1. 专业的概念及涵义

目前对专业的定义多种多样，《辞海》、各种辞典中对专业的解释也都不尽相同。从不同的角度进行理解，对它的解释大不一样。关于专业的定义大致有以下几种：一是按照社会分工需求来划分。《辞海》中明确指出专业是学校根据社会分工需要而划分的学业门类。《国际教育标准分类》将专业定义为课程计划(Program)，美国高等学校则称为主修(Major)，指同一个系列、具有相应逻辑关系的课程组织。二是从广义、狭义和特指三个层面来理解专业。从广义角度看，专门职业，尤指需要经过高等专门化教育后才能够从事的复杂劳动职业。从狭义角度看，专业是指高等学校的专业，即高校培养高级专门人才的基本教育单位，高校的专业包含有特定的专业培养目标、毕业要求、课程体系等。特指的专业是指一种依据学科分类和社会分工需要，开展人才培养的基本单位，当专业与培养人的活动相联系时，往往就成为一种培养人才的基本单位，演变为一种实体。三是从教育学的角度来划分和理解。潘懋元认为，专业是依据不同学术门类或不同职业门类，将课程组合成不同的专门化领域，专业是诸多课程的一种组织形式。

对专业概念的具体表述虽不尽相同，但其实质内涵具有一致性。根据应用型高校建设目标任务和新时代经济结构调整态势，以及经济社会发展对人才培养的新要求，我们认为：所谓专业，是指在高等教育中，根据学科发展和社会职业分工等方面的情况，本着促进社会发展与个体发展相结合的原则，对学生学业方向进行必要的划分，它是课程的一种组织形式。

2. 专业的构成与专业建设

专业是在社会需求作用下高校人才培养逐步进阶的反映。专业建设应以经济社会发展的现实需求为导向，对专业口径适时拓宽、对专业结构进行持续优化、对专业内涵不断丰富和提升，从而提高专业与社会需求的匹配性和适应度。应用型高校专业建设的过程，也是学校不断推陈出新的过程，学校变不适应为适应，变不协调为协调，实现应用型高校专业与经济社会同步发展。

专业建设的目标是培养满足社会需求、适销对路的职业人才，主要包括目标体系和办学条件两部分：首先是要具有符合实际需要且切实可行的专业培养目标体系，体系内容比较丰富，其核心是要包含专业培养方向与培养人才的规格。专业是应用型高校与社会需求的沟通平台，应用型高校的人才培养应主动适应社会与经济的发展，因而专业培养目标体系通常包含了以下两方面内容：一是毕业生在一定的修业年限内，要完成应用型高校组织的日常教育与教学任务。二是毕业生的德、智、体、美、劳等诸方面以及知识、能力、素质的规格与质量应当达到一定标准，且该标准完全满足经济社会发展对专业人才能力与素质的需求；其次是适用的专业办学条件，内容比较复杂繁多，包括符合职业发展需要的专业教学内容与课程体系建设、专业教材建设、专业人才师资队伍建设、专业图书资料建设、教学仪器设备建设、实验实践基地建设等。可以说，应用型高校专业办学条件构成要素是统一的整体，任何一个要素的缺位都将严重制约专业教育质量的提高，从而降低专业发展与经济社会发展的适应度、匹配度。因此应用型高校专业建设必须要着重加强专业师资队伍建设、专业教材建设、专业课程开发、专业实验室建设、专业实习基地建设、专业教学手段与方法的改进等，培育若干教学名师、开发精品课程、建设精品教材以及发展现代化的实验室与实习基地，只有以上这些要素都配套建设到位，才能够培养出高质量的应用型专业人才。

二、学科建设与专业建设的关系

对于高校而言，学科与专业并存是一种特有现象，学科与专业在大学是两个互有内在联系而又内涵不同的名词概念。尽管学科与专业本身意义不同，有着根本区别，但是二者相互联系、相互促进。特别是在应用型高校，学科和专业建设更是密不可分。一般而言，研究型大学都明确提出学校发展要以学科建设为龙头，以学科建设来带动和引领学校各方面办学资源的配置。但对于应用型高校，我们认为由于

其科学研究的水平相较于研究型大学偏弱，而通过组织教育教学达成人才培养目标的任务更加突出，因此在学校办学的顶层设计上应该把学科建设和专业建设并重，在实际运作中，应在学科建设的相关内涵上充分考虑专业建设相关的内容，形成正向相关，使得在应用型高校学科专业能够一体化建设，从而实现教学与科研协同育人。

(一) 学科与专业的基本关系

1. 学科与专业的区别

学科是一个学术概念，它是指按门类划分的知识系统，是自然科学、社会科学下的概念。专业主要不是强调发现、创造学科知识，而主要用于表明大学在传授学科知识方面的教学组织管理形式，它是针对进行专门训练、培养专门人才而产生的一个概念。

(1) 划分学科、设置专业依据的原则不同。学科的划分遵循并偏重于知识体系自身的逻辑，因而学科会按照知识体系的科目和分支，形成树状分支结构。学科是相对稳定的知识体系。专业的设置是按照社会对不同领域和不同岗位专门人才的需求来展开，其主要依据偏指社会职业的领域，不同领域的专门人才需要什么样的知识结构作基础，专业就组织相关的学科课程来满足。在应用型高校的具体实践中，可以一门学科为基础来设置若干个专业，同时同一门学科也可在不同专业领域中得到应用。

(2) 学科、专业遵循的规律不同。学科作为学术活动的平台，其形成和发展遵循着科学研究的内在规律，核心是知识的发现和创新，因此学科主要关注科学前沿的问题，目的是获得对未知世界的认知，并把这种认知系统化、理论化。然而专业作为培养人才的教学活动，其形成和发展所遵循的规律是教育必须适应和促进政治、经济、科技、文化、社会等各方面需要，其目的是培养社会所需的专门人才。因此应用型高校的专业自然要把目标定位在社会对人才的现实需求上。

(3) 学科、专业构成不同。一般认为，一门独立学科的形成需要研究对象、理论体系和研究方法等三个核心要素：一是研究对象，是指对于每门学科来说，都要有独具特色的、不可替代的可供研究的领域；二是理论体系，是指在研究过程中要形成特有的概念、原理、命题、规律，并在此基础上构成严密的逻辑系统；三是研究方法，是指遵循学科特点的科学、合理的研究方法。专业的构成主要包括专业培养目标、专业课程体系、专业中的人和专业教学条件等构成。对于应用型高校而言，专业人才培养目标在整个专业活动中起着导向和规范作用。也可以说，专业培养目标的定位与设计是否科学可行，在很大程度上决定了专业建设的实际成效。

学科与专业的区别具体如表 5.1 所示。

表 5.1　学科与专业的区别

区　别	学　科	专　业
划分原则不同	偏就知识体系，形成“树状分支结构”	按照社会对不同领域和岗位的人才需求而设置
遵循规律不同	核心：知识的发现和创新； 关注：学科前沿的问题； 目的：获得对未知世界的认识，并把认识系统化、理论化	必须适应政治、经济、科技、文化等各方面需要，培养社会所需的专门人才
构　成不　同	学科方向、理论体系、研究方法	专业培养目标、课程体系、师资队伍、教学条件、专业评估与动态调整机制

2. 学科与专业的基本联系

大学期间学校不可能把人类全部知识都传授给学生，必须按照学科发展和分类以及社会职业分工的需要，开展选择性和针对性学习，形成系统化且专业化的知识体系，这种知识体系融于高校日常的教与学活动之中，形成了学科和专业的内在逻辑联系。

(1) 学科是专业的基础。在系列的学科门类中，专业一般选择一至三个学科作为主干学科。应用型高校的专业在确立支撑的主干学科后，其教学组织主要通过教师及教学管理人员来实施，具体包括培养计划制定、课程设置、学生选课、教学组织

与评价、质量监控等。一般依据专业对学科的不同选择与组织，来判别某一专业的专业特色以及专业的具体定位，如专科专业、本科专业、研究生专业。

(2) 专业的特色化发展促进学科发展。专业特色的基本方面包括其支撑学科的特色和社会适应特色，其中，大学外部评价主要体现专业的社会适应特色。这种外部评价归根结底是对专业支撑的基础学科和主干学科的评价效果，因此，从这种意义上说，专业特色在本质上和学科特色是一致的。应用型高校在办学过程中要着重强化专业特色，主要依赖于两个方面，即构建专业的基础学科要在教学上形成有力支撑，同时构建专业的主干学科要在专业方向上予以集中并与专业方面相协调。主要举措在于专业团队依据相关的学科方向开设相应的专业课程，在组织教学的过程中具有较强的敏锐性，主动跟踪学科前沿动态、及时把握学科进展、积极拓展新的方向，特别是一些新的学科交叉融合增长点。应用型高校通过科研合作，组织教师深入开展学科研究，通过学科专业一体建设、教学科研协同育人，以教学进步促学科发展，以学科发展促教学提升，在学科和专业建设的过程中相互作用，并形成独特的专业特色和个性品牌。此外，应用型高校通过开展一些有特色的专业教学做法，培养学生(包括研究生)的学科思维，创新和生产学科知识，这也是专业促进和发展学科的有效途径。

(二) 学科建设、专业建设的区别与联系

1. 学科建设与专业建设的区别

关于学科和专业建设的定义，不同学者的论述各不相同。综合起来，我们可以对学科建设与专业建设做出如下的定义：学科建设是指学校围绕学科方向建设学科平台基地，聚焦学科方向组建学科团队，通过实验场地、仪器设备等硬件的投入和项目储备、队伍建设、团队合作、制度文化等软实力的积累，实现提升学科建设水平，提高人才培养质量、科学研究能力和社会服务功能的全部过程。专业建设的内涵主要包括申报、建设新专业及改造完善传统专业；具体内容包括专业设置和调整的论证、教学基本建设、教学改革和教学管理等，其中教学基本建设是专业建设的

中心环节①。应用型高校专业建设是一项基础而又复杂的系统工程，包含新专业的设置、原有专业的调整、专业内涵建设、专业保障体系的建设等。学科建设和专业建设的区别主要表现在以下三个方面：

(1) 建设侧重点与目标不同。专业建设侧重点在教学，以高水平人才培养为导向；而学科建设的核心为学术研究，以学术研究的突破为导向。

(2) 建设的主要内容不同。专业建设的主要内容包括课程建设、师资队伍建设、教学条件建设等；而学科建设的主要内容包括研究基地建设、学科梯队建设、学科组织建设等。

(3) 建设成果的评价标准不同。专业建设的成效重在衡量培养的学生适应和满足社会的需求程度；而学科建设是以标志性科研成果的质量高低作为评价标准。

学科建设与专业建设的区别具体如表 5.2 所示。

表 5.2　学科建设与专业建设的区别

区　别	学　科	专　业
重点与目标	重点：科学研究 目标：科研成果	重点：教育教学 目标：人才培养
主要内容	学科方向、学科团队、科研平台等	课程建设、师资队伍建设、教学条件建设等
评价标准	高水平科研成果和服务行业产业成效	人才培养质量

2. 学科建设与专业建设的联系

学科建设和专业建设在应用型高校中呈现协同共生的关系。首先，学科建设的理论成果能够为专业建设提供动力与支持；其次，专业建设过程中面临的课题又可以作为学科建设新的研究对象和方向，对学科建设提出了新思路和新要求，一方面这些新思路和新要求能够促使教师自主更新知识结构，提高自身素质与水平，另一

① 宫新军. 新建地方本科院校教学工作水平评估的实践与探索[J]. 社科纵横，2008(7): 135-136.

方面又拓展了学科领域，进一步促进了学科发展水平。

1) 学科建设为专业建设提供有效的支撑

第一，学科建设的核心是学科带头人、学术梯队和科学研究。对于应用型高校来说，学科建设中的队伍建设能够培养大量科研能力强和教学造诣高的学科带头人，这些带头人既具备较强的科研发现能力，又有比较强的学科知识应用能力，如果和教学较好地结合，可以促进教学队伍建设，培养专业带头人和梯队中坚力量，能够进一步优化专业教师队伍的结构，进而提高专业教师队伍的整体教学水平和科学研究的能力。

第二，学科建设中的科学研究可以作为专业建设中课程、教材和教学方法改进的基础。根据人类认知的发展规律，只有进行科学研究，将社会发展经验总结转换上升为理论体系，才有可能进行专业教学。所以，对于应用型高校来说，专业建设中课程开发、教材建设等问题，都离不开学科建设的相关内容，包括学科方向的凝练、科学研究的开展以及学术新领域的探索实践，这些都是专业建设的基础。另外，通过师生工作室等形式，鼓励各类型的学生积极参与教师的科研项目和研究课题，可以培养应用型高校学生科学研究的意识，掌握研究的基本方法，提高学生的创新思维能力。

第三，学科建设推动高水平实验室建设与研究基地建设，能够让应用型高校学生的课程设计、生产实习、毕业论文设计等获得更优质的实践资源平台。应用型高校通过优化实践性教学的实验硬件设施，能够让学生进入学科实验室做实验、参与试验研究，进而有效培养学生的实践创新能力。

此外，应用型高校学科建设中软实力的打造也要引起重视，特别是团队协作精神和学科制度文化对于优良校风和学风的建设起着非常重要的作用，有助于大学精神的塑造，为专业建设创造一种良好的学术氛围和探索研究环境。

2) 专业建设促进学科建设水平的进一步提高

第一，应用型高校专业师资队伍建设可促进相关学科学术梯队的建设。在专业建设内容中，学校应进一步要求加强专业课程建设，提高专业课程的师资队伍水平，提高专业人才培养质量。这种硬性要求加强专业师资队伍建设，有助于培育一批科研水平高、教学效果好的教学名师，也相应促进了相关学科学术梯队的建设。

第二，应用型高校专业课程建设可促进科学研究的开展和水平的提高。专业建设的主体是课程内容开发与教材建设，课程建设的过程也是科学研究出成果的过程，也是学科研究成果在专业建设中的重要表现形式，可促进科学研究的深入开展。同时教学内容与课程体系改革是培养学生知识、素质、能力的核心部分。

第三，应用型高校优秀的本科专业人才可以积极参与教师的科研活动，从事基础的计算或实验工作；也可继续深造，作为优质的研究生生源，成为学科团队中不可或缺的重要成员，从而为更高层次研究型、创新型人才的培养奠定坚实的基础。

三、应用型高校学科建设与专业建设的发展

学科是知识的集成，是知识体系。学科建设重在知识的保护、传承和创造，创造知识的能力是衡量学科水平高低的最重要的标准，创造能力越高，学科水平越高。学科水平决定了学校的层次，学科水平越高，学校的层次也越高。专业是人才培养的平台，是广义的课程体系。专业实质上是职业训练的课程体系，具有职业导向性。社会需要什么样的职业，学校就要根据社会需求去设立相应的专业，培养相应的人才，以满足社会的需要。可以说，学科与专业都策应时代发展的需求而不断革新，并且促进社会的进步。

(一) 学科发展的特征

学科是在科学知识不断分化和整合的过程中逐渐形成并渐进发展的。当代科学发展具有“全科学”的发展趋势。主要包含以下几个特点：

1. 层次性

学科的层次性，是指各个学科内部或不同学科之间呈现出不同层级和相互关联

的梯级排列。目前，许多基础学科，如物理、化学、生物学、天文学、地学等都已成为母体学科，其中每一门母体学科都分化出许多新的分支，而每一门分支学科又继续分化出了大量更细的分支，由于这样的层层分化，从而各自形成了包括许多分支学科在内的层次体系。可以说，学科发展的层次性既生动体现了人类知识持续积累，研究方法、研究手段日益丰富，也体现了物质层次的不可穷尽性和物质世界的无限多样性，更是体现了人们对自然界各种现象及其不同侧面的认识越来越深入、具体。

2. 交叉性

学科的交叉性是指自然、社会和技术科学的基础学科及其各个层次上的分支学科之间相互渗透、彼此融合，从而产生大量的综合学科(如系统科学、生态学等)、边缘学科(如技术经济学、生物物理学等)和横断学科。原有传统学科的邻接领域已成为新学科产生的重要生长点。20 世纪中叶，受机械唯物论的影响，力学、物理学、化学、生物学、天文学、地学等自然科学的基础学科之间长期相互分离，各学科间的界限也泾渭分明。直到 20 世纪末，自然科学和社会科学之间还存在着科学家文化和文学知识分子这两种文化的分裂。随着知识的高度分化与综合，人们越来越认识到各个事物和各种现象之间紧密相连、密不可分，因而更加迫切感受到综合把握各门学科所获得成果的必要性。在这种情况下，人们解放思想，革新思维，重新审视以前相互独立的各传统学科，运用普遍联系的思维，把孤立的、静止的各传统的学科联系起来，打破它们之间的专业壁垒，在相互邻接的领域开展深入探索，取得了出人意料且富有成效的收获。

3. 不平衡性

在学科发展过程中，各学科通常并非齐头并进，往往是由一门或一组学科作为先导带动其他学科向前发展，即存在所谓带头学科，这种现象也被称为学科发展的不平衡性。带头学科的发展对于整个科学技术的前进和深入研究往往具有非常重大的影响。在 20 世纪初，带头学科是相对论和量子力学，它们的研究理论和研究方法

为其他学科所普遍采用，解决了现代科学技术中的诸多难题。二战后，控制论、原子科学、信息科学、生物科学、航天科学等学科成为带头学科，加速推动了科学技术研究向更深远、更广阔的层次迈进。

(二) 专业的发展趋势

随着科学技术突飞猛进，现代工业得到快速发展，知识的产生和更新速度较之以往更快，学科门类数量也因社会分工更细而大量增加，这些都使应用型高校的专业设置出现新的趋势，同时也赋予专业教育更为深刻和丰富的内涵：

1. 高深化

随着现代科学技术不断向纵深领域发展，同时为提高应用型高校人才培养与社会需求的匹配度，学科的划分越来越精细。一方面，由于各门知识的专业化程度越来越高，所培养的人才专业化属性也不断提升；另一方面，社会劳动的分工细化及专业化程度都在提高，使得所需要的职业人才也必将高度专业化。同时，因为人类知识积累越来越丰富，对未知领域的兴趣越来越浓厚，从而对专门化知识的传授和学习将不断向高层次的知识领域和学科前沿不断扩大深入，进而推动这些知识边缘不断向更高更深的层次发展。

2. 宽口径

由于过于细窄的专业划分容易导致培养的人才受众面小、适应性差、缺乏后劲等缺点，所以拓宽专业口径已是目前国内外高等教育专业设置的共同趋势。现代社会除了要求大学生具有扎实的专业基础知识外，还应具有宽泛的知识面、开阔的视野。联合国国际世纪教育委员会主席德洛尔在《论未来教育》一书中提到未来人才应具备“学会求知，学会做事，学会共处，学会做人”的素质和能力。因此拓宽专业口径，淡化专业界限是当前应用型高校专业人才培养的新方向。

3. 实用性

现代社会应用型高校的专业教育要求“工学结合、知行合一”，因此专业设置直接与社会需求和就业市场相关联。在“学以致用”的思想指导下，多数应用型

高校的专业设置越来越贴近实用，也可以说是越来越趋于功利。这主要体现在两个方面，一是根据经济社会发展需求决定专业的发展前途和方向；二是根据社会职业分工决定专业的划分与口径大小。这与过去单纯根据学科来设置专业形成了鲜明的对比。

(三) 应用型高校的学科与专业应进行一体建设

学科建设最重要的使命是知识的创造，学科是研究者研究的平台，而专业最重要的使命是培养人才，专业是学生学习的平台。从这个意义上也可以简而言之，教师归属于不同的学科，学生归属于不同的专业。正是基于这个原因，以研究为导向的博士与硕士学位点是按学科进行划分的，而本科生是按专业进行培养的。研究生与本科生的教学方式也有所不同，研究生教学注重学术创新能力的培养，课堂上老师讲自己研究方向的前沿问题、治学经验是适宜的，但在本科课堂上应侧重于知识的系统性学习和传授。

任何大学都要重视学科建设，因为专业是综合多门学科知识而形成的人才培养体系，学科建设是专业建设的基础，专业建设的主要依据来源于学科，没有高水平的学科支撑，就不可能办出高水平的专业。“以本为本”主要是针对高水平研究型大学而言的，在追求高水平的科研成果的同时，要牢记高校立德树人的初心使命。对于应用型高校，虽然整体科学研究的水平不高，但科研水平正在集体成长之中，而且成效明显。近几年应用型高校申请国家高级别的科学研究项目较之以往进步明显，如淮阴工学院近几年获批国家基金项目超过了 100 项。但应用型高校不能因研究水平不高就弱化或淡化学科建设，而是要精准发力，在特色学科领域形成比较优势，并把学科建设的成果及时转化为专业育人的优势。和高水平研究型大学不同的是，应用型高校要更加重视专业建设，更加重视人才培养质量，因为这是应用型高校安身立命的根本。应用型高校的根本使命是立德树人，学校所有的成果产出都必须为人才培养提供支撑和服务。当然应用型高校高水平的专业建设也可以为高水平的学科建设培养后备人才，这两者相互促进，相互提升。

由此可见，高校的学科与专业之间存在着内在紧密的逻辑关系，其中学科是源，专业是流，学科是专业的灵魂，专业是学科的载体，只有高水平的学科才能衍生出高起点的专业。目前在高等学校中，研究型大学往往更重视学科建设，而应用型高校则更重视专业建设。一般情况下，高水平的专业建设和高水平的学科建设密不可分，尤其对于应用型高校而言，其学科建设与专业建设同等重要，所以对学科与专业进行一体建设，整体提升学校的办学层次和水平，对应用型高校十分必要，也十分关键。

第二节　应用型高校学科与专业一体建设现状

学科和专业是高校的基本组成元素，学科和专业建设是高校的根本建设。专业建设与学科建设是影响教学与科研发展的两大系统，两者相互影响、共同发展，处理好两者的关系是有效提高教学质量，促进高校学术水平提升的基础。但长期以来，因受传统研究型大学在学科建设方面更容易带来显著效益的影响，很多应用型高校越来越趋向于重视科学研究，反而恰恰忽视了自身对培养应用型人才重要性的认识。由于学科建设和专业建设切入口不同，在建设过程中缺乏必要的理论指导，同时存在政策与评价机制层面的导向性偏差，使得应用型高校学科建设与专业建设“两张皮”现象长期存在且得不到有效的解决，严重阻碍了应用型高校办学水平和人才培养质量的提高。

一、学科专业一体建设的现状

（一）进一步整合优化了教育资源配置

高校资源配置的关键是学科专业结构的优化。2000 年左右，随着我国经济社会发展、产业转型升级以及新的经济形态和业态的要求，我国政府适时对全国高等教育资源进行了总体布局的优化调整。一是按照共建、调整、合作、合并的原则对高等院校优质资源进行了整合。通过对高等教育资源的优化整合，目前，我国高校各

种类型大学的比例基本合理，形成了中央和地方两级管理，以地方政府管理为主的高等教育管理新体制。二是在学校内部进行了院(系)组织结构调整。这种组织机构的调整和院(系)资源的重新组合，其本质上是在现有资源和条件下，对院(系)学科专业资源进行的优化和整合。通过这一轮高等教育改革的整体设计与全面推进，进一步激发了各类高校的办学活力和发展潜力，提升了各类高校办学的主体地位意识，扩大了高等教育的规模效应与社会效益，同时也对促进学科发展繁荣、探索建立新兴交叉学科提供了新的机遇。

(二) 跨学科、专业人才培养模式改革得到进一步推进

现阶段，一些高校在有意识地对跨学科、专业人才培养进行探索和实践，基本形成了多措并举、多样共生的跨学科人才培养模式，比如，“复旦共识”“天大行动”“北京指南”作为新工科建设的三部曲，奏响了新工科人才培养的主旋律，开拓了工程教育改革新路径，深入推进了工科交叉型人才培养模式改革，拓展了学生跨学科、专业学习的空间。这些为应用型高校发展提供了基本遵循和努力方向。

(三) 进一步强化了学科、专业的支撑力度

学科和专业是高校发展的“立校之本”，高水平的学科专业建设为高校教育质量的提升及高水平学术活动的开展奠定坚实的基础。学科门类的逐步完善，专业内涵的不断深化，加上产教融合、科教融合深入推进，教学与科研相互融合，学科与专业相互支撑的力度进一步强化。如何促进科研成果更为及时地转化为教学内容，真正做到以科研促教学，以教学促科研，实现教学与科研的良性互动，深入推进“政产学研用”结合，这些都成了应用型高校加快发展进程中要注重解决的问题。

二、学科与专业建设存在的主要问题

(一) 专业建设存在“轻内涵、重外延”现象，缺乏相应学科的有效支持

学科建设主要包括凝练学科方向、打造学术团队、搭建学科平台、承担科研项

目、优化学科管理制度等。专业建设则主要包括专业课程建设、教材建设、师资队伍建设、专业实验室与实习基地建设以及专业教学技术支持等内容。可以看到，一些应用型高校的学科和专业建设基本上各自为政、相互分割，没有能够做到整体设计，全校一盘棋。特别是应用型高校一般办学实力较弱，各类资源有限，如果不能有效地整合全校学科与专业建设中的所有优质资源，既影响效益，又造成浪费。同时，应用型高校对学科和专业建设的认识还存在一定的偏差，如对专业建设重视程度不够，将专业建设狭义地理解为就是扩大规模、拓展门类，开设更多的新专业，而对通过学科建设促进专业的内涵建设认识不足。其实在学科建设的过程中，通过学科内涵要素的提升，可以极大地促进人才培养模式的改革，包括“理实一体、工学结合”人才培养方案的制定、课程体系的调整、教学内容更新以及教学组织形式变革等内容。只有这样才能使得专业建设能够适应经济社会发展的新需求，也才能保证培养出符合市场需要的高素质应用型人才。

(二) 存在明显的学科、专业壁垒

一方面，应用型高校各个院(系)的学科和专业分别拥有自己独立的学术团队与教学队伍、科研设备与教学仪器设备以及科研资源与教学资源，各自独立运行，没有形成充分的共享机制。即使在院(系)内部，不同学科与不同专业之间也是泾渭分明，条块分割。由此产生的后果是校内教育资源重复建设，不能共享，资源使用效率低下。另一方面，应用型高校在各院(系)之间，学科专业合作较少，很难形成跨学科的研究群体。同时，学生跨院(系)选课、课程优设、教学内容优选也存在着一定的困难，均为学科和专业间存在的壁垒所致。

(三) 组织形态各异

目前，我国大多数应用型高校专业建设主要以教研室为基本依托单位，负责开展专业师资队伍建设、专业课程开发与教材建设、专业实验室建设以及实习基地建设等具体工作，组织开展教学活动。而学科建设则是以学科组织为依托单位，具体围绕某一学科的发展进行学术带头人培养与学术梯队建设、争取各级各类研究项目、

发表高水平学术论文以及推进实验室与研究基地建设，建立科学、合理的学科管理制度。这种学科专业建设组织形态的差异以及偏向于学科建设的政策与制度设计，使得从事科学研究人员较少给本科生上课，科研成果也不能及时转化为教学内容，难以实现科研反哺教学的目标。

(四) 教育资源的竞争

在教育资源有限的约束前提下，教育资源的配置存在着“跷跷板”效应。也就是一方资源的增加则意味着另一方资源的减少，存在着资源的竞争。一方面，相比较而言，应用型高校一般更为重视学科建设，教育经费、资源的投入也优先考虑学科建设，在一定程度上淡化了专业建设。另一方面，教师对教学成果重视也不够，加之教学成果的显示度也不高，导致教师在思想观念和行为上也容易重科研、轻教学。

三、学科与专业建设存在问题的主要原因分析

(一) 对学科、专业建设的重要性认识不清

应用型高校准确认识学科、专业建设的重要性不言而喻，这是高校办学的根本和基础。做好学科和专业建设的顶层设计尤为重要，它关系到学校的发展定位和方向，也关系到学校的工作重心如何配置、学校有限的资源如何整合，更关系到学科、专业能否一体建设、协同发展。从我国高校对学科、专业建设的认识实践来看，一方面学科建设的科研成果产出，更容易提升学校的社会声誉并为学校带来丰厚的回报，使得学校名利双收。学校对学科的建设意愿明显高于专业建设，在教育资源配置过程中则更倾向于学科建设。另一方面，相较于教学成果，社会、学校更为重视学术科研成果。学术科研成果在职称评审、绩效薪酬及职务晋升等方面占据了绝对的地位，这是重科研、轻教学的根源所在。

(二) 缺乏必要的学科、专业协调发展规划

目前，应用型高校对学科、专业建设的发展基本上是分开来考虑。学校在制定

学科建设规划时，很少有将人才培养、教师队伍建设、教学实践基地建设以及课程与教材建设等专业建设相关内容纳入规划。同样，在制定专业建设规划时，也鲜有考虑到将科学研究、科研基地建设、学术梯队建设以及项目申报与论文发表等学科建设内容纳入规划之中。在一些应用型高校出现了学校的总体规划与学科建设规划、专业建设规划分散独立、不相吻合的现象，导致有限的资源被进一步分散，使得学科和专业都得不到有效投入，整体水平不高，竞争力不强。另有一些应用型高校只专注学科专业点的数量，一定程度上忽略了学科专业点的质量。缺乏对学科建设与专业建设的顶层设计和整体考虑，全校对于学科和专业一体建设的协调机制欠缺，同时学科和专业建设与学校整体规划不能形成正相关，导致对要重点建设和发展的特色学科、专业支撑不够，高水平成果产出困难，人才培养质量也得不到质的提升。

(三) 学科与专业管理制度存在失衡

应用型高校促进学科建设与专业建设有机融为一体的机制还未形成。尽管各高校采取各种引导措施，出台鼓励办法，积极营造科研促进教学、科研反哺教学的氛围，但是，效果并不理想。重学科建设、轻专业建设的现象依然存在。对于多数应用型高校而言，学科建设与专业建设各自独立、互动较少，学科建设对专业建设没有形成有效的支撑，使得专业建设水平难以明显提高。同时，不同学科之间、不同专业之间、学科专业之间各守一摊，缺乏沟通、互不交流，有限的资源重复投入，浪费现象严重。另外由于应用型高校教学科研之间互补性差、教育资源互不共享，使得相关学科专业、不同学科专业之间的相互支撑力度不够，没能有效促进新兴学科专业、边缘学科专业以及交叉学科专业的成长。

(四) 相对封闭的学科、专业组织阻碍了资源共享

应用型高校学科专业组织体系是一个相对封闭的系统。目前，大多数应用型高校主要采用模仿前苏联模式衍生出来的学科专业组织模式：校—院(系)—专业教研室。这种学科专业组织模式是相对封闭僵化的，主要存在两方面不足之处：第一，

缺少联合承担科研任务的科技创新组织平台制度。在这种组织模式下，院(系)根据学科进行设置，主要以独立的学科来承担相应的研究项目，在不少应用型高校还存在同一学科分布于不同的二级学院(系)的情况，组织体系口径过窄使得学科专业壁垒高起，相关学科、专业很难进入这样的组织体系。第二，学科与学科、教学与科研、专业与专业之间相互分离，对学科专业建设无法形成叠加效应。在学科建设中，不利于院(系)间的合作，也不利于形成跨学科的研究团队，更不利于科研教学水平的提高。在专业建设中，专业课程的设置及教学内容的选择灵活性较低，不利于学生跨院(系)选课、课程优设、教学内容优选，影响学科对专业的支撑力度，不能有效促进学科专业的交叉渗透，也不利于提高学生的实践创新能力。

(五) 缺乏学科、专业协同发展的评价机制

自2000年以来，我国新增学科专业点数量逐年增加，总数量已接近高校学科专业目录总数的一半左右。但是，可以看到在一些应用型高校学科专业建设过程中，存在着投入经费不足、师资队伍比较薄弱以及办学条件不能满足实际需要等现实问题。应用型高校建立科学的学科专业评价制度是解决这些问题的有效途径之一，通过建立科学合理的学科专业评价制度，能够促进高校更为有效使用学科专业经费，进一步提高学科专业建设水平，从而提升为地方经济社会发展服务的能力与水平。目前，尽管应用型高校学科专业建设评价体系在稳步发展，但还存在需要完善的地方。如，教师考核中对教学的重视程度不够，部分现有评价标准流于形式，评价方式一定程度上缺乏实际可操作性；学科、专业评估指标体系对学科专业协同发展的“指挥棒”作用发挥不充分，等等。当然，随着教育部“以本为本”和“破五唯”等新的指导思想和评价理念的提出，相关情况将会得到根本改善。

四、应用型高校学科专业一体建设的途径分析

定位于“应用型”的本科高校，既不同于传统的普通本科教育(研究型大学都强

调学校发展以学科建设为龙头)，也不同于高职高专教育(一般不强调学科概念，以专业建设和技术技能人才培养为主业)，它的教学水平体现着学校的“应用型”特色，更需要加强科研与教学的结合。加强学科专业一体建设，应用型本科应紧密围绕地方资源和区域行业产业，学科专业建设对接地方经济建设和社会发展需求，主动适应所在地区经济、社会、科技发展的实际需要，强化应用型高校的人才培养应用型特色，构建起布局合理、结构优化、有一定特色的“应用型”学科专业体系，促进各学科专业之间的交叉渗透与健康发展，坚持以服务求支持，以贡献求发展，不断提升服务地方经济社会发展的能力与水平。

(一) 树立学科专业一体建设的办学理念

学科建设水平反映了高校办学水平，专业建设水平反映高校人才培养的质量。应用型高校要坚持树立学科建设与专业建设一体实施、协同发展的办学理念，一是要做好学科建设和专业建设的协调规划工作，在学科建设规划中融入人才培养、教师队伍建设、教学实践基地建设以及课程与教材建设等专业建设内容，进一步增强学科建设对专业建设的支撑力度。二是要形成鼓励教师把科研与教学融于一体的校园文化环境。鼓励专业教师结合教学内容积极开展科学研究、提高自身科研水平，授课时向学生介绍前沿科研问题与进展，同时，通过毕业设计、学年论文等对学生进行科研能力和素质的训练。三是要注重打造一流特色学科专业。应用型高校只要在同类型学校中办出特色、办出水平，就是同类型中的一流。因此要充分利用自身的地理位置、区域优势，结合学校的历史传承、学科特色和专业优势，主动对接区域产业链和技术链，动态调整、升级更新原有学科专业体系，集学校学科专业优势攻克行业企业难题，充分发挥应用型高校服务地方经济社会发展的职能。

(二) 构建合理的学科专业一体建设的组织体系

应用型高校以灵活多样的学科专业建设组织协调原则，辅之以良好的学科专业组织体制基础，共同营造良好的学科、专业建设的组织环境，不仅可以优化学科专

业的教育资源配置，还可以促进新兴学科与专业的形成和发展。应用型高校以“学校—学院/学科＋专业群”为基础，按照相近学科专业(群)原则，把原有的专业教师与科研人员、实验室与试验基地、仪器设备与图书资料等资源进行全面整合，提高教育资源使用效率，结束条块分割，分散办学的格局。这样可以进一步加强学科与学科、学科与专业、专业与专业的相互渗透与支撑，能够实现相关学科专业资源的共享，能够更好地集中优质资源开发跨学科的交叉性的综合课程，能够引导更多的相关专业学生进入到交叉学科专业学习探索，为相关学科领域发展培养后备人才。

(三) 形成开放的学科专业一体建设的管理模式

对于应用型高校来说，一方面要建立起一套能够优化师资配置、允许人才自由竞争与合理流动的开放式的人才管理体制。另一方面，通过外聘教师制，柔性引进国内外知名专家、学者、教授到校兼职任教，借“脑”融“智”，营造出一种宽松的、自由的学术群体环境，从而更好地促进应用型高校学科与学科、专业与专业以及学科与专业的人才资源共享，形成学术资源互补、学科与专业协同发展的学术氛围，促进学科建设与专业建设的有序发展，有助于学术群体之间的思想与观念的碰撞，更有助于学科与专业相互渗透和改造，最终服务于对经济社会发展所需要的应用型人才的高质量培养目标。

(四) 创建正向激励的学科专业一体建设的制度环境

应用型高校学科专业建设制度的目标是合理配置学科专业资源，提高人才培养质量。促进学科专业一体建设的关键在于建立一套科学、规范、有效的教学和科研政策制度激励机制。应用型高校应特别关注能够体现学科专业建设价值导向的学术评价制度、用人制度、奖惩制度、分配制度的制定，按照公平、公正、平等、择优的原则，引导教师正向的价值追求，克服教学和科研上的浮躁行为和“短平快”的功利主义倾向，提高教师学科专业建设积极性，形成一个教学与科研并重，教师的教学价值能够得到充分体现的良好环境，更好地激发教师投身于教学科研的积极性、主动性和创造性。

(五) 完善学科专业一体建设的评价机制

“应用型高校的教学和科研应该统一，也能够统一。”但在实际工作中，应用型高校普遍存在重学科建设、轻专业建设的倾向，主要原因在于相较于专业建设，学科建设更容易产出科研成果，为学校取得声誉，也让教师在各项激励中受益，学校和教师取得了“双赢”。因此，应用型高校必须大力改变这种倾向，努力实现由重学术和科研成果向科研与教学成果并重的转变，并且将这种转变体现在教学科研评价体系中。同时，应用型高校制定教师教学质量和科研质量并重的评价机制，可以根据国家精品、工程专业认证、重点课程立项、验收评估以及新工科建设、“双万计划”等有关要求，结合学校规划和实际发展需要，调整教学与科研的替代性比例，引导教师将更多的时间与精力投入教学，在教学与科研中重新取得平衡，使得学科与专业协同发展。

第三节　应用型高校学科专业一体建设实践

淮阴工学院为江苏省属普通本科院校，坐落于敬爱的周恩来总理故乡、全国历史文化名城——江苏省淮安市。学校始建于 1958 年，2000 年升格为本科高校，2011 年经国务院学位委员会批准为服务国家特殊需求硕士专业学位研究生人才培养项目试点单位，是国家“卓越工程师教育培养计划”“卓越农林人才培养计划”试点高校。2015 年开始与国(境)外高校联合培养博士研究生。现已成为一所以工为主，理、经、法、文、管、农、艺多学科协调发展的应用型本科高校。在推进学校事业高质量发展的过程中，淮阴工学院始终坚持围绕“优”“特”“实”的发展理念，坚持以服务谋生存、以特色促发展，积极推进学科专业一体建设，学校教育教学质量不断攀升，科技创新和服务地方经济的贡献度持续上升。

第一，“优”，首先体现了一种鲜明的质量意识。这是学校生存与发展始终立于

不败之地的重要保证。这个“优”并不是在传统意义上的绝对优势，而是在完善富有特色的学科体系、构建合理专业结构、服务地方经济社会发展上彰显优势。需要特别强调指出的是，这里的“优”，并不是要全面地实现领先，而是有选择地追求卓越。具体而言，就是结合校情，瞄准前沿，在一门或几门主要学科上形成自己的品牌和特色，并且以此为基础不断发展壮大相关专业集群，形成具有比较优势的一流学科和特色专业，达到国内领先水平。这也几乎是每所知名大学成就功业的必经之路。

第二，“特”，主要体现的是具有独特性和不可替代性。如果说要把淮阴工学院办成一所一流的大学，这本身并没有错。因为不能把一流大学看成有固定模式、唯一标准的“一流”，而是看其针对自身定义的服务域而言的。不能要求应用型高校都像一流的研究型综合性大学那样，要求所有学科门类齐全、面面俱到。办学特色既可以体现在学校的办学理念上，也可以体现在学校的管理体制、运行机制、学科布局、课程体系、人才培养模式等各个方面。淮阴工学院完全可以做到地方区域一流、特色学科专业一流、产学研合作服务一流等不同类别的“一流”。“一流”关键在于要体现自身的优势与特色，在多样化的办学层次和类型中找到符合自身优势与特色的定位和发展目标。例如：淮阴工学院紧密围绕区域特有凹土、岩盐资源深度利用和高端装备制造、新一代信息技术、现代农业、新能源汽车及零部件等优势产业发展需求，开展关键技术攻关，形成了绿色化工、环保材料、智能制造、现代交通、生态农业等学科特色，增强了服务地方行业产业的能力，促进了区域经济高质量发展。

第三，“实”，集中展现为目标定位精准，谋事做事务实，学校全体师生员工发展状态积极。按照现有大学分类划分，淮阴工学院无疑属于应用型高校，一方面要勇于承认自己的定位并要理智地看待和认真对待，另一方面也要意识到办学类型并不等于办学层次和水平，在培养高素质的应用型人才和服务地方经济发展等各方面，应用型高校一定是能有所为且大有可为的。要坚持有所为，有所不为，立足校情，不贪大求全，不一味盲从，坚持不断拓展自身的特色和优势，就能逐步增强自己的

比较优势和错位发展的竞争实力。

一、淮阴工学院学科专业一体建设情况分析

(一) 淮阴工学院简介

学校现有18个二级学院(部)，在校普通本科生、研究生、留学生共计2.1万人；专任教师1200余人，其中教授、副教授等高级职称人员540余人，专任教师拥有博士学位550余人；研究生导师200余人，其中企业导师78人；“长江学者”讲座教授1人，“杰青”1人，中组部“千人计划”专家1人，“万人计划”专家1人，享受国务院政府特殊津贴5人，省特聘教授1人，“外专百人”1人，省“333工程”等高层次人才培养对象近200人，双聘“千人计划”“国家杰青”等高端人才85人，省级优秀教学团队2个，省级科技创新团队4个，省级哲学社会科学优秀创新团队1个。

现有国家级一流专业2个，国家级卓越计划试点专业8个，国家级特色专业2个，国家级“专业综合改革”试点项目2个；江苏省“十三五”重点学科5个，省品牌专业3个，省级一流专业8个，省级卓越计划专业10个。4个专业通过中国工程教育专业认证。拥有国家级工程研究中心1个，国家级虚拟仿真实验教学示范中心1个，国家级工程实践教育中心1个，国家级大学科技园1个；省级实验教学共享平台1个，省级人才培养模式创新实验基地1个，省级实验教学与实践教育中心11个；省级以上科研平台18个，实现学校所有学科、专业省级以上平台全覆盖。省级研究生工作站30个。2017年以来，学生年均考研达线率20%以上，毕业生就业率一直保持在96%以上。

(二) 淮阴工学院学科专业一体建设的实践探索

淮阴工学院积极转变学科专业建设理念，出台高水平应用型大学建设方案，在反复研讨论证的基础上，学校党委提出了“淮工振兴”的战略，出台了学校加强特色鲜明的高水平应用型大学建设的实施方案，明确了学校的办学定位、目标任务和

“十个一流”的实施路径。在 2018 年底召开的学校第三次党代会上，对建设特色鲜明的高水平应用型大学的目标、任务、举措予以进一步明确和强化。

1. 加强学科专业一体建设的顶层设计

在学科建设与专业建设的规划与顶层设计方面，学校成立统一的学科、专业建设委员会，并制定《学科、专业一体化建设章程》。根据国家“双一流”和江苏高水平大学建设精神，以强化内涵建设、提高人才培养质量为主线，策应新工科建设，对接区域行业产业需求和经济社会发展需要，在全面提升专业建设水平的基础上，以学科方向凝练为引导，以学科团队建设为关键，以学科平台打造为支撑，以标志性成果产出为重点，实施学科建设“246X”工程、专业建设“2612”工程，大力推进特色学科和品牌专业建设，不断优化学科和专业设置，建立健全学科、专业建设体制机制，提升人才培养质量，着力打造一批国内知名、省内领先、特色鲜明的优势学科、专业，不断提升学科、专业建设整体水平和综合实力。

2. 加强人才培养模式改革

人才培养模式是学校教育思想和办学理念的集中体现，是对人才培养目标、培养过程和培养方式的总体设计，是确保教育教学质量和人才培养规格的基础工作。学校积极构建“资源集聚、分类多元、自主学习”的人才培养新机制，准确把握区域经济社会发展趋势和人才规格要求，坚持“面向社会需求，创新培养模式，强化专业能力，彰显应用特色”的教学工作总体思路，深化教育教学改革，创新人才培养模式，适时调整专业结构，整体优化课程体系，完善学生知识结构，强化实践教学改革，突出专业应用能力，彰显应用特色，使学校的人才培养始终保持与社会需求的较高契合度。同时，统筹全校教学科研资源，构建三位一体、分层递进的创新创业教育课程体系，完善创新创业训练四级体系和学科技能竞赛三级体系，“研学赛创”联动培养创新创业能力。在做好普通大学生教育培养、整体提升人才培养质量的基础上，成立翔宇学院，开设创新精英班，致力于选拔培养拔尖型学生，开创人人皆可成才、人人尽展其才的生动局面。

3. 打破学院壁垒，加强制度创新

学校通过全面开展与校政企所协同共建，进一步加强顶层设计，打破体制壁垒，挣脱机制束缚，开辟多元路径，以体制机制和方法创新引领学校的发展。如在干部管理体制上，在坚持党管干部、党管人才原则基础上，采取聘任制、双聘制、特聘制等多种形式持续优化干部管理体制，进一步激发创新思维，释放创新创业活力，为协同共建全面开展、构建新型政企多边合作关系奠定坚实基础。通过建立实体学院、虚拟学院、行业学院、区域学院、跨境学院、创新平台等多种融合方式，构建覆盖各学科专业和人才培养全过程的协同育人平台。在薪酬制度方面，优化薪资绩效分配方案，推行年薪、月薪、项目制等多元薪酬体系，保证内部公平，强化外部激励，满足多样化人才需求。修订相关评审、奖励制度，调整专业建设项目权重，引导教师主动将学科建设资源转化为专业建设资源。

4. 优化调整师资队伍建设，构建学科专业团队一体化建设的机制

学校把师资队伍建设放在学校发展全局的战略位置，以“尊重教师、服务教师、发展教师”为主线，不断加强师资队伍建设，大力实施人才队伍建设“1357”工程(2018—2020)，即通过 3 年的努力，外引内培 10 名国家级人才；引进 300 名博士(每年引进 100 名)；自主培养 50 名博士(消化现有师资队伍的存量)；实施 7 个翔宇系列人才工程(翔宇教学名师、翔宇科研英才、翔宇先鸣学者、翔宇科创和教学团队、翔宇师德标兵等等)，完善高层次人才引进、教师发展激励、教师能力提升及教师分类发展和转岗退出等机制，强化二级学院人才引进、培养和使用的主体作用，优化人事管理机制，采取柔性引进、联合培养、境外招聘等形式，汇集各类高层次人才。不断推进师资队伍博士化、国际化、产业化、团队化的“四化”工程，着力建设一支数量充足、结构合理、师德高尚、业务精湛，具有创新精神和国际视野，在同类高校中具有影响力和竞争力的“双师双能+教练型”师资队伍。

加强教学科研一体化团队的建设与培育，构建以“领军人才+团队”为基本构架的队伍建设模式。学科带头人、学术骨干参与专业建设，将最新的科研成果融入

课程教学，丰富和更新教学内容，加强专业精品课程和核心课程的建设，编写高水平的教材。教学型教师、优秀学生积极参与相关学科的科研课题组，在基础计算、测试和实验等方面为课题组提供支撑。

5. 加强教学、科研平台一体建设，促进资源共享

根据学科建设需要，建设一批代表行业特色的重点实验室、工程技术研究中心、产业学院等科研平台。积极推动科研平台与实践教学平台的共建、共享，鼓励高水平的实验室和实践平台基地等向本科学生开放、共享。通过项目立项等激励方式，加大实践教学改革力度，鼓励多开发面向本科教学的综合设计性实验和科研探索性实验等。

6. 建立专业设立与退出的动态调整机制

顺应社会发展，对接产业需求，优化专业设置。及时设立发展成长性好、需求旺盛的新兴专业，及时撤销或调整不适应社会需求的专业。

二、淮阴工学院学科专业一体建设取得的成效

(一) 提升了学校办学水平

按照经济社会发展的要求，遵循高等教育发展规律和人才成长规律，结合学校办学实际，理性确立了“四定位”——目标定位、类型定位、人才培养规格定位和服务面向定位。按照“全面发力、整体推进，突出重点、指标引领，内涵发展、质量提升，凝练特色、打造品牌”的总体思路，统筹推进以一流学科建设、一流专业建设、一流队伍建设、一流学生培养、一流科技服务、一流境外合作为内涵发展重点，以一流党建工作为统领、一流文化建设为引领、一流条件建设为支撑、一流治理创新为保障的“十个一流”建设实施计划。按照应用型人才培养要求，进一步优化应用型高校人才培养目标与定位，通过学科专业一体建设，教学科研协同育人，构建了面向企业行业的分类分层人才培养框架和适应岗位需求的人才培养体系。

(二) 强化了科研和社会服务

应用型高校与研究型高校在科研和技术创新方面存在着显而易见的差距，因此，应用型高校科技研发方面需要错位发展。学校紧密联系江苏支持苏北地区加快发展、推进苏北新型工业化的要求，以淮安新时期“五大战略”即实施工业强市、科教与人才兴市、借港出海与开放带动、绿色发展、城乡统筹，对接“五大建设”即构筑大交通、培育大产业、发展大流通、繁荣大文化、开发大旅游的发展需求，面向淮安重点发展的特钢、IT、凹土、盐化工新材料、节能环保和食品等千亿元级主导产业培养应用型人才。学校把全面为地方经济社会发展服务作为目标，立足于地方产业结构调整、企业技术进步所需要的实用技术开发、技术创新和服务，如新产品的设计、改进，工艺、装备的设计及高新技术的推广与服务等，为政府、企业和人的发展提供服务，建立工程教育与经济社会互动发展的模式，助力产业转型升级。

(三) 增强了学生创新创业能力

人才培养是高校的首要任务，也是应用型高校特色办学最为直接的体现。学校按照新工科建设理念，打破专业、学院壁垒，成立翔宇学院，加强学生创新应用能力培养，提升工程实践能力，为学生创新创业提供有力支撑。已先后组建了数学建模竞赛实验班、建筑结构创新模型竞赛实验班、计算机设计竞赛实验班等 10 余个虚拟班，激发了学生学习兴趣，提高了学生的实践创新能力。大学生在“挑战杯”“互联网+”、中国机器人大赛、全国数学建模等各级各类学科竞赛中的获奖数量与层次位居同类高校前列，2018 年，学生创新创业团队问鼎“创青春”国赛金奖。2019 年，学校获得省级以上竞赛获奖 1872 人次。获省优秀毕业设计(论文)一等奖等奖项 10 项、优秀团队 3 项。

(四) 带动了教学条件改善

实施校企协同育人“234”工程，探索完善多主体协同育人机制，深入推进产教融合、校企合作。不断加强与地方政府、行业及企事业单位紧密合作，整合资源建设国内领先的实践教学平台，创新校企合作实践育人机制，推进产业学院建设，实

施面向企业行业的应用型人才培养，进一步深化校企合作培养人才，优化和丰富了课程体系，改进教学运行机制，完善教学评价制度。为增强人才培养与社会需求的契合度，邀请社会相关行业企业专家骨干参与课程体系设计、课程开发和教学内容改革，促进应用型人才培养质量不断提高。突出实践教学在人才培养中的重要地位，建立了多维联动的产学研深度合作长效机制，将区域产业资源转化为教学科研资源，优化实践教学体系，改善实践教学条件，深化实践教学改革，重构实践教学内容，改革教学方法与手段，促进基础与提高、必修与选修、课内与课外、校内与校外、虚拟与现实的有机结合、相互协调，不断提升学生的实践创新能力。

三、淮阴工学院学科专业一体建设的努力方向

应用型大学办学的一个基本理念是学科建设与专业建设相互促进，共同提高学校办学水平。学科、专业一体建设，重点是要落实到人才培养过程、科学研究和社会服务、师资队伍与支撑平台建设方面。也就是说，学科、专业一体建设，要通过培养过程质量的提升、科学研究和社会服务水平的提高、师资队伍与支撑平台建设这四个要素相互耦合、在动态中来实现。结合淮阴工学院的实际情况，主要从以下四个方面予以加强，切实做到学科、专业一体建设，教学科研协同育人。

（一）形成学科专业一体建设的体制机制

应用型高校教育教学改革的重点和难点问题是如何建立起学科、专业一体建设的体制机制，有效地解决好学科建设与专业建设相分离的“两张皮”问题。这也是今后学科建设、专业教学改革的努力方向。在纠正“重科学研究、轻本科教学”“重学科建设、轻专业建设”和“重专业建设、轻学科建设”等错误认识的基础上，学校要高度重视学科专业一体建设的顶层设计，进一步厘清学科建设与专业建设之间相互作用、相互促进的关系，并充分体现到全校学科、专业一体建设的相关制度体系的文件制定当中，通过加大宣传进一步强化广大教职员工对学科、专业一体建设的认同感。只有让广大教职工充分认识到学科、专业一体建设的必要性，并产生一

致的行为规范，才有可能使学科建设和专业建设融合发展，真正产生“1+1>2”的协同效应。

(二) 促进学科建设与专业建设资源共享

课程是搭建专业与学科联系的重要桥梁，是学科、专业一体建设的基本要素。学校要坚持“以本为本”，积极探索推进本科课堂教学手段与方式方法的改革，积极引导学生自主学习，可以有目的地鼓励教师把最新的科研成果有机融入教学，推进学科资源与专业资源实现有效共享，做到教研相长。例如，更新教学内容开设研究性课程、专题讲座；利用前沿的学术研究成果开发新课程，更新教学内容、进行教材建设，将成熟的科研成果固化为教材，保证课堂教学内容新颖；利用科研经费在学科实验室、科研基地、校外实习基地的投入来改善本科教学条件；加强课程中心平台建设，大力推进在线开放课程建设，鼓励教师探索在线教育发展新模式，提高开放在线课程的使用效率，不断提升专业建设的质量和层次。

(三) 建设一支高水平的“双师双能型”师资队伍

“所谓大学者，非谓有大楼之谓也，有大师之谓也。”这是梅贻琦先生对大学与教师关系的经典阐述。教师肩负着教书与育人、教学与科研的重要使命，学科建设与专业建设都离不开高水平的师资队伍建设。是否具有高水平的教师队伍，决定着应用型高校人才培养质量的高低。高度重视专任教师队伍建设，在聘任、培养、使用、晋升等各个环节予以认真对待。要重视考察教师在教育教学和人才培养方面的成果，激励教师扎根本科教学，潜心教书育人。要充分利用现有的优质教师资源，切实执行教授为本科生授课制度。要积极推进高水平教学团队建设，继续发挥教学名师、主讲教授的引领作用；要不断创新高层次人才引进机制，加快人才培育步伐，关心教职工成长发展，解决教师工作生活中的困难，全力解除教师投身于教学科研的后顾之忧。

(四) 产出一批高水平的教学、科研成果

深化改革协同创新机制，加快推进产教融合、科教融合，主动对接省内重大创

新平台、高新区、特色镇等创新载体，推动学校与地方政府共建联合研究院、产业研究院、工业技术研究院等校地合作的新型研发机构，完善开放共享管理制度，吸纳校外科研人员进入创新平台开展创新研究。同时，鼓励和支持学校以项目研究、人才派出和引进、平台基地建设为载体，充分利用国内外各种创新资源要素，深度参与重大科研项目和国际科研交流与合作。全面深化学校科技评价改革，强调突出以质量和贡献为核心实行分类评价，建立以基础研究、应用研究、技术开发以及成果转化等科研业绩绩效为基础分类依据的评价机制。积极探索各类研发机构建设、运行和管理的新机制新模式，充分调动学校科技人员有效转化科技成果的积极性，提高科研成果转化的效率和效益。

第六章　应用型高校的社会服务

科学研究与社会服务功能是应用型高校发展过程中需要践行的重要功能。目前，应用型高校科学研究与社会服务功能具有各地特色，但总体上可以和其它功能相互配套，在为地方服务和发展上发挥了较大的推动作用。但是，应用型高校的社会服务功能还不尽完善，存在着诸多问题，比如：有些缺乏规划、核心竞争力不强、服务层次较低、服务理念滞后等。

第一节　知识生产是高校服务社会的基础

知识生产是应用型高校服务社会的基础。应用型高校社会服务过程就是知识技术生产与应用过程，要进行社会服务必须有相应的知识与技术。所谓知识是指人类在长期的生产实践中认识自然、认识社会、认识人自身的成果积累。知识生产是指人类通过脑力劳动创造出新知识、新思想、新观点、新技巧的过程。知识生产是在已有知识的基础上不断发展、不断完善的过程，其本质就是知识的不断创新，就是科学发现和技术发明的不断进步。科学发现和技术发明首先以论文、报告、图纸、电脑程序等方式存在，然后在实践中应用(包括新原料、新生产过程、新产品、新市场等)，再转化为满足人类物质和精神消费的成果，通过消费在某一方面提高了人类的生产和生活水平。一般认为知识生产过程有两种形式：一种是马克思主义唯物史观所强调的物质决定意识、物质第一性，知识生产是人类在生产实践过程中产生的，是对特定历史阶段社会生产的反映；另一种是专业从事知识生产的类型，如大学、

科研院所(包括实验室、创新平台等)和企业所设立的R&D部门。随着人类发展，知识生产经历了以下几种模式。

一、传统的单学科知识生产模式

“知识生产”已普遍被认为是人类在实践中认识客观世界、改造客观世界的成果。传统的知识生产模式早期是以单学科为主的研究型，称为“模式1”。“模式1”是遵照牛顿学说所确立的科学典范向更多的领域传播与扩散，并可以用一个单一学科或术语来定义知识生产，使知识变得合理并传播。“模式1”是在大的学术背景下形成的，它是由一个以学术利益为主导的特定群体建立和解决的，知识创新被视为新的知识生产。以学科为基础的知识生产也被付诸实践，但通常本质上是与应用实践相分离的。概括来说，“模式1”是基于传统意义上的学科的逻辑识别，遵循经典范式的学科的科学规范。制度化的学术分工、明确的组织等级制、行业权威的评议制等是“模式1”的典型特征。“模式1”对传统科学认知的概况具有一定的积极意义，但是，“模式1”僵化地认为符合模式标准的科学实践形式即被认为是“正确的”“科学的”，不符合模式标准的科学实践形式则被认为是“错误的”“非科学的”。随着社会生产力的进步，“模式1”倡导的标准的知识生产模式往往不能适应政治、经济、社会、技术等社会生产的迅猛发展和不断转变，由此也就进一步促使人们不断对“模式1”进行完善，以应用为主的知识生产“模式2”由此形成和发展。

二、研究型向应用型知识生产转型

随着社会生产力日新月异的发展、国际竞争的加剧，知识生产模式也不断发展，逐渐由“模式1”向“模式2”转变。自工业革命之后，随着时间的不断推移、社会的不断进步，20世纪七、八十年代，开始不断涌现出电子信息技术，信息化时代新的科学技术推动了一个新世界的生成，而信息科学技术也代表了知识社会的生成，自此，工业社会向知识社会转型。[①]“模式2”的知识突破了单一的学科范畴，倡导在跨学科的社会和经济环境中创造知识，知识跨学科性、异质性、弥散性等是其显著特征，质量控制的评价体系突破单一学科和行业，由更为广泛的社会构成。“模式2”作用下的知识生产应用并不是为了工业而进行的产品开发，而是决定于什么样的知识才能够符合生产的程序或市场，这种市场超出了商业需求本身，因此，该模式下知识生产超越了市场，并向整个社会呈现弥散态势。[②]相较于“模式1”学科的单一性，“模式2”由更为复杂、更为细化的知识和社会需求所决定，同时“模式2”不是对“模式1”的简单否定，两者可以相互作用，“模式2”也会促使基础研究的继续进行，向“模式3”转变。

三、知识生产向创新型的演进

进入21世纪，当今社会已经从工业社会向知识社会转型、从工业经济向知识经济转变。社会生产的核心目标是以最小的消耗实现最大的产量，提高劳动生产率。在从工业社会向知识社会转变的过程中，随着工业生产中心地位的转移，知识成为影响生产关系和知识传播的关键力量，创新和传播对社会经济发展具有不可估量的作用。区别于工业社会，劳动生产率在知识社会所能创造的价值在下降，取而代之的是技术的更新和思维的突破。可以说，知识社会的核心目标已经转化为技术发明和知识创新。虽然管理和技术仍是经济增长的重要驱动力，但获取资源和有效利用物质资源的产业能力才是决定国际竞争力和国家经济实力的核心因素。知识经济已成为知识社会主要产业发展的驱动力，知识经济可以使物质资源远离经济约束。在知识经济时代，以创新创造为核心发展动力的“模式3”在“模式1”“模式2”的基础上逐步形成，以创新为主旋律传播发展。“模式3”的核心要素是集群创新、网

① 李志峰，高慧，张忠家. 知识生产模式的现代转型与大学科学研究的模式创新[J]. 教育研究，2014(3): 55-63.

② BOHME G. Ethics in Context: Knowledge and the Public in an Age of Uncertainty, Blackwell Publ，2001: 347.

络创新、教育创新和生态系统创新等，更加强调政府、大学、研究机构、企业和其他形式的合作创新，强调在多个组织技术和知识领域的集群创新，以实现知识资源的优化整合，形成多种形式的知识集群和创新网络，实现知识创新的目标。“模式 3”有三个方面的特点：第一，拓宽了知识产生的广阔领域，它具有多节点、多维度、多方向的特点，超学科的交叉研究模式为知识生产提供了巨大空间。在“互联网+”时代，世界上信息传播的速度、知识的共享和传播速度已经大大提高，知识生产方式也变得多样化并把有形的知识逐渐发展成无形的知识。第二，知识生产突破了固定的场所，现实世界、虚拟网络空间到处都可以进行知识生产；第三，知识交流突破学科和空间限制，形成了各种知识集群，它具有自组织性、系统开放性和动态的适应性。从以上的转变中，我们可以看到知识生产“模式 3”对高速发展的社会有着鲜明的引导，符合未来发展趋势。

第二节　应用型高校社会服务模式演变

经过 20 多年的探索与实践，校企合作模式在我国的发展已初见成效，合作的形式日益丰富，合作的领域也逐步拓宽。如“订单培养”“仿真教学工厂”“校中厂”等模式在实践中都取得了可喜成果。

一、社会服务的传统合作模式

1. “订单培养”合作模式

“订单培养”合作模式是典型的校企合作人才培养模式，由企业根据自身岗位人才的能力需求，向学校提出课程设置、专业设置等人才培养的需求订单，从而使学校能够培养出与岗位匹配的、“来之即用”的人才。具有“针对性强、教学实用性强、办学合作性强”等特点。合作模式包括：现场教学、校企共同制定人才培养方案、共建校企合作课程、共培双师型教师、企业导师进课堂、来自生产一线的毕业设计课题等。培养期满考核合格后，学生可直接进入企业就业。

2. “仿真教学工厂”模式

“仿真教学工厂”模式是指模拟企业工作实境的、以虚实一体的“仿真教学”为主的实训基地。这种模式体现了岗位的工作过程，仿真了实际的操作设备，拓展了学生的学习空间，促进了学生的自主学习，让学生在虚拟与真实的体验中得到职业能力的全面训练。既发挥了实训基地的投资效益，又解决了传统教学内容与实际工作岗位脱节的问题。

3. “校中厂”“厂中校”模式

“校中厂”“厂中校”模式均以实现“教室与车间一体化”以及“学生与员工身份一体化”为目的的校企协同育人方式。“校中厂”大多利用校内实习工厂，与企业共建车间或生产性实训基地，基地全部按照企业的生产要求和操作流程建设。“厂中校”则采取走出去的模式，把教室搬进企业，可以是部分专业课程的教学，也可以是实践环节的实训。这两种“工学交替”的模式均实现了教学课堂与生产现场的有效对接，达到了资源共享、共育技术技能人才、提高培养质量的目的。

4. “技术服务”模式

“技术服务”模式包括应用型学校在内的高校教师，除了基本的教书育人职责之外，也承担着为社会和企业服务的使命，为此，各地先后出台过“教授博士进百企”“科技副总”“技术顾问”“产业教授”等多种形式的“技术服务”类型，为企业提供决策规划、信息咨询、员工培训，帮助企业解决设备研发、生产技术难题等。同时，企业还可针对具体问题委托学校以横向项目的方式进行技术服务。此外，企业也是教师成果转化的落脚地，教师可以针对企业生产需求将自主知识产权或技术成果进行转让，达到共赢。

上述几种传统的社会服务合作模式越来越成熟，极大地推动了“职普一体化”，提高了学生适应岗位群的能力。然而，随着科技的发展，企业的市场变动越来越大，转型升级的要求越来越高，当企业受到外界市场影响时，毕业生则会被迫从事其他

岗位或职业，因此，培养学生转换职业的能力和素质，使学生基本具备“转岗、再就业、创新的综合能力”也成为合作模式中应该考虑的重要因素之一。因此，校企合作的广度和深度逐步延伸，从合作就业、合作育人更进一步升级到合作发展，形成深度合作、协同发展的命运共同体。

二、社会服务的协同合作模式

近年来，随着高等教育的迅速发展，以应用型院校为代表的、新的社会服务模式在江苏渐已形成。江苏省拥有新建本科 20 所左右，还拥有全国最大规模的高等职业教育，现有高职院校 90 所，在全省 13 个地级市达到全覆盖，其中，国家示范性高职院校 7 所，国家示范骨干高职立项建设院校 8 所，入围数列全国之首。在最新一轮全国“双高”院校遴选中，共有 20 所学校入围，其中高水平学校建设单位 7 所，高水平专业群建设单位 13 所，入选院校数量全国第一。江苏省应用型高校充分发挥人才、技术和科研等方面的优势，培养了大量高质量的技术技能人才，极大地促进了劳动就业和再就业、以及区域经济的发展。

第一，应用型高校为区域经济发展提供了源源不断人才支撑，特别是大量高素质的技术技能型人才，推动了区域产业结构调整和优化。应用型高校的基本任务是为区域经济建设和社会发展培养大批高技术技能人才。据统计，仅 2014 年，江苏省普通高校毕业生总数为 54.1 万，其中职业院校学生有近 24.1 万，高职院校的毕业生广泛分布在区域一、二、三产业的各个领域，他们不仅有一定的科技素养，而且有很高的专业技能，具有较强的适应性和行业技术应用人才的特点，可以有效地完成工作任务，并且能推动区域创新和提高生产技术发展，促进地区经济发展和社会进步，加快产业结构调整优化。

第二，应用型高校为区域经济发展提供了技术支持，增强区域竞争力。应用型院校拥有雄厚的科技创新师资力量和先进的研发设备，教育教学理念更接近生产应用第一线，有能力进行技术创新、技术交流和技术改造，有能力为区域经济发展提供智力支持和技术支持。应用型高校还可以利用人才优势，研究解决企业生产经营

一线遇到的实际问题，促进企业发展，为区域经济发展增加活力和竞争力。同时，应用型高校还可以根据区域经济发展的方向、区域经济发展禀赋和劳动者的技能培训特点，使工人掌握区域经济发展所需的知识和技术，为区域技术的发展提供源源不断的人力和智力支持。

第三，应用型高校为区域经济发展提供了训练平台和基地。由于产业结构不断升级，对人才的工作技能提出了更高的要求。一方面，产业升级带来的岗位转变和农村劳动力的再就业，以及退役军人和新生劳动力就业，都迫切需要通过高等职业教育和培训来获得相关技能；另一方面，随着高新技术的发展和先进设备的引进，企业内部人员的综合能力也需要进一步提升，可以通过不断地继续教育，达到技能和知识的持续更新。因此，应用型高校当仁不让地成为岗前培训、岗位培训和继续教育的重要基地。

三、区域经济发展与社会服务的关系

江苏省经区域经济的快速发展，为保障应用型高校发展的质量和规模提供了雄厚的物质基础。2019 年，江苏省经济运行稳中有进，转型升级不断加快，发展的质量和效益均得到持续提升。据国家统计局公布，2019 年上半年，全省生产总值 48 582.7 亿元，同比增长 6.5%。分产业看，第一产业增加值 1411.8 亿元，增长 1.4%；第二产业增加值 21497.4 亿元，增长 6.6%；第三产业增加值 25 673.4 亿元，增长 6.7%。经济发展稳中有进，经济结构更加合理，转型升级更加有力，这些都直接催化着应用型教育良好的发展势头。

第一，区域经济发展是应用型高校发展的财力保障。应用型高校的发展离不开学校自身的筹资能力，更离不开政府的财政投入。区域经济发展水平决定了应用型高校的投入水平。以江苏省为例，随着“机器代工”的需求，高校“机器人工程、人工智能、大数据挖掘与应用”等专业如雨后春笋般拔地而起，传统专业的课程设置也随之改革，学校除了自己开拓渠道，自筹以及争取企业共建投入之外，教育厅还以“重点实验室、品牌专业、重点学科”等各种专项形式投入，并给予应用型高

校单独通道；各市科技局的奖补政策、市政府的扶持政策等叠加投入，进一步促进了应用型高校的发展。

第二，区域经济的发展水平决定了应用型高校发展水平。应用型高校是以区域经济和社会发展作为主要服务目标，以市场需求为基础，根据产业类型、产业链和相应的岗位素质要求，形成特色明显的人才培养模式、专业教学体系和课程体系，以培养满足企业需求的人才。党的十九大以来 ，江苏省产业转型加速，区域经济朝着高质量方向发展。对复合型人才的需求更高，这必将迫使应用型高校因势而动，以市场要求为指导进行专业设置和教学内容的转变。与此同时，不同的产业结构特点对劳动力的类型结构、素质有着不同的要求。传统制造业的转型升级对人才需求也将产生影响和变化。

第三，区域经济发展增强了对应用型高校毕业生的吸纳能力。应用型高校人才输出主要是为区域经济发展提供各种行业、不同类别的技术技能人才。如区域经济发展好，就会有更多的就业机会，从而影响到应用型高校的招生就业、甚至社会服务，进而影响到其发展的规模和质量。随着江苏省区域经济的发展和产业结构的转型升级，产业结构经历从“一二三”到“三二一”的转变。第一产业从业人员比例将进一步下降，而第二、第三产业从业人员比例将逐步上升。因此，随着江苏省区域经济发展水平的提档升级，江苏省区域产业结构的调整必然带动就业结构的变化，从而改变对应用型高校毕业生需求的层次和类型，促进应用型高校的发展。

四、社会服务的一体化合作模式

2014 年，江苏完成高新技术产业产值为 5.7 万亿元；服务业增加值为 30396.5 亿元，占 GDP 比重达到 46.7%；建筑业总产值为 24592.9 亿元；2015 年江苏省的区域经济综合竞争力排名中国第一。作为长江三角洲城市群的重要成员，随着长三角区域一体化国家战略的实施，江苏经济得到了快速发展，产业结构也在快速优化。由此带来的高技术技能人才短缺以及分布不均等问题也已开始浮出水面，并影响到新兴产业的创新水平和发展态势。正因如此，社会对高技术技能型人才的储备需求，亟待我们按照新思路构建高技术技能人才的培养新模式。

应运而生的“校企一体化”合作共赢培养模式得到了大力推广，在该模式中，学校和企业均为主体。针对企业人才需求，采取“项目+课程、共定培养方案、共建中心基地、共同监督考评、共享校企资源、共造职场氛围、共建双师队伍”等方式共同育人，实现一体化融合。

“校企一体化”合作模式主要有以下类型：

1. 现代学徒制

现代学徒制具备双主体和双身份的特点。双主体为学校和企业，双身份指学生既是学生也是学徒。它有两个特征：一是招生即招工，企业培养自己的“员工”；二是校企协同培养人才，双方共同制定并实施人才培养方案，完成对学生的培养。

《关于开展现代学徒制试点工作的意见》的发布，推进了应用型院校积极探索实施“现代学徒制”这一“校企一体化育人”的步伐。以江苏高职院校为例，江苏农林职业技术学院和泰州职业技术学院均走在前列，他们分别与艾贝尔宠物有限公司联合开设“艾贝尔宠物养护与疫病防治”现代学徒制订单班、与武汉华中数控共建工业机器人订单班，并创新推出“伴嫁式”就业模式：毕业后可以直接到“产教联盟内的企业就业，也可到联盟产品用户的企业内就业，增添了更多渠道和选择。

2. 共建企业学院

企业学院也称“产业学院”或“行业学院”，是传统校企合作模式的升级，强化实习实训和顶岗作业，以“工学交替”为主来提升技能锻炼。企业一方面选派兼职实践课教师去产业学院为学生直接授课，另一方面吸纳学校教师进行实践教学能力的培训，实现“双师双能型”师资队伍的建设。广东省中山市是我国产业学院的发源地，如中山职业技术学院与古镇政府联合共建的“古镇灯饰学院”，其他如“沙溪服装学院、南区电梯学院”等都是产业学院的典型代表。

企业学院在“专业设置、课程内容、教学过程、学历证书”等各方面均全面对接企业需求，达到“协同育人一体化”。例如，南京工业职业技术学院与金蝶股份有

限公司成立“金蝶会计学院”；南通科技职业学院更是将“引企入校，共建企业学院”做到了极致，他们与苏州帝奥电梯有限公司共建“帝奥电梯工程学院”，设立了电梯工程专业群；与海尔公司共建“海尔智能化学院”，培养建筑智能化工程技术人才；与淘金信息科技公司共建“淘金跨境电商学院”；与科技局等政府机构联合共建“南通市大学生创业学院”等。

3. 共建创新基地

共建创新基地是结合区域经济发展和产业升级，引入企业优势资源和真实市场需求，在校内共建教学科研平台。合作形式可以是：设立企业冠名班、校企混编研发团队、共同培养精英人才、共同承担成果转化项目等，实现“教学-科研-服务-双创”四位一体协同发展的培养模式。作为教育大省的江苏省，众多高职院校走出了自己的特色之路。南京工业职业技术学院，联合ABB工程技术有限公司和穿山甲机器人有限公司等共建了工业机器人“教训研”创新基地。

4. 模拟股份制

模拟股份制模式类似股份制的运营方式，企业以资金、技术、人员、设备等形式投入，以联合参股或部分参股的形式与学校展开全面合作，参与人才培养、教学、科研开发等重大事项的管理过程，合作所获效益共享并承担一定决策风险，实现真正意义上的“合作办学”。江苏部分国家示范高职院校在此方面进行了有益的探索和尝试。比如，江苏食品药品职业技术学院依托食品工业园，吸引雨润等知名企业，共建酿酒、乳品等生产线；南京工业职业技术学院引进中兴通讯公司，成立虚体中兴通讯学院，按模拟股份制运行。

5. 集团化办学合作模式

职教集团是由政府、学校、企业、行业、科研院所或其他社会团体等多个成员单位联合组成，以学校和企业为核心主体，以企业需求制定人才培养计划，多方共建专业、共建基地、共享资源、共同开展科研等多方式合作，“政校企行”多主体在集团化办学中各自发挥作用，相互融合。江苏省内高职已形成机电、信息、建筑、财经、农业等职业教育集团。

6. 协同创新中心

随着应用型高校的发展与科技创新服务能力的提升，在部分应用型本科和高水平高职院校还出现了以协同创新中心为载体发展一体化社会服务模式。如南京工业职业技术学院联合知名大学、业内知名企业、科研院所和产业园区一起成立了江苏省“风力发电协同创新中心”，搭建了高端社会服务一体化平台。

第三节　应用型高校社会服务困境与突围

一、应用型高校社会服务的困境

应用型高校在区域经济发展过程中的功能定位一般比较模糊。应用型本科和高职院校是培养应用型人才的主要阵地，是区域经济社会发展的重要支撑力量。然而，许多地方忽视了应用型高校在经济发展过程中的重要性，仅将应用型教育视为高等教育的一种低端形式，并人为的将其从区域经济互动发展中剥离开来，导致应用型教育在孤立发展过程中目标不明确，动力不足，人才培养质量大大折扣。

应用型高校专业设置与区域经济结构的匹配度不高。应用型高校的专业设置应满足区域经济与产业结构发展的需要，这是应用型高校有效服务区域经济发展的必要前提。目前，江苏省应用型高校与区域经济与产业结构的脱节现象仍然存在，具体表现为专业设置、教学内容仍然是以前传统的一套模式，对区域经济发展的人才需求缺乏应有的调查研究，对区域经济发展和市场发展的变化趋势不能作出前瞻性的预测和判断，加之专业的调整需要一系列的程序，无法及时对专业进行适时的改造和优化。这些问题充分反映了应用型高校在专业设置方面落后于经济发展革新的速度，未能切实有效地体现区域经济发展的需求。

应用型高校人才培养与产业结构需求的耦合性较差。随着经济转型升级对高端

应用型技术技能人才的旺盛需求，“用工荒”已更多地转变为“技工荒”。而由于专业设置等的不匹配，导致应用型高校培养出的人才不能完全适应企业要求，而产业结构的调整对生产技术和人才提出的高要求又得不到有效解决，产生人才培养与经济需求之间的“错位”现象，导致人才资源的保障跟不上产业结构转型与升级的步伐。

应用型高校与区域经济协同发展机制仍有待完善。目前，应用型高校已充分认识到深化校企合作是促进应用型高校发展的重要途径。但当前应用型高校与区域经济互动发展体制机制仍不够健全，互相之间的沟通与联系还有待进一步提高，尤其企业对参与应用型高校的办学积极性不高、应用型高校对接企业的路径也需要进一步畅通，未能形成政府、企业、院校实现“产政学研”互动共赢的运行体制与机制。

应用型高校人才培养与区域经济发展目标的适应性不强。教育与经济之间的密切结合是高等教育发展的重要特征，人才培养是应用型高校的首要职责，在区域经济发展由工业经济转向知识经济、信息经济的过程中，尤其需要应用型高校培养出大量高素质的应用型人才作为保障，这也是高校支撑区域经济发展的核心要素。但目前应用型人才培养目标与区域经济产业结构调整的耦合性不强，特别是随着科学技术日新月异的加速发展和江苏省经济结构的优化升级，这种耦合性不强的问题不断显现出来。不难发现，应用型高校人才培养目标定位不清是造成这一问题的根本原因。

应用型高校投入不足，难以满足区域经济发展的需要。应用型高校主要肩负着应用型人才培养的任务，对于应用型高校的投入本质上来说属于政府对教育的常规投入，是财政性教育经费。应用型人才培养对于实训基地建设、设备设施也提出了较高的要求。所以，应用型高校一方面对资金投入具有较强的依赖性，另外应用型人才培养的生均教育成本也要高于其他普通教育。从江苏省应用型高校的整体投入来看，虽然早期在资金和政策的支持方面优于其他省份，但随着其他省份投入的加大，不仅落后于北京、上海、广东等发达省市，也已经落后于大多数地区，显然不能很好地满足区域经济发展的需要。投入资金的短缺直接会导致应用型人才培养质量和水平的下降，甚至一些高职院校办学债务过度，日常办学只能维持在低水平。因此，必要和稳定的资金投入将对应用型院校的运行产生积极影响，使得应用型高校能够心无旁骛地追求人才培养模式的创新，专心致志地提高人才培养质量。

二、应用型高校社会服务路径探索

(一) 应用型高校主动突围

第一，明确应用型高校教育办学功能，不断强化服务区域经济发展的教育理念。要从思想上清晰地认识到应用型高校是区域经济发展的重要支撑力量，特别是作为应用型高校组成部分的高职院校对于区域产业的支撑更是如此。“应用型教育是一种地方性很强的教育类型，具有较为显著的区域性，它培养的是技术技能型人才，区域经济的腾飞必须依赖于应用型教育的人才供应，而应用型教育发展依托于区域经济的物质支持，因此，应用型院校应强化区域服务的教育理念，主动增强为区域经济发展服务的能力，强化区域针对性，有效实现应用型教育与区域经济的互动发展。”①

第二，坚持应用型人才培养办学方向，强化服务区域经济发展意识。坚持应用型高校立足地方、植根地方、服务地方、发展地方的办学理念，发挥其在区域经济发展过程中的重要作用，这种较强的地域性，也是应用型高校区别于其他教育形式的重要特征。因此，在大力发展应用型教育的同时，要从思想上重视应用型高校在区域经济发展中的作用，明确应用型高校区域功能与定位，找准应用型高校办学方向，并紧密围绕区域产业结构的需求，制定与区域经济发展协同、吻合的专业设置和人才培养计划，充分发挥应用型高校服务区域经济发展的重要功能。

第三，深化应用型高校教育人才培养改革，提高人才培养质量。人才培养作为应用型高校的基本职责，是促进区域经济发展的核心要素。在人才培养的过程中，应用型高校应具有敏锐的社会观察力和反应力，牢牢把握区域经济发展的走向，并

---

① 曾绍玮. 职业教育与区域经济的互动关系研究[J]. 教育与职业，2014(17)：9-11.

结合区域产业结构特点、就业岗位需求，及时的调整教学目标、教学方法、课程体系以及实验实训等内容，不断提高人才培养水平和质量，以确保应用型高校培养的人才符合区域经济结构转型升级、科学技术发展的需求。

第四，适时调整专业结构，适应区域经济的发展需要。应用型高校应具有敏锐的社会观察力和反应力，牢牢把握区域经济发展的走向，根据区域主导产业、产业群、产业链，通过大量的实际调研，统计分析区域人才的紧缺状况，有针对性地提出专业发展计划。在专业设置方面对外要达到与区域产业结构的吻合度和超前性，对内要充分利用校内一切资源为人才培养服务”。[①]同时，在专业设置和人才培养方面也要坚持灵活性和稳定性相统一，有步骤、有计划地开设新专业，淘汰落后专业，加强实训的规模和力度，培养适应区域经济发展需要的技术技能人才。

第五，加强应用型高校产学研合作力度，提升与区域产业结构发展的匹配度。区域经济的发展最根本的因素是人，同时，还需要不断提高新水平、创新工艺、发展新技术，这就要求加强应用型高校的科研创新与成果转化。因此，必须加强应用型高校产学研合作，以区域范围内的产业特色为基础，建立健全产学研合作的体制机制保障措施，制定政府、应用型高校、企业产学研的合作内容和合作目标，改进校企合作路径，建立灵活的管理模式，促进人才物资的自由流动，更好地提升应用型高校的区域服务能力和服务水平。应用型高校可以通过设备租赁、场地租赁、人力、智力资源投入等多种形式与企业开展产学研合作，充分利用促进产学研发展的财政支持、税收减免等优惠政策，鼓励“校内设厂、厂内设校”的产学研合作方式，更好地提升应用型高校的区域服务水平。无锡的太湖学院开设了“紫砂、纸艺、竹木刻”等实际操作项目制作，以项目带动教学，将行业大师请进教室，实现工厂化教学。无锡科技职业学院则紧跟移动互联网时代的步伐，在“泥塑、苏绣、紫砂、昆曲、女书、剪纸”等非遗项目上开展“数字化采集与存储、数字化复原与再现、数字化展示与传播”等工作。这些产学研结合的方式是无锡地区非遗传承的一种重要模式。

---

① 曾绍玮. 职业教育与区域经济的互动关系研究[J]. 教育与职业，2014(17)：9-11.

第六，推进应用型高校教育集团化进程，实现资源优化配置。集团化办学模式有两个优势，一是能够集合各成员单位的优势资源，实现内部共享与互补，推动协同发展；二是服务于区域经济建设和教育事业的发展，人才培养计划与当地经济发展直接挂钩，能够满足区域对高技术技能人才的迫切需求。目前，越来越多的应用型本科学校也在学习借鉴的基础上，组建成立了应用型教育集团，进一步优化融合资源，搭建互利共赢的合作平台。2017 年成立的“亳州现代制造业教育集团”就是由市政府主导支持，整合当地教育资源以及“中联重工、奇瑞集团、海尔集团”等企业共同组建，集团以校企合作为依托，以专业和行业发展为纽带，加强产业融合，充分各自优势，共同打造现代制造业品牌。

第七，丰富互动形式，加强信息沟通，开拓政产学研新渠道。作为身负教育和服务使命的应用型高校，不能总是在象牙塔中坐等项目找上门，要主动出击，加强校企互动、校政互动。鼓励老师以“科技顾问、科技副总、科技特派员”等方式与企业合作，加速成果转化；选派老师到相关部门挂职，了解社会需求，及时传递信息，以便校方迅速根据“科研项目、培训指导”等分类进行针对性攻关；主动开展互动性活动，比如“研发机构校园行、企业家校园行、百名教授进企业、百名博士进百企”等，加深教师和企业、学校和政府的彼此了解，从而走向“校企合作、校政合作”的自由恋爱；围绕地方主导产业和特色产业，结合校方自身的各级各类平台，构建多层次全方位、开放协作的技术转移和服务体系，建立各类数据库，引导学校的科技成果及时高效地转化。

(二) 地方政府主动架桥

第一，政府部门完善相关法律法规和政策支持。目前，我国应用型高校社会合作机制尚不健全，政校企行在合作过程中各方权利缺乏约束与保障。各省有必要出台相关专用法规及配套实施的举措。建议纳入以下几个方面，一是明确校企合作各方的责任、权利及义务，保障深度合作的运行。二是对与应用型高校深度合作并取得显著成绩的企业给予奖励、表彰。三是相关行政部门为积极参与校企合作的学校和企业提供鼓励政策，如在税收、土地、项目申报、成果转化等方面实施优惠政策，

为双方深度合作营造良好制度环境。

第二，加大对应用型高校的资金投入，以满足区域经济发展的要求。针对当前区域经济发展对人才的需求强度不断地加大，地方政府应高度重视应用型高校对地方经济发展的重要作用，对应用型高校的投入尽可能多的预算规划并切实及时划拨到位。确保应用型高校投入增长速度不低于区域经济增长速度，甚至适度超前。与此同时，还应从区域整体发展出发，充分考虑区域经济发展、社会发展和教育发展的平衡性问题。以江苏省为例，苏南经济发展水平高于苏中，苏中经济发展水平高于苏北。为了保障苏北、苏中、苏南应用型高校的均衡性发展，需要从省级层面发挥宏观调控功能，针对不同区域、不同城市经济发展特点和趋势，省级财政重点向经济欠发达的苏北地区应用型高校倾斜。此外，还要鼓励应用型高校根据所在地方的实际，坚持特色发展，因地制宜地选择与地方经济发展相适应的学校发展策略，进一步促进区域间应用型高校的协同发展、特色发展。

第三，加强宣传，扩大应用型高校的影响。在当今信息化高度发达的时代，应用型高校也必须有效地利用传媒力量，做好宣传工作，提高自身影响力。政府宣传部门首先要加强电视媒体的宣传，在合适的地段和显要的空间，为应用型高校树立宣传标牌。引导社会正确认识应用型教育，逐步改变社会对应用型高校特别是对高职教育的误解和偏见，把应用型高校提升到整个高等教育体系的重要组成部分加以重视。加大对应用型高校优秀毕业生展播、优秀教职工专访、学校办学成果和学生技能作品的成就展示等，增强宣传效果。

第四，开辟渠道，促进融合，实现“互通”。以高职院校为例，高职教育已由传统的教育模式转为面向就业模式。政府要积极引导高职院校坚持学历教育与培训结合、职前教育与职后教育结合，积极推行双证书制度，使学生毕业时能够同时取得学历证书和职业资格证书。教学评价和职业鉴定的统一是“双证书”制度有效实现的关键，比如使用一体化教改教材等，才能如实体现职业能力。

同时，政府可以通过设立产业联盟、科协或者学会等平台，吸引企业和应用型院校加入，联盟的牵头单位既可以是高校也可以是企业，政府搭台，校企唱戏，既

有利于校方及时掌握经济动态和用人需求，又有利于双方的科研成果落地开花。如，浙江嘉兴市的机器人与智能装备协会，正是策应了当前智能化需求而诞生的校企合作产物。

此外，大学生科技园对学生创业孵化作用也越来越彰显，从“毕业即失业”很自然地转到“毕业即就业”。江苏是高职教育的发祥地和先导区，有着与生俱来的创新精神和开拓意识，率先建设高职省级“大学科技园”等，堪称我国应用型教育翘楚，创造了高职发展的“江苏模式”和“江苏样板”，在南京工业职业技术学院的省级大学科技园中，入园创业的学生们体会更深。

第五，承担社会培训，学校更要体现担当作为。面对科技革命带来的转岗热潮，以及每年大量的退役军人和新生代的农民工，应用型高校要有社会责任感和使命感，勇担培训重任。“中国制造 2025”的提出加快了产业结构转型升级的步伐，产业调整导致大量职工转岗，与此同时，产业变革带来的新产业、新模式为职工转岗提供了新的工作岗位。此时，应用型高校就要积极担负起职工转岗培训的职责，使其获得新技能、适应新岗位，在安置转岗职工再就业方面贡献一己之力。

《国家职业教育改革实施方案》中指出，要“支持适合的退役军人进入职业院校和普通本科高校接受教育和培训”。职业培训是退役军人提升职业技能和综合素质的重要途径，对助推经济社会发展、维护社会稳定具有重大意义，也是促进退役军人就业创业和军民融合的重要环节。很多应用型本科院校和高职院校在这方面已经进行了有益的探索。他们除了面向退役军人的常规招生计划之外，还辅以短期、非学历性的职业技能培训，通过订单式、现代学徒制等实现定向、定岗培训，实现“入学即就业”。通过探索，我们建议在有条件的应用型高校成立“军民融合学院”或者“退役军人职业教育培训联盟”：由应用型高校牵头，联合政府、部队、企业等共同建立，主动采取多种方式承接现役军人的各类教育培训，依托学分银行，将现役军人与退役军人在教育培训上有机结合起来，推动“退役、培训、就业”的有机衔接。

我国新生代农民工约有 1 亿人，大多从事技术含量低但劳动强度大的基层岗位，

他们也希望通过继续教育来获得更好的工作机会。但他们工作流动性大，无充足的时间和精力去完成传统的课堂型的技能培训。因此，应用型高校应该主动走进企业，按照“订单培养”的育人模式，对新生代农民工进行分类分层的职业教育与培训，加强他们的素质教育和实践能力的双重培养，带动领域内农民工整体水平的提高。

(三) 社会企业主动对接

第一，加强企业与学校互动，构建多元化合作模式。如上所述，校企互动的模式在传统的“订单班培养、校中厂、厂中校”等模式的基础上，校企双方均越来越注重实效性和各自的社会担当。在产业升级快速发展、高技能岗位人员缺失的今天，企业不再一味地盯着研究型大学，也将目光投向了更为接地气的应用型本科和高职院校。他们主动找政府，对地方主导产业和新兴产业的规划出计谋，他们主动找应用型高校，共同设立创新创业学院、企业工作室、校企实验室、创新基地等平台，希望直接捐设备共建基地或者企业学院，共同制定培养计划、共同编写教材、共同培养学生，如南京信息职业技术学院的埃斯顿机器人学院；如无锡商业职业技术学院成立“传统文化协同创新中心”，他们直接把大师介绍给学校，建立协同中心或者工作室，让学生在学校即开始特定的职业能力训练，设有“泥人、扎染”5个“非遗文化”工作室；无锡城市职业技术学院成立“江南饮食文化遗产研究基地”，把无锡知名酒店的顶级大厨与本地“学院派”集结起来，深挖无锡饮食文化遗产，学生毕业后即开始就业和创业等。在今后的发展过程中，我们期待校企之间的互动还会有更多创新的模式。

第二，用人单位要担负起培养员工的义务。企业的发展壮大离不开员工普遍的高素质和强能力。要保持企业的健康持续发展，就必须保持员工具有高水平的能力和素质，提高核心竞争力。作为企业，要主动承担起对员工的培训义务，企业聘请专业教师担任技术顾问，为企业提供咨询，为员工提供新技术指导，帮助企业解决生产管理过程中遇到的问题，引领企业文化，促进产教结合、文化融合。应用型高校依据企业的需求，安排专业教师进入企业，对企业新进的员工提供技术培训，或

是员工进入学校接受继续教育培训，通过组织员工学习、参观来提高员工的技能。① 培养员工的方式可以多种多样，可以是订单式短期培训，也可以是嵌入式插班培养；可以是集中培训，也可以视需要临时安排。只有当企业员工有了进步和成长，企业才能健康持续的发展。同时，在这种情况下会形成一种和谐、共荣的良好企业文化氛围，这也是形成企业核心竞争力的关键因素。

第三，采用培训外包的方式开展企业员工的岗位培训。教育专业的设置不一定要和工作岗位一一对应，并且就目前的发展趋势而言，专业的设置和工作岗位呈现越来越脱离的现象。校企之间可以采取“订单定制”外包模式，订单班培养的时长、地点和方式均可以根据需要灵活设置。例如，厦门经济管理学院与京东物流集团的“智慧物流创新人才班”，该班的35名学生经过自愿报名和企业选拔等环节，历经8个月的培训、实习、轮岗实践后，最终有24位学员在京东物流定岗，达到合作育人、合作就业的目的。

第四，结合实际情况，加强实习基地建设。结合区域产业升级、应用人才短缺的现状，校企共建创新基地。以基地为平台，为企业发展全方位提供技术与人才培养服务。目前，华为、中兴、科大讯飞、腾讯等国内外知名企业纷纷与应用型高校联合，以合作办学、共建企业学院等方式，在校内搭建教学科研创新基地平台，校企人员混编团队，共同开展人才培养等。

① 孙爱武. 基于发展区域经济下的校企合作创新模式探讨[J]. 中国职业技术教育，2015(28)：70-74.

第七章　应用型高校的师资队伍建设

对于应用型高校来说，师资队伍建设既有与其他高校共通的地方，也有其鲜明的独特之处。应用型高校教师应该力争做一名师德师风高尚、专业素质能力高、创新创业能力强、可持续发展潜力足的新时代教师。然而，在我国应用型高校师资队伍建设中，存在着师德师风有待加强、师资队伍整体力量不足、教师资源配置不尽合理、教师参与科研积极性不高、师资培养培训力度不够、师资评价考核机制有待完善等突出问题。抓好应用型高校师资队伍建设这项系统工程，需要在积极借鉴国内外一些成功经验做法的基础上，主要着力在以下六个方面下功夫、出成效：加强师德师风建设、增强师资队伍整体力量、优化配置教师资源、推进科研团队建设、加大教师培养培训力度、完善教师评价考核机制等，通过多方发力，建设一支符合应用型人才培养需求的“明师德、乐教学、能科研、精技能、懂行业、通市场”的双师双能、教练型教师队伍。

第一节　应用型高校教师的基本要求

师资力量是衡量一个国家教育发展水平的重要标尺，也是一个民族可持续发展的重要基石。习近平总书记强调指出，教师是“人类文明的传承者，承载着传播知识、传播思想、传播真理，塑造灵魂、塑造生命、塑造新人的时代重任。”加强师资队伍建设是提升全民族素质、实现国家综合国力提升的基本要求和必经之路。师资队伍是教育的生命线，是教育领域一个必须长期坚持的重要工作，是提高人才培养

质量的关键。

当前，我国已经进入了新时代，随着国家高新技术的快速发展及产业结构的转型升级，我国对应用型高端人才的需求量激增。“应用型高校是在社会经济发展需求下应运而生的，师资队伍的质量，直接影响着高校人才培养的质量，也影响着当前社会经济发展。”①

应用型高校是培养高端应用型人才的主阵地，对整个经济社会发展起着至关重要的作用，其师资队伍建设的情况直接影响着人才培养的质量与水平。而且，基础性、综合性、实践性、专业性是应用型高校的显著特征，“基础性是指要有扎实的基础知识作为根本；综合性是指应用型大学涉猎面广、对人才培养方向宽；实践性是指教育目标更贴近生产实践和社会实际；专业性是要求师资队伍要有特殊的专业技能”②，这“四性”也决定了应用型高校的师资队伍建设不容忽视。然而，很明显的是，我国应用型高校师资队伍建设也还存在着一些问题。在战略性新兴产业快速发展的时代背景下，我国战略性新兴产业高端技术技能型人才的开发需要全社会共同努力。其中政府、高校、企业等都负有重要职责，应充分发挥各自功能，最终形成合力。因此，应用型高校师资队伍建设不仅是我国高等教育师资队伍建设的重要内容，也是当前高等教育体制改革乃至于全社会应该高度关注并积极对待的重要内容。我们必须与时俱进，积极吸取国内外一些应用型高校成功的经验做法，着力建设一支符合经济社会发展需要的高水平的应用型高校师资队伍。

党的十九大后，中共中央、国务院印发了新中国成立以来首个专门针对教师队伍建设的纲领性文件《关于全面深化新时代教师队伍建设改革的意见》(中发〔2018〕4 号)(以下简称《意见》)，为新时代教师队伍建设工作的开展进行了科学的顶层设计。《意见》提出：“到 2035 年，教师综合素质、专业化水平和创新能力大幅提升，培养造就数以百万计的骨干教师、数以十万计的卓越教师、数以万计的教育家型教师。

① 李中，高雯宇. 应用型高校师资队伍建设研究[J]. 西安航空学院学报，2017(6)：85-89.

② 张韵. 与发达国家相比我国应用型高校师资问题及对策[J]. 辽宁科技学院学报，2016，18(1): 88-90.

教师管理体制机制科学高效，实现教师队伍治理体系和治理能力现代化。教师主动适应信息化、人工智能等新技术变革，积极有效开展教育教学。”应用型高校主要是为地方经济社会发展一线培养动手能力强的实用型高级人才。因此，应用型高校的师资队伍不仅需要具有扎实的专业理论知识，还需要具有精湛的实践应用专业技能与过硬的一线教学能力，能够围绕应用型高端人才培养、服务地方经济社会发展等内容积极开展相关科学研究与教育教学服务。《意见》的印发为应用型高校师资队伍建设指明了方向，对新时代应用型高校的教师提出了新的要求。

世界上的发达国家，尤其是诸如美国、英国、德国等一些先进的发达国家，都相当重视应用型高校的师资队伍建设。他们全社会的教育普及程度一般都在 95%以上。究其原因，积极发展应用型高等教育正是他们的成功经验之一。在应用型高校师资队伍建设方面，他们的特点主要是：一是应用型高校师资的选用条件相当严格。首先注重的是教师职业道德素养与敬业奉献的精神。一些发达国家对于不具备应有的职业道德素养与敬业奉献精神的教师，明令其一生不得从事教师这个行业。其次注重的是教师兼备多种职业能力。在他们看来，一名优秀的应用型高校的教师，必须既是一名教育者，又是一名工程师，同时也是一名高级熟练工人。尤其对于那些承担专业课、实习课任务的教师，除了必须具备某种层次的学历、学位之外，还必须接受过某些必备的培训或者拥有一定的实践经验。例如，在德国，必须经过两年以上的实践锻炼，然后再经过师范类高校三年以上的学习，才能够申请当一名实习指导教师。二是应用型高校师资培养培训的体系相当完善。不少发达国家一般有教师入职前与入职后两种教育培训机构。在美国、法国、德国、韩国、日本等国家就设立有诸如职业技术师范院校或职业教育学院等专门的培训机构。在美国的社区学院，规定教师每年假期必须去生产一线工作锻炼或者到其他高等院校进一步进修提高，运行动态用人机制。在德国，对教师的培训实行级别化、网络化，建立有比较成熟的教师培训网络。顺应新时代要求，我国应用型高校师资队伍建设应该着力于打造出一支师德师风高尚、专业素质能力高、创新变革能力强、可持续发展潜力足的“双师双能型”教师队伍。

（一）师德师风高尚

著名教育家陶行知先生说："学高为师，身正为范"；著名教育家、书法家启功先生说："学为人师，行为世范"。高尚的师德师风是对从事教师这个职业人员的首要要求，也是一个最基本的要求，对于应用型高校的教师同样适用。应用型高校直接为社会生产实践一线培养、输送高级专门人才，学生的素质高低直接影响着社会生产的效率，所以，对应用型高校师资队伍的师德师风建设应该有更高的要求。

应用型高校的教师需要强烈地意识到自己所承担的历史使命与不可替代的社会价值，不断提高自己的政治站位与思想素质。全面落实立德树人根本任务，以德立身、以德立学、以德施教、以德育德，弘扬社会主义核心价值观，从多个层面提升自己的思想道德素养，争做有理想信念、有道德情操、有扎实学识、有仁爱之心的"四有"好老师，培养有理想、有追求、有担当、有作为、有品质、有修养的"六有"大学生。

（二）专业素质能力高

"互联网+"时代，信息化为教育的现代化插上了腾飞的翅膀。信息化背景下的教师教育创新行动、教师队伍建设行动计划等正在全面推开。应用型高校教师要积极主动地、率先适应信息化发展的历史潮流，涵养较高的专业素质和能力水平，借助各种现代教育技术手段与平台，突破传统教育教学模式的局限，引领教育教学领域人才培养模式、教学思维理念、教学方法手段、教学管理服务等方面的现代化变革。

厦门大学高等教育发展研究中心史秋衡教授曾对应用型本科教育的基本特征作出过判断："定'性'在行业，定'向'在应用，定'格'在复合，定'点'在实践。"[①]这样的判断为我们理解应用型高校人才培养目标与教师必备的专业素质能力都提供了一定的参考。为了培养出合格的高级人才，应用型高校教师首先必须是一名高级复合型人才，除了具备扎实的理论知识外，需要熟知地方经济结构与产业特色、

① 史秋衡，王爱萍. 应用型本科教育的基本特征[J]. 教育发展研究，2008(21): 34-37.

本专业的行业发展与人才需求情况，掌握精湛的专业技能，具有较多的实践应用经验，能够根据区域经济社会发展实际，积极开展教学改革与创新、科学研究与成果转化等。

(三) 创新变革能力强

在这个瞬息万变、日新月异、充满创新与变革的信息化时代，学生获取、更新知识信息以及自身能力培养的渠道更趋多样化。与传统的注重知识传授的教育相比，现代教育更注重学生个性的培育与发展，尊重学生的个体差异与兴趣爱好，通过因材施教充分调动与激发学生的积极性与发展潜能。应用型高校教师更需要树立正确的现代教育观，从以教师为中心转变为以学生为中心，倡导并践行教育的自主性、研究性、主体性、激励性。为此，应用型高校教师需要具有较强的创新变革能力。

应用型高校教师的创新变革能力主要体现在教育教学方法、科研服务、产教融合等方面。在教学过程中，注重以专业知识的实践应用为主，创新方式、方法让学生会用、会做、会创；在科研服务过程中，注重应用型科研与成果转化，与教学形成良性互动；在产教融合方面，积极参与地方行业发展，推进理实一体、工学结合。

(四) 可持续发展潜力足

全民学习、终身学习的学习型社会建设正如火如荼，加强学习的观念已经深入人心。党的十九大报告也明确提出：“办好继续教育，加快建设学习型社会，大力提高国民素质”。

应用型高校是继续教育、全民教育的主阵地。应用型高校教师需要具备“教育判断力、课程领导力、技术融合力、改革创新能力、批判性思考能力、心理辅导能力、协作沟通能力等新型特质”[①]。培养、提高个人终身学习的能力是知识经济时代对应用型高校教师提出的新要求。只有不断输入新的理念与信息、新的知识与技能，充分挖掘自身潜能，应用型高校教师才能够产生源源不断的可持续发展的动力。应

① 雷文静，周兴志，李中. 新时代应用型高校高素质教师队伍建设探究[J]. 西安航空学院学报，2019，37(2): 88-92.

用型高校教师要积极养成良好的学习习惯，并加以保持，不断激发自己的发展潜力，更好地为社会培养人才。

第二节　应用型高校师资队伍建设中的问题

在我国传统的观念中，注重学术型教育，轻视应用型教育，注重理论研究，轻视实践操作，这种思想认识影响深入，至今在很多人心目中依然根深蒂固。这对应用型高校师资队伍建设也产生了一定的负面影响，在某种程度上，影响了应用型高校对优秀人才的吸引力。另外，我国应用型高校起步整体较晚，相关的政策法规、制度机制尚不健全，得到政府和社会的支持力度不够，办学资金来源相对比较单一，经费紧张在很大程度上制约了应用型高校师资队伍建设的步伐。在高校与地方、高校与企业之间的人才流动方面，由于受到现有相关机制的限制，无法实现真正意义上的自由流动与共享共用。社会认同上存在的偏见、办学经费的不足、人才流动机制的不健全以及复合型教师缺乏等原因导致应用型高校师资队伍建设中存在着许多急需解决的问题。最为明显的是存在“三大缺失”：“准入机制缺失、培训机制缺失、评价机制缺失”①，这导致应用型高校师资队伍整体水平长期得不到提升，学科建设与地方经济社会发展结合的紧密度不高，应用型的办学特色无法得到彰显。具体来看，主要有师德师风有待加强、师资队伍整体力量不足、教师资源配置不尽合理、教师参与科研服务的能力不强、师资培养培训力度不够、师资评价考核机制有待完善等六个方面的问题。

（一）师德师风有待加强

党的十九大报告中提出要：“加强师德师风建设，培养高素质教师队伍，倡导全社会尊师重教。”2018 年，习近平总书记在北京大学师生座谈会上的讲话中明确指出：“评价教师队伍素质的第一标准应该是师德师风”“要引导教师把教书育人和自我修

① 杨建平，陈卫群. 构建应用型高校师资队伍的新机制[J]. 辽宁科技学院学报，2014，16(3): 84-85+79.

养结合起来，做到以德立身、以德立学、以德施教”。

师德师风是人民教师的底线、红线。在我国应用型高校中，师德师风的总体情况是好的，但也存在着一些问题，尤其在青年教师中。例如，奉献精神、吃苦精神不够，存在着一定的功利主义思想，喜欢谈条件、讲回报；责任意识、敬业精神不够，对待工作满足于敷衍应付，对待学生缺乏爱心、耐心等等；甚至出现一些违背教师职业操守的不良行为。这些问题如果不及时处理解决，会在师资队伍中形成一定的破窗效应，也会在社会上留下不良印象，影响整个师资队伍的良性发展。

(二) 师资队伍整体力量不足

应用型高校师资队伍整体力量不足主要表现在两个方面，有的高校是师资数量缺口较大，有的高校是师资结构急需优化。由于普遍存在名气不够响、平台不够高、财力不够足的现象，大多数应用型高校对人才的吸引力不够大，尤其是领军型的高层次人才，引进相当困难。而且，应用型高校人才引进的渠道相对单一，引进的绝大多数教师来自高校，尽管具有较高的学历层次，但是具有社会或工程实践背景的很少，实践应用能力相对缺乏，还需回炉再造；由于现有人事工作体制限制和人才引进的高门槛，从生产实践领域引进到高校的应用型人才较少。兼职教师占教师总数的比例偏低。这些都导致了高校的教学内容与行业的发展速度、步调难以一致，培养出来的人才难以适应市场的现实需求。

(三) 教师资源配置不尽合理

教学人员、教学管理人员、教学辅助人员三者共同构成了教师资源。其中，教学人员是核心。合理配置教师资源对提高应用型高校的教学水平与人才培养质量将大有裨益。然而，在应用型高校中，师资队伍的年龄结构、职称结构、“双师双能型”教师数量、岗位设置的均衡性、国际化程度等方面都有待进一步完善。

由于近几年各校都大力引进博士，导致各校教学经验不够丰富、实践应用能力不足的青年教师占比明显偏大，有的学校超过半数以上。由此，带来了教师在职称上的比例难以短时间内得到优化。由于大批年轻博士的引进，现在多数应用型高校

中副高级的职称竞争最为激烈。此外，应用型高校复合型人才数量较少，既具有教师资格证书，同时又具有职业资格证书的“双师双能型”教师紧缺，而“双师双能型”教师正是应用型高校提高人才培养质量极为需要的师资，“双师双能型”教师的培养是摆在应用型高校师资队伍建设面前的重要课题。有的应用型高校为了弥补这一不足，想方设法从社会上聘请一些有实践经验的校外兼职教师，然而他们往往又教学经验不足，在一定程度上影响了教学效果。在教学人员、教学管理人员、教学辅助人员三种类型人员的配置上，有时也会出现数量上的失衡。再有，应用型高校师资队伍的国际化程度普遍不高，具有国外学习背景的教师人数不多，有的青年教师由于个人、家庭的原因不愿意出国、出境学习交流，而年龄较大的老教师往往又安于现状，对接触新事物有一定的抵触情绪。

(四) 教师参与科研积极性不高

从事科研工作需要具备较强的创新意识、敏锐的发现能力，还会耗费大量的时间、精力，承受许多人难以承受的孤独与压力。如果不是对科研工作充满热爱或者强烈的责任心使然，科研工作会变成令人畏惧而避之不及的事情。在应用型高校中，老教师限于以往工作的经历，往往教学经验较为丰富，而科研能力不足。青年教师刚刚参加工作，因之前长期忙于学业，工作以后往往希望在适应新环境、顺利通过教学关的基础上把精力转移到个人问题、家庭问题的考虑上。加上现在二胎政策的放开，不少年轻人投入二胎大军，从事科研的时间更为有限。

由于应用型高校科研基础较为薄弱，在申报高层次科研项目时，往往既难以找到合适的项目主持人，也不易组成真正意义上团结协作的科研团队，更没有较为丰富的前期成果作为支撑，在这种竞争力不高的情况下，基本难以获得太高层次科研项目。长此以往，形成了恶性循环，这种困境短期内很难得到改观，在很大程度上影响了教师的科研积极性。另外，由于年龄、职称、专业方向的限制，导致应用型高校不易形成有力的科研团队，一些勉强组成的科研团队也往往靠的是人际关系和带头人的个人影响力。教师在从事科研工作时，多数是单打独斗，力量有限，效率低下，效果不佳，尤其是青年教师在科研方面缺乏专业的指导、引领，这也是导致

应用型高校教师科研积极性不高和水平整体不高的原因之一。

(五) 师资培养培训力度不够

在这个知识更新速度飞快的时代，教师需要不断加强学习，才能够紧跟时代发展的节拍。师资队伍培训的重要性不容置疑，尤其是注重实践应用的应用型高校的师资，更需要加强培训。“许多发达国家极其重视对教师的培训及继续进修，甚至采取立法的形式来对教师的继续教育和进修加以规范，如德国把教师要不断的接受新知识新技能的培训和继续教育作为一种必须履行的义务。”[①]然而，总体来看，我国应用型高校的师资队伍培训力度明显不够。

首先是教师参加培训的机会不多。由于办学经费的限制、师资队伍数量的不足、获取资源信息的有限等原因，应用型高校师资并没有太多参加培训的机会。如，有的应用型高校师资数量极为紧缺，教师工作负荷大，老教师体力精力处于严重透支状态，新教师一到岗就被安排满满的教学任务，培养培训工作难以介入。其次对教师的培训没有形成制度体系。没有专门的法律法规对教师培训作出明确的规定与要求；师资培训往往形式简单，时间上也比较短，无法形成科学系统的体系。如偶尔开一次座谈会、听一场报告会、参观一下企事业单位等，教师不能深入参与到生产实践的前沿阵地，培训效果不够理想。对于青年教师的入职培训，也没有形成长期培训的机制，往往是入职后走一下培训的形式，就奔赴各自的工作岗位。特别是少数应用型高校因教师极为紧缺，新教师甚至是才出课堂就上讲堂，根本没有任何的学习培训。三是专门的培训机构缺乏。由于高校师资队伍培训的社会化保障体系没有建立，目前专门针对应用型高校师资队伍培训的规范机构不多，各高校分头自己考虑安排，显得零散。而且，应用型高校内部的实验室等实训机构的设备往往更新速度较慢，这在一定程度上也影响了教师实践应用能力的提高。可见，在稳定规范的培训尚不能有效保证的情况下，就更无法做到对教师进行分类指导或个性化的培训了。

---

① 张韵. 与发达国家相比我国应用型高校师资问题及对策[J]. 辽宁科技学院学报，2016，18(1): 88-90.

(六) 师资评价考核机制有待完善

评价考核是事业发展的指挥棒与方向标。由于我国事业单位体制上的限制，高校一般对教师只有转岗权而没有解除劳动合同的权利，造成学校在用人上形成了只能进不能出，只能上不能下的尴尬局面。因此，在师资评价考核机制方面，更需要针对存在问题，及时予以完善。

在高校中，普遍实行的是以职称(专业技术职务)等级为基础的教师评价体系。教师专业技术职务的高低直接与个人收入待遇、事业发展、学术影响力等挂钩。而在大部分高校，教师专业技术职务的评定，主要的衡量条件就是学术水平及科研成果。所以，高校对于教师的评价考核主要注重科研成绩，拿了多少什么级别的项目，获得多少科研经费，撰写了多少部著作，发表了多少篇学术论文等等，而对于教学只要没有教学事故发生，完成正常的工作量要求就行，教学质量的评价主要依靠教学督导组与学生的打分，这种重科研轻教学的评价考核导向，对应用型高校师资队伍的发展是非常不利的，导致教师在教学方面投入的时间精力有限，教学质量与水平的提升得不到充分的保证。而对于应用型高校教师为地方经济社会发展服务的水平这一重要内容却往往被忽视，如为地方政府、企事业单位提供决策参考的情况，提供技术咨询、培训、转让以及产品研发等方面的成果。相对单一、偏面的评价考核机制不利于教师的全面发展，在一定程度上影响了教师对实践应用领域的探究，进而影响了应用型高校师资队伍质量的提高。

第三节　应用型高校师资队伍建设的建议

“加强应用型高校的人才与师资队伍建设是一项既有益于学生，又有益于高校，还有益于社会的系统工程。”[①]各应用型高校从教师到管理层，都要高度重视师资队伍建设，充分认识师资队伍建设对学校事业发展的极端重要性，充分认识到师资队

① 王松德. 适应时代发展需求推进应用型高校人才与师资队伍建设[J]. 决策探索(下)，2019(2): 15-16.

伍建设对地方经济社会发展的极端重要性，实施人才兴校、人才强校战略，针对师资队伍建设中存在的问题，积极思考、创新思维、大胆改革、迅速行动，在充分借鉴国内外应用型高校师资队伍建设成功经验的基础上，主要着力在加强师德师风建设、增强师资队伍整体力量、优化配置教师资源、推进科研团队建设、加大教师培养培训力度、完善教师评价考核机制等几大方面下功夫，把应用型高校师资队伍建设工作引向一条健康的可持续发展之路。

(一) 加强师德师风建设

师德师风建设永远在路上，各应用型高校要把师德师风建设作为师资队伍建设的首要任务、重要任务来抓。

一是做好源头控制工作。在人才引进过程中，严把政治思想道德素质关，将其作为引进教师的首要标准，不符合要求的无论其他条件多么优秀，一概不予录用。这就要求在人才引进工作中不能仅仅是看材料，还需要严格审查、多方了解应聘人员的思想道德情况。

二是做好师德师风教育工作。要加强对教师的职业道德、理想信念的教育培养，提高他们的职业认同感与社会责任感，自觉严格遵守学术道德，不断提高个人思想品德。要重点培养教师吃苦耐劳、敬业奉献的精神。要寻找树立、大力表彰师德师风优秀典型，在全校形成积极示范作用。

三是提升青年教师的师德师风意识。很多青年教师刚参加工作时，充满热情、激情，但是过了几年之后，这种热情、激情逐渐消退，如果没有明确的发展目标，其中不少人容易出现职业倦怠情绪。大学生需要人生规划，高校青年教师也需要职业规划。根据青年教师的基础条件与个人兴趣，组织他们科学制订自身发展规划，精心设计、规范组织青年教师入职培训与在职培训，不断提高青年教师的师德师风意识，从而端正他们的工作态度，激发他们的工作热情。

四是健全师德师风考评制度。按照《高等学校教师职业道德规范》要求，条条对照，找差距、查问题、抓整改，把师德师风作为教师考核评价的一票否决项目。对于在师德师风方面出现问题的教师严惩不贷，形成良好的警戒作用。

(二) 增强师资队伍整体力量

在增强师资队伍整体力量方面，各应用型高校应查清家底、锁定目标、列好计划、改革创新，通过师资队伍整体力量的增强提升学校的办学水平。应用型高校应对本校师资队伍现状进行全面的统计与分析，根据学校近期、中期、远期发展目标，明确学科专业发展的主要方向，梳理查找师资队伍数量、质量上存在的差距。在此基础上，分阶段科学合理地规划师资队伍建设方案。

一是严格师资准入机制。应用型高校要根据自身人才实际需求、各学科专业的特点与人才供给状况，对应聘人员进行多方面的考察，坚持用人标准，认真测试甄选，奠定应用型高校师资队伍建设良好的基础。

二是要增大社会招聘力度。改变眼睛只盯着高等学校中应届毕业生的人才引进传统方式，增加向全社会公开招聘人才的做法，广泛招聘选用人才。“曼彻斯特商学院有一半以上的教授本身就是优秀的工商管理人员，他们通常在一些大公司里身兼要职”。①同时，应积极吸引优秀的留学归国人员来校工作。

三是增加兼职教师比例。“美国、加拿大等国家社区学院的兼职教师占教师总数的比例均超过 50%以上，我国应用型院校教师队伍基本上是专职教师，兼职教师比例很低”。②兼职教师的流动性比专职教师大、签约比较灵活、高校与被聘人员可以双向选择。这种机制能够吸引社会上更多的优秀人才充实到应用型高校的师资队伍中。同时，兼职教师也会在一定程度上带动专职教师向积极的方面转变与发展。

四是形成一支相对稳定的柔性师资队伍。秉持“不求所有，但求所用”的人才理念，柔性引进高端人才，根据事业发展需要邀请一定规模的国(境)内外知名专家、学者作为学校的客座教授、名誉教授、发展顾问等，承担教学、讲学、科研等实质性的任务。

五是用合适政策留住人才。对于各类人才都要量身定做制定相应的政策，给予其一定的科研项目启动资金与住房安家补助，提供其个人发展更高的平台与广阔的

---

① 张丽萍，刘常宝. 应用型高校专业师资队伍建设的新思路[J]. 职业，2009(18): 69-70.

② 张韵. 与发达国家相比我国应用型高校师资问题及对策[J]. 辽宁科技学院学报，2016，18(1): 88-90.

空间。实现人才引得到、留得住、用得好的良性运行机制。

(三) 优化配置教师资源

“教师资源优化配置指的是教师资源在同一地区、同一类型学校中的均衡配置，其目标是优化高校教师整体素质结构，主要是‘硬结构’的优化，如均衡的年龄结构，较高的学历结构，合理的职称结构，相容的学科结构等。”[①]应用型高校应拓展视野、创新思维，不断优化教师资源配置。

一是搭建教师资源共享平台。鉴于青年教师偏多、职称结构不优等师资实际情况，应用型高校应突破本校界限，在同类型高校或者同一地区高校范围内搭建教师资源共享平台，充分利用网络，鼓励同城高校教师根据自身优势跨学校上岗。在此基础上，可以将企业人才信息也纳入平台，推动人才资源的校企合作、交流共享、优势互补，拓宽“双师双能型”教师培养途径。

二是转换思维分配教学任务。由于师资数量紧张，不少应用型高校教师教学任务比较重，一名教师同时承担 2～3 门课程教学任务比较常见，而且，有时这 2～3 门课程之间没有太大的关联，这无形当中增加了教师备课的工作量。尽管一般情况下，教师已有一些教学积累，但受教师个人时间、精力的限制，每门课每个部分都讲成精品难度太高。因此，在安排教学任务时，可以转换思维，由一名教师上 2～3 门课程转变为 2～3 名教师甚至更多的教师上同一门课程。这样让每位教师对自己所承担的内容进行更深层次的挖掘与研究，术业有专攻，各擅所长，最终成为某方面的专家。当每位教师都能将自己负责的教学内容讲成精品时，整门课程也就是一门精品课程。同时，这种做法对凝炼教师的研究方向也有积极的作用。

三是积极开展合作交流活动。高校与社会之间缺乏紧密的沟通、交流，虽然现在已有所改观，但距深度产教融合、校企合作还有距离。应用型高校应加强校企合作力度，让专业与行业、学业与职业密切相连。定期举办专家研讨会，让校内教师与校外专家面对面深入交流。联手举办“寒暑假学生夏令营”活动，让企业专家学

① 寇琼洁. 应用型高校教师队伍建设的调查与研究[J]. 河南教育(高教)，2017(6): 33-35.

者分享国内外最新产业发展信息，让校内专家学者分享学科专业发展信息，拉近教师、学生、从业者之间的距离，互相启发、互相学习，相互提升。

（四）推进科研团队建设

应用型高校教师科研能力的培养是一项重要而又有挑战性的工作，应用型高校教师科研能力的提高将大大提升学校整体办学水平，对教师的教学水平和自身发展也大有裨益。“和研究型高校相比，应用型高校科研能力相对较弱，科研工作应谋求错位发展，科研工作应紧紧围绕应用型人才培养目标开展。积极与企业联系，以工程实践中存在的实际问题为切入点，寻求解决方案，开展科研工作，并加快科研成果转化力度，转化成有效生产力。”①

一是积极培养科研团队。改变应用型高校以往教师单打独斗搞科研的状况，主要根据学校学科专业发展的需要，兼顾教师个人的兴趣爱好，组建科研团队，围绕共同的研究目标协同作战。学校应根据学科特色和办学基础，重点打造科学研究团队，并形成梯队安排。

二是积极引进科研团队。应用型高校在师资队伍建设中应敢于尝试，根据学校事业发展的实际需要，可面向社会引进已经发展比较成熟的科研团队或团队骨干成员，改变以往分散引进人才后再组建科研团队的传统做法。鉴于应用型高校高水平学科带头人、科研带头人一般比较欠缺的状况，应用型高校应将培养与引进高水平学科带头人、科研带头人等领军人才作为师资队伍建设的重中之重。

三是加强科研团队的凝聚力。应用型高校科研团队组建后，不能对其不闻不问、任其发展。学校科研管理部门应及时做好相应的管理服务工作，增强科研团队的凝聚力，保持科研团队的稳定性和发展性。充分发挥各个二级学院的组织协调作用，定期召开科研团队建设专题会议，密切关注各科研团队的科研进展与发展动向，及时发现并解决科研团队发展中出现的问题，积极引导青年教师加入科研团队开展科

① 王琛，曹静，王栓强. 新工科视野下应用型高校师资队伍建设机制探索[J]. 教育现代化，2018，5(33)：223-224.

学研究。加大对科研团队表彰与奖励的力度，特别是对团队带头人、后备带头人加强激励，形成良好的合作、竞争氛围，促进科研团队的良性发展。

(五) 加大教师培养培训力度

高素质的师资队伍建设与教师个人的发展是一致的、同步的，应用型高校要树立“终身教育思想”，坚持实施“教师再教育”工程，遵循教育的发展规律，全方位、全过程地培养应用型高校教师多方面的素质与能力。应用型高校的师资理应更贴近生产实践和社会应用，走出高校的教师培养培训显得更为重要。社会的需求与变化在行业企业中会得到比较及时的反应，要求高校教师应经常深入企业，参与实战，让理论知识与实践运用紧密结合，在工程技术一线提升自己。

一是要注重对现有师资的培养。对于现有师资，要鼓励他们分类发展，年长的教师教学经验丰富，要发挥出他们对于青年教师的指导和传帮带作用；中年教师在各方面都有所积累，要发挥他们在教育教学、科研服务和团队合作中的带头作用；青年教师发展潜力较大，要用优惠的政策引导鼓励他们提升学历、职称，并吸引留住他们成长之后能继续为学校服务。如保留其进修期间的待遇与在职时相同，毕业以后与同层次人才引进的待遇相同等。

二是要注重对引进师资的培养。从高校毕业生中引进的人才，一般学历高，有一定的科研基础，但是教学能力较弱，实践运用能力更加欠缺。这部分师资引进后不应该让其直接独立承担教学任务，应根据其所学专业先从事助教并到相应的企事业单位挂职锻炼至少一年以上，经过考核合格后回校任教。从科研院所和企业引进的人才，往往是某些领域的专家，有着较高的科研能力和丰富的工程实践经验，但是教学能力偏弱，这部分师资进校后应经过规范的教育学、心理学等内容的培训，考核合格后再承担教学任务。

三是多提供机会让教师参加进修培训。积极拓宽师资进修培训经费的来源渠道，积极寻找建设教师培训进修基地。在专任教师数量紧缺的情况下，有计划地尝试每年安排一定比例的教师参与进修培训。进一步加强实验室建设，完善实验室软硬件配套设施，让实验室成为功能齐全的校内实践操作技能提升场所。在形式上可以多样化，对于脱产的教师视同完成正常工作量，对于兼职的教师给予某种形式的鼓励；积极与企事业单位进行交流合作，邀请专家学者来校对教师集中培训，或者选派教师外出挂职锻炼。德国的应用科技大学最显著的一个特征就是教师每五年一周期到企业全职锻炼一年以上。

四是健全教师培养培训机制。首先要注重稳定性，“可以借鉴美国以各州为主培养职业教师师资的作法，在各省市按照不同专业的特殊要求建立教师师资培训中心，或者设立与应用型师资相关联的教育硕士培训机构。也可以借鉴日本的经验，通过一定的法律法规，提议企业承担一定的教师师资培养任务，从而形成职前职后相结合，学校和社会相结合。”①对专职教师每年接受培养培训的时间作出明确的规定，如每年必须参加一定时段的培养培训；要求每位专职教师根据所教的课程联系有关兼职单位，参与兼职单位的科研项目、技术咨询、营销策略、对外交流等工作。其次要注重可持续性，培养培训的目的要明确，针对性要强，重点要突出，在注重教师个人专业能力发展的同时，也关注关心他们的兴趣、生活与休息。第三要注重创新性，对于需要承担新专业教学任务的教师进行开发式培养培训，充分挖掘现有师资的潜能。最后要注重超前性，“科学始终要超前于技术和生产，起到引领和导向作用。学校作为科学思想的传承者，更应当走在时代的前列”②，应用型高校的师资培养培训要坚持站在学术发展和技术发展最前沿的理念，让教师能把本专业领域的最新问题和研究成果引入到教学当中。

（六）完善教师评价考核机制

“将应用型高校对高素质教师的要求纳入考核评价体系和奖惩制度是提高教师队伍整体能力的有效途径。”③应用型高校要重视对教师的评价考核，完善的评价考核机制有利于教师明确发展方向，提高自身职业能力，更好地投身到教学、科研、

---

① 张韵. 与发达国家相比我国应用型高校师资问题及对策[J]. 辽宁科技学院学报，2016，18(1): 88-90.

② 张丽萍，刘常宝. 应用型高校专业师资队伍建设的新思路[J]. 职业，2009(18)：69-70.

③ 雷文静，周兴志，李中.新时代应用型高校高素质教师队伍建设探究[J]. 西安航空学院学报，2019，37(2)：88-92.

服务中，同时，也有利于学校管理工作的系统化与实效性。

一是要对教师参与培养培训的情况进行考核评价。结果与其个人职称评审、晋级、奖励、评优等工作挂钩。考核评价的方式可以灵活多样，区别对待不同的学科、不同的专业。考核评价的内容注重实践性，如把教师五年一周期的下企业锻炼作为刚性要求，鼓励教师真正参与企业的生产、经营和管理活动。

二是要对教师从教学科研和服务等多方面进行综合考评。改变以往重视科研、轻视教学、忽视服务的传统做法。按照中央新的“破五唯”的要求，把考核的立足点放到立德树人上，放到人才培养上。要充分尊重教师的个体差异性以及学科专业的差异性，在考评中不能简单搞一刀切。同时，也要对教师的政治思想、职业道德等方面进行考评。

三是要发挥奖惩在评价考核中的引导作用。应用型高校要充分利用、善用奖惩机制，引导教师向指定的目标发展。要发挥好正向激励与负面惩戒机制，列出负面清单，明确哪些内容是要倡导、鼓励教师去争取的，哪些内容是禁止教师去做的。在奖励与惩罚的力度上也要仔细斟酌确定，防止力度过大或力度不够，真正有效地发挥奖惩机制在评价考核中的引导作用。

第四节　应用型高校师资队伍建设实践

放眼全球，欧洲应用技术大学专业的发展离不开高质量的师资队伍，主要体现在注重师资的学历结构，强调师资的实践动手能力。奥地利在发展职业教育过程中格外重视职业教育师资的培养。奥地利应用技术大学的教师中，31%获得博士学位，54%获得硕士学位，本科及其他学历者仅占 15%。德国应用技术大学对于教师的实践性工作经验有特殊要求。除了拥有博士学位，担任应用技术大学教授还必须拥有相关领域不少于五年的实践工作经历，并且其中至少有三年是学术性机构之外的工作。除了常任的全职教授，德国应用技术大学还大量聘任来自企业界或其他社会单位的具有丰富实践经验的特聘教师来校兼职授课，在很多学校，兼职特聘教师的数量甚至远远多于全职教授的数量①。

在国内，也有一些应用型高校在师资队伍建设方面拥有自己的成功经验，现试举几例如下：

(一) 南京工业职业技术学院(本科)

南京工业职业技术学院(本科)作为教育部首家公办职业本科试点高校，成立了高职本科专业建设委员会，下设若干工作小组，包括师资建设工作组等。在师资队伍建设方面，通过配备优秀师资、建设“混编”师资团队、实施“现代学徒制”职业导师制度，满足高职本科的教学要求。

1. 配备优秀师资

在配备高职本科专业教师时，首先选择业务素质好，教学水平高的优秀教师。2015 年，为保证高职本科机械电子工程专业的教学实施，该专业配备了 28 名专任教师、28 名兼职教师，专任教师中有教授 6 人，副教授、高工 13 人，讲师、工程师 10 人，硕士以上教师 20 人，专任教师全部具备双师或双师素质型，聘请的 28 名兼职教师全部都是机电行业知名企业的工程技术人员。教学团队教师中多人成为教育部新世纪优秀人才、江苏省“六大人才高峰”高层次人才培养对象、江苏省高校“青蓝工程”中青年学术带头人和青年骨干教师、江苏省维修钳工首席专家、鉴定考评专家，省机电设备维修技能大赛专家组成员，多人受聘于企业的技术顾问，在省内行业中具有一定的影响。形成了一支教育理念先进、教育教学水平高、技术应用能力强，在社会上有知名度的“双师型”教学团队。

2. 建设“混编”师资团队

实施引智工程，着力构建应用型人才培养的师资队伍共同体，从企业、科研院所和地方政府聘请有着丰富实践经验的校外兼职教师，充实到师资队伍中，组建多方参与的“混编”师资团队。

---

① 中国教育科学研究院课题组. 欧洲应用技术大学国别研究报告[R]. 2013 年 12 月 10 日.

通过深度校企合作，引入企业一线工程技术人员作为兼职教师。例如，和施耐德电气及诺克韦尔共建校内实训基地和培训中心，将企业文化和最新技术融入专业教学中，学校专业教师和企业工程师“混编”实施客户培训，同时企业工程师也对在校生提供实训指导。

3. 实施“现代学徒制”职业导师制度

在学生管理方面，实施了“现代学徒制”职业导师制度，将传统的辅导员职责转变为学生职业素质培养引导讲师，注重培养学生的职业技能和工作岗位适应能力，为培养高素质技术技能人才提供了充分的保障。

学生先在学校教师的帮助下，完成人文素质课程、专业基础理论课程的学习；然后在“混编”师资团队企业职业导师指导下，学习先进的技术，再借助业界一流的设备，进行大量的实践操作和技能训练，从而达到能基本掌握相关设备的检测、调试、组装、维护能力。学生毕业后可以将知识直接对应到岗位，为其就业和长期发展增加了竞争力。

通过导师制及时跟踪学生的发展趋势，有利于及时发现人才培养过程中的不足，以便及时反馈、调整。

(二) 宁波工程学院

宁波工程学院在转型升级背景下加强“双师双能型”教师队伍建设，保障应用型师资队伍建设目标的实现。

1. 教师队伍建设注重“双师结构”

一个教师能做到双重身份毕竟还是少数，尤其应用型高校底子薄，吸引力弱。把每个教师都变成“双师双能型”难度较大，学校采取了“双师结构”的做法，教师引进有的放矢。在人才引进中，改变以往标准，结合专业特点，重点考核实践能力，选拔有企业背景、实践经验的工程技术人才。特别是选拨在行业内有较大影响的“工程巨匠”担任相关学科专业负责人，引领学校“双师双能型”教师队伍建设。例如，学校引进原宁波轨道交通指挥部副总指挥担任岩土工程学科负责人，带动一

批教师参与重大工程项目，大大提高了教师的实践教学能力。

2. “双师双能型”教师培养不拘一格

学校 2016 年实施了百名博士(教授)服务百家企业行动的“双百工程”，首批 22 名教师入选。“双百工程”旨在鼓励并支持广大教师深入服务企业，通过相对固定的长期对口服务，主动挖掘企业需求，促进科研成果转化，力求成果反哺教学，从而提高教师实践教学能力。

3. 制度护航“双师双能型”教师发展

学校在“十三五规划”中确立了“双师双能型”教师建设目标及考核指标。在专业技术职务评聘中设立社会服务型系列，参加实践锻炼视同国内外访学经历，为“工程实践型”教师打开晋升通道。在教师业绩评价上，提高了服务企业相关业绩赋分，使待遇向“双师双能型”教师倾斜。

(三) 浙江工业大学之江学院

浙江工业大学之江学院自2015年被列为浙江省首批应用型建设试点示范学校以来，进一步明确了“面向需求、产教融合、开放办学、共同发展”的办学思路，积极探索应用型人才培养模式创新与改革，推进学院人才培养与区域经济社会发展的深度对接，加强校地、校企、校校合作，提升社会服务与支撑能力。

学校围绕应用型建设，着力培养“双师双能型”教师。建立以培训现有教师为主，引进人才和聘请兼职教师为辅的“双师双能型”教师队伍培养模式，优化教师结构。出台青年骨干教师教学能力海外培养计划实施办法，鼓励教师赴海外研修课程改进教学。成立“双师型”教师认定委员会，出台“双师型”教师资格认定标准，通过政策导向鼓励教师向“双师双能型”发展。依托教师教学发展中心开展教学论坛、SPOC 专项能力培训等，加强教师教学能力和实践能力的培养。建立与应用型人才培养相适应的教师评聘和考核制度。

(四) 辽宁科技大学

辽宁科技大学从以下几个方面入手，建立一支能够满足应用型人才培养需要的

师资队伍。

1. 强化教师工程实践能力培养

学校把提升教师工程实践能力作为工作重点，建立教师进企业的工作机制。与大中型企事业单位合作，搭建教师工程实践能力提升平台；丰富教师工程实践能力培养途径，提高教师在“教学”与“实践”方面的整体素质。专门组织教学团队从事“现场工程师”的培养，改变单纯引进学术型人才的做法，注重引进有行业实践经历的人才。

2. 完善“双师双能型”教师评价体系

将教师教育教学能力和实践能力评价相结合，完善教师评价标准，把实践能力、创新能力作为重要评价内容，把评价结果与教师岗位聘用、培养培训、职称晋升及绩效考核等相挂钩。

3. 加大行业企业专家的引进力度

为弥补校内“双师双能型”教师的不足，建立行业企业专家进校工作机制，引进他们来校全职工作或开展合作。聘请具备 5 年以上企业工作经历、工程师以上职称的工程技术人员为兼职教师，来校授课或举办专题讲座、座谈交流。同时，聘请海外工程专家到校任教，并定期来校为师生做工程前沿项目的专题讲座。

(五) 浙江树人大学

浙江树人大学加强师资融合，打造“千百”工程。

1. 推进“百业培师计划”

学校修订和完善中青年教师下企业锻炼相关规定，推进“百业培师计划”，以专兼职相结合、引进与培养相结合、参加社会实践与开展资格认证相结合为原则，引导广大教师提升自身应用能力和实际操作水平。改革教学评价、绩效考核等制度，增强教师提高实践能力的主动性，着力构建教学水平与实践水平兼备的“双师双能型”教师队伍。

2. 实施“千人业师计划”

学校邀请具有丰富实践经验与专业技能的行业专家深入课堂，在巩固原有“业师”的基础上，确保每年新增 100 名“业师”进课堂。截止 2016 年 6 月，“千人业师计划”已聘请 550 余位业界人士来校协同授课。相关专业基于积累的企业师资资源，开展了深度课程合作，将企业的实际项目或者培训资源完整地引入到专业课程中来，形成校企合作的教学团队、应用性课程、应用性教材及实验示范区等一系列相关成果。

(六) 常熟理工学院

常熟理工学院鼓励并要求教师主动“融入业界，了解一线”，在原有的“双百工程”基础上，学校又出台了《常熟理工学院教师企业研修工程实施办法》，打造“双师双能型”师资队伍。

一方面，选派骨干教师赴业界进行为期半年以上的脱产企业研修。通过研修企业质量把关、严格过程管理与完善考核制度等举措，教师工程应用能力与业界视野得到有效提升。

另一方面，引进具有工程实践背景的“双师型”教师和高技能人才，特别是具有丰富行业经验的资深从业人员。

(七) 泰州学院

为了提高教师专业实践能力，泰州学院制定了《关于加强教师专业实践能力培养的实施意见(试行)》，并从 2015 年开始实施“服务泰州行动计划”。在引进具有企业工程背景或企业管理背景人才的同时，校内现有师资都需加入“百名教授博士进企业，百名企业专家进校园”的“双百工程”以提升师资的实践和动手能力。

(八) 许昌学院

许昌学院是河南省首批“地方本科高校转型发展试点单位”和“示范性应用技术类型本科院校”。

许昌学院与许昌市开展了广泛而深入的校地、校企合作，大力推进和加强“双

师型”教师队伍建设。2014 年，为推进校地、校企人才的双向流动，与许昌市共同推进实施了“双百工程”。计划从许昌市各企事业单位聘请 100 名管理、技术、服务等方面的专家到学校各相关院部担任兼职教授或副院长等职务，学校抽调 100 名左右的中层干部和骨干教师到许昌市企事业单位挂职锻炼。学校通过高校教师在校企、校地之间的合理流动，促进了“双师型”教师的培养，有利于应用型高校师资水平的提高。①

① 寇琼洁. 应用型高校教师队伍建设的调查与研究[J]. 河南教育(高教)，2017(6)：33-35.

第八章　应用型高校的创新创业教育

创新创业教育作为一种全新的教育理念，在中国走过了将近30年的历程。特别是在“大众创业、万众创新”国家战略提出后，创新创业教育得到了社会的广泛认可，在培养学生的创新精神、唤醒学生的创业意识、提升学生的创新创业能力和水平等方面发挥了重要作用，是高等教育发展的一个新的面向。应用型高校作为高等教育转型发展的主力军，办学模式灵活，是创新创业教育的主战场。尽管部分应用型高校还存在诸如尚未形成完整的创新创业教育体系，创新创业教育形式大于内容，整个社会尤其是高校对创新创业教育认识不足，创新创业教育评价体系与评价机制有待完善，创新创业实践基地的利用率不高等问题，但创新创业教育受重视的程度正日益提高，创新创业教育工作的体制机制日趋完善，并初步形成了一批可复制、可推广的制度成果和经验，这都为深化创新创业教育奠定了坚实的基础。

第一节　创新创业教育的概念与背景分析

一、创新创业教育的背景

(一) 时代背景

21世纪伴随全球化发展的浪潮，人类进入知识经济时代。知识经济是以知识、信息和技术为核心，以创新为根本动力的经济。世界经济合作与发展组织(OECD)

认为，“知识经济是以智力资源的占有、配置为基础，以科学技术为主的知识生产、分配和使用为主要因素的经济。”[①]知识经济是在世界经济一体化大背景下，融合知识、智力等无形资产，高效发挥既有资源的作用，是一种可持续发展的经济。

随着社会的不断发展，老龄化社会到来、人口红利消失，资源驱动型经济渐临发展的极限，经济发展方式急切需要转型，从要素驱动转向创新驱动成为必然。知识促进经济的发展，是以高素质的创新创业型人才为基础的。知识经济的兴起已经对经济增长方式产生了深刻的影响，迫切需要大量高素质的创新创业型人才，并相应对教育发展提出了新的要求。

当前，创新力越来越成为国家间竞争的核心要素，创新人才的培养成为其中的关键因素。高校创新人才的培养，对推动国家创新体系的建立具有重要意义，创新创业教育成为一种新的动能。同时，我国每年的高校毕业生呈递增的状态，毕业生就业困难成为新的社会难题。广泛开展创新创业教育，一方面是响应“大众创业、万众创新”国家战略，另一方面也可以缓解就业压力的问题。

(二) 高等教育自身发展的需要

随着经济社会的不断向前发展，高等教育也面临着新的挑战，需要不断进行自我调整以适应社会的发展。《国家中长期教育改革和发展规划纲要(2010—2020 年)》明确提出，“根据国家和区域经济社会发展需要，建立动态调整机制，不断优化高等教育结构，优化学科专业、类型、层次结构，促进多学科交叉融合。重点扩大应用型、复合型和技能型专门人才的培养。特别是要促进一批地方本科院校转型发展，即从传统的学术型、学科型转向应用型、技术型、职业型或技能型。”[②] 为更进一步明确发展方向，教育部《关于地方本科院校转型发展的指导意见(征求意见稿)》指出“地方本科院校转型发展的主要任务为全面深化校地合作校企合作、建立行业企业

---

① 李景山，季绍文. 知识经济时代的人文科学[J]. 经济论坛，2000(24)：17.

② 中华人民共和国教育部. 国家中长期教育改革和发展规划纲要(2010—2020 年). http://old.moe.gov.cn/ publicfiles/business/htmlfiles/moe/info_list/201407/xxgk_171904.html.

参与的治理结构、建立紧密对接产业链的专业体系、促进中高等教育有机衔接、加快考试招生制度改革、创新高校继续教育、加强实验实习实训基地建设、创新应用技术人才培养模式、探索专业学位研究生培养模式、改革加强‘双师型’教师队伍建设、发挥区域和行业技术中心作用。”①高等教育高质量内涵发展成为当下高等教育发展的根本要求，内涵发展要求以人为本，以质量为核心。这就要求地方本科院校转型发展、分类发展，培养更多创新型人才。

习近平总书记指出，“协调发展、绿色发展、开放发展、共享发展都有利于增强发展动力，但核心在创新。抓住了创新，就抓住了牵动经济社会发展全局的‘牛鼻子’”。②为适应世界科技革命和产业革命的大势，国家提出了“大众创业、万众创新”“中国制造 2025”“互联网+”等一系列重大战略，应用型高校作为我国高等教育体系的重要组成部分，在我国经济社会发展中必然扮演着重要的角色。更好地促进相关国家战略的实施，是当前和今后一个时期教育面临的一项重要而紧迫的任务，需要应用型高校主动对接“大众创业、万众创新”“互联网+”和智能制造的现实需求，需要学校调整教育结构、更新教学内容，创新人才培养模式，大力培养双创和智能制造急需的创新型应用人才。

当前，我国经济发展步入新常态，国家大力实施创新驱动发展战略，并制定出台了一系列相关政策予以引导鼓励。积极开展创新创业教育，是时代发展的需要，也是高等教育发展的必然要求，同时也是应用型高校自身改革发展的重要体现和大学生自我发展的实际需求。大力推进创新创业教育是服务经济结构转型和服务发展动能转换的根本需要，是实施“大众创业、万众创新”战略，实现“中国制造 2025”宏伟蓝图，打造技能强国的战略需要，也是培养应用型、创新型人才的应有之义。

---

① 中华人民共和国教育部. 关于地方本科高校转型发展的指导意见(征求意见稿)[J]. 职业技术，2015(3)：16-19.

② 2016 年 1 月 18 日习近平在省部级主要领导干部学习贯彻党的十八届五中全会精神专题研讨班上的讲话. http://cpc.people.com.cn/n1/2016/0510/c64094-28337020.html.

二、创新创业教育的内涵

(一) 创新与创新教育

创新(innovation)一词源于拉丁语“innovare”，意思是更新或创造新的东西。创新理论是美籍奥地利经济学家约瑟夫·熊彼特(Schumpeter)经济发展理论的核心内容。熊彼特在其重要著作《经济发展理论》中认为，“创新就是建立一种新的生产函数，是对生产要素的重新组合，并用创新(innovation)来解释资本主义经济发展的动因和历程”，是一种“不断地从内部来革新经济结构的一种创造性破坏过程”①，可见，创新是经济领域的一个重要概念，并逐渐扩大到其他领域。

习近平总书记非常重视创新问题，2013 年在同各界优秀青年代表座谈时强调，“创新是民族进步的灵魂，是一个国家兴旺发达的不竭源泉，也是中华民族最深厚的民族禀赋，正所谓‘苟日新，日日新，又日新’。”②特别是创新作为一种重要的发展理念提出以后，在经济社会发展的各个方面都得到了具体体现。

创新教育最早起源于 20 世纪 40 年代的美国，其主要内容是创新精神和创新能力，主要服务对象是创新型人才。创新教育不单单是教育方法变革与教育内容的改变，而是对教育功能的重新定位，是对新教育价值的追求。

1998 年，中央教育科学研究所首次明确了“创新教育”的概念，并联合各级各类教育机构、高等院校开展创新教育的实践与研究，大力推动了教育教学改革，在创新教育方面作了有益的尝试。

(二) 创业与创业教育

创业，即开创事业。《孟子·梁惠王下》云：“君子创业垂统，为可继也。”老子

① 熊彼特. 经济发展理论：对于利润、资本、信贷、利息和经济周期的考察[M]. 商务印书馆，1990: 69.

② 习近平在同各界优秀青年代表座谈时的讲话. http://www.xinhuanet.com/politics/2013-05/04/c_115639203.htm.

在《道德经》中提到，“授之以鱼不如授之以渔”，非常重视技能的传授。可见，广义上的创业语词在中国可谓历史悠久，可以追溯至先秦时期。

现代意义上的“创业”是指创业人员根据自身所拥有的各种资源条件，进行创造性地整合，并产生一定的经济效益或社会价值。创业是一个再生产的过程，推动了创新的实现。创业的核心和本质是创新，创新引领和支撑着创业。创业是一种行为上的创新，是创新的行动化和体现形式。

根据杰夫里·提蒙斯(Jeffry A.Timmons)所著的创业教育领域的经典教科书《创业创造》(New Venture Creation)的定义：“创业是一种思考、推理结合运气的行为方式，它为运气带来的机会所驱动，需要在方法上全盘考虑并拥有和谐的领导能力。”[①]美国现代管理学专家彼得·德鲁克更进一步，将创业者称为主动寻求变化、对变化作出反应并将变化视为机会的人。其《创新和创业精神》指出：“创业不是魔法，也不神秘、它与基因没有任何关系。创业是一种训练，而就像任何一种训练一样，人们可以通过学习掌握它。”[②]

一个国家在发展过程中，创业是一项重要的经济因素，也是经济发展过程中具有革命意义的重要活动。创业可以吸纳更多的劳动者就业，有利于社会经济可持续发展。创业需要理论进行指导，从而创业教育应运而生。

早在20世纪80年代初，柯林·博尔就曾提出21世纪新的教育哲学观念——未来的人具有三本“教育护照”：一本是学术性的；一本是职业性的；创业能力是继学术能力、职业能力后的第三种能力，是“第三本护照”[③]，这被公认为是“创业教育”一词的最早出场，当时将其定义为“对青年的事业心、进取心、冒险精神等的培养”，后被译为“创业教育”。

1998年，清华大学率先开展创业教育，并引入联合国劳工组织开发的“创业教

---

① Jeffry A.Timmons. New Venture Creation. Irwin MeGrawHill，1999:3.

② (美)彼得·德鲁克. 创新和创业精神[M]. 上海：上海人民出版社，2002.

③ 柯林·博尔发表于1989年末联合国教科文组织召开的面向21世纪教育国际研讨会上《学会关心：21世纪的教育：圆桌会议报告。

育系统课程”，发起创业计划大赛，在创业教育方面开展了有益探索。

创业教育旨在培养大学生的开拓精神，提高大学生的创业能力，引导大学生开展自主创业活动或商业规划活动。

（三）创新创业教育的内涵

创新创业教育是一个组合概念，包括两个方面，即创新教育和创业教育，创新教育侧重于创新意识、创新精神的培育与创新思维的开发，创业教育则注重人的价值的实现，侧重于实践能力培养；两者是一个整体，创新为体，创业为用，目标一致，服务创新实践人才培养。

创新创业教育是一种新的教育思潮，成为新世纪高等教育的一个重要组成部分。2010 年，教育部印发《关于大力推进高等学校创新创业教育和大学生自主创业工作的意见》，明确了创新创业教育的重要意义，突显了国家对创新创业教育的高度重视。时任教育部副部长陈希指出，“大力推进创新创业教育，培养一大批具有社会责任感、创业能力和创造精神，善于将创新成果转化为现实生产力的高素质人才，为建设创新型国家提供有力的人才和智力支持，促进经济发展向主要依靠科技进步、劳动者素质提高、管理创新转变，是新时期高等学校的战略任务。创新创业教育的核心是培养大学生的创新精神和创业能力，引导高等学校不断更新教育观念，改革人才培养模式、教育内容和教学方法，将人才培养、科学研究、社会服务紧密结合，实现从注重知识传授向更加重视能力和素质培养转变，提高人才培养质量。创新创业教育应面向全体大学生，结合专业教育，贯穿于人才培养全过程，将高等学校人才培养、科学研究和社会服务工作紧密联系起来，通过一定的创新创业知识传授，着力提高学生的创新精神、创业意识和创业能力，使所有大学生成为高素质创新型人才，期待一部分学生将来成为自主创业者，为社会其他就业人员提供更多的就业机会。”[①]创新创业教育成为新时期高等教育的一项重要战略任务，在高质量人才培养方面发挥了重要作用。

① 陈希. 在推进高等学校创新创业教育和促进大学生自主创业工作视频会议上的讲话[J]. 中国大学生就业，2010(6): 13-17.

1. 创新创业教育与高等教育

创新创业教育作为一种新的教育形式，它以培养更多创新创业型人才、促进社会经济发展为前提。创新创业教育与高等教育的关系是相辅相成的，教育部高等学校创业教育指导委员会副主任委员、KAB 创业教育中国研究所所长李家华指出："创新创业教育融入人才培养的战略视角就包括了两个基点：一是通过创新创业教育更好地推进高等教育自身的改革，提高教育教学质量；二是通过创新创业教育的人才培养推进创业型经济发展和创新型国家建设。认清创新创业教育融入人才培养的战略视角，对于促进我国高等学校的人才培养模式改革，促进我国经济发展方式的转变和创新型国家的建设，都具有深刻的现实意义和长远的战略意义。"①

"高等教育以提高劳动者的科技文化素质为目的，创业教育则以提高劳动者的创业意识与创业能力为目标。"②因此，大力发展创新创业教育是高等教育发展的一个重要方向，一方面推动了高等教育的发展，另一方面也大大拓展了高等教育的功能和内涵。

2. 创新创业教育与素质教育

1999 年中共中央、国务院联合发布《关于深化教育改革全面推进素质教育的决定》，指出"实施素质教育，就是全面贯彻党的教育方针，以提高国民素质为根本宗旨，以培养学生的创新精神和实践能力为重点，造就'有理想、有道德、有文化、有纪律'的、德智体美等全面发展的社会主义事业建设者和接班人。"③对如何开展素质教育进行了全面部署。素质教育基本涵盖了教育的各个方面，核心内容是关注人的发展。素质教育注重在教育过程中把人的全面发展放在中心地位，"坚持面向全

---

① 李家华，卢旭东. 把创新创业教育融入高校人才培养体系[J]. 中国高等教育，2010(12):9-11.

② 中华人民共和国教育部高等教育司.创业教育在中国：试点与实践[M]. 北京：高等教育出版社，2006: 17-18.

③ 中共中央国务院. 关于深化教育改革全面推进素质教育的决定(中发〔1999〕9 号). http://old.moe.gov.cn/publicfiles/business/htmlfiles/moe/moe_177/200407/2478.html.

体学生，为学生的全面发展创造相应的条件，依法保障适龄儿童和青少年学习的基本权利，尊重学生身心发展特点和教育规律，使学生生动活泼、积极主动地得到发展。"[①]素质教育强调"使受教育者坚持学习科学文化与加强思想修养的统一，坚持学习书本知识与投身社会实践的统一，坚持实现自身价值与服务祖国人民的统一，坚持树立远大理想与进行艰苦奋斗的统一。"[②]素质教育对传统的应试教育发起了强有力的挑战。

我国传统的应试教育存在诸多问题，而素质教育以全面提高学生素质为根本宗旨，包含了教育的各个阶段，是对应试教育的纠正。创新精神和创造能力，是素质教育的内容之一，更是创新创业教育的核心内容。可见，创新创业教育是素质教育的题中应有之义，是对素质教育的深化和具体化。

三、创新创业教育的发展历程

创新创业教育的发展大致经历了三个阶段。

(一) 起步阶段

1989 年 11 月，"面向 21 世纪教育国际研讨会"在北京召开，这次会议由联合国教科文组织主办，提出了"Enterprise Education"的概念，后被翻译成"创业教育"[③]，一般被认为中国创新创业教育的发端。

1997 年前后，清华大学、复旦大学、武汉大学、浙江大学等高校借鉴美国哈佛大学、百森商学院等学校在创新创业教育方面的实践，在培养实业家和促进民营经济发展方面，进行了一系列有益的探索实践。清华大学经济管理学院最早在国内 MBA 培养计划中设立创新与创业方向，并举办"创业计划大赛"，成为公认的我国高校创新创业教育的比较早的实践，对我国高校创新创业教育新局面的打开具有重

① 中共中央国务院. 关于深化教育改革全面推进素质教育的决定(中发〔1999〕9 号). http://old.moe.gov.cn/publicfiles/business/htmlfiles/moe/moe_177/200407/2478.html.

② 同上。

③ 李亚员，等. 中国创业教育的发端[J]. 演进与展望. 高校教育管理，2019(3)：6-14.

要意义。[①]

1998年，联合国教科文组织在巴黎总部召开“21世纪的高等教育：展望与行动”的世界高等教育大会，正式提出“创业教育”的概念。随后，我国颁布《面向21世纪教育振兴行动计划》，提出“加强对教师和学生的创业教育，采取措施鼓励他们自主创办高新技术企业。”[②]此后，我国每年举办全国性的“大学生创业大赛”，其参与的规模和范围影响之大，成为高校创新创业教育实践的重要载体。

2002年，教育部高等教育司在北京召开了普通高校创业教育试点工作座谈会，并将清华大学、上海交通大学、西北工业大学等9所高校列为我国创业教育试点院校，有步骤有层次地在这些院校进行创业教育的实践探索。[③]我国创新创业教育进入多元化发展的阶段。

2005年，共青团中央、全国青联引进KAB(Know About Business)创业教育(中国)项目。2008年，教育部联合财政部在全国设立30家创新实验区[④]。这次试点明确提出要探索创业教育人才培养新模式，要求各校因地制宜、因校而异，探索出符合自身发展的创业教育发展模式。

创新与创业教育被引入我国是与我国的国情和现实需要分不开的，尤其是近年来，经济增长速度放缓，经济发展动能从要素驱动转向创新驱动，如何通过开展创新创业教育，提升全社会创新创业能级是新时代中国发展的现实需要。

(二) 探索发展阶段

2010年教育部召开 “推进高等学校创新创业教育和大学生自主创业工作”视频会议，并印发了《关于大力推进高等学校创新创业教育和大学生自主创业工作的意

---

① 中华人民共和国教育部高等教育司. 创业教育在中国：试点与实践[M]. 北京：高等教育出版社，2006: 37-38.

② 中华人民共和国教育部：《面向21世纪教育振兴行动计划》(1998年12月24日). http://old.moe.gov.cn/publicfiles/business/htmlfiles/moe/s6986/200407/2487.html.

③ 北京中科创大创业教育投资管理有限公司. 中国与全球化智库. 中国高校创新创新教育发展蓝皮书(2016)[M]. 北京：机械工业出版社，2017:4.

④ 施永川. 我国高校创业教育十年发展历程研究[J]. 中国高教研究，2013(4): 69-73.

见》(教办〔2010〕3 号)，文件指出："在高等学校开展创新创业教育，积极鼓励高校学生自主创业，是教育系统服务于创新型国家建设的重大战略举措；是深化高等教育教学改革，培养学生创新精神和实践能力的重要途径；是落实以创业带动就业，促进高校毕业生充分就业的重要措施"。[①]创新创业教育首次以政府文件的形式出现在公众面前。随后，教育部高等学校创业教育指导委员会成立。"该教指委致力于将创新创业教育作为教育教学改革的重点内容，深化课程体系、教学内容和教学方法改革，把高校创新创业教育融入人才培养的全过程，鼓励高校从学校类型、层次、特点和所处区域的实际出发，探索形成多样化的创新创业教育模式。"[②]

2012 年，教育部印发《关于全面提高高等教育质量的若干意见》(教高(2012)4 号)，明确提出把创新创业教育贯穿人才培养全过程。同年，教育部办公厅印发《普通本科学校创业教育教学基本要求(试行)》的通知，文件指出："在普通高等学校开展创业教育，是服务国家加快转变经济发展方式、建设创新型国家和人力资源强国的战略举措，是深化高等教育教学改革、提高人才培养质量、促进大学生全面发展的重要途径，是落实以创业带动就业、促进高校毕业生充分就业的重要措施。"[③]为我国高等学校创新创业教育发展进一步指明了前进的方向。

2012 年 4 月，教育部批准了全国首个"创业管理"专科专业。同年，广东中山职业技术学院开始招生；2013 年，黑龙江职业技术学院开始招生。2013 年 9 月，第一门创业教育慕课问世，"大学生创业基础"慕课 1.0 版在超星和卓越两个在线教育平台上线，当年就有 68 所高校选择了这种新型的创业教育方式。[④]

---

① 中华人民共和国教育部. 教育部关于大力推进高等学校创新创业教育和大学生自主创业工作的意见(教办〔2010〕3 号). http://www.moe.gov.cn/srcsite/A08/s5672/201005/t20100513_120174.html.

② 施永川. 我国高校创业教育十年发展历程研究[J]. 中国高教研究，2013(4):69-73.

③ 中华人民共和国教育部. 普通本科学校创业教育教学基本要求(试行). http://old.moe.gov.cn//publicfiles/business/htmlfiles/moe/s5987/201208/140716.html.

④ 北京中科创大创业教育投资管理有限公司. 中国与全球化智库. 中国高校创新创新教育发展蓝皮书(2016)[M]. 北京：机械工业出版社，2017:7.

(三) 快速发展阶段

党的十八大以来，创新创业教育在全国遍地开花，各类高校对创新创业教育进行了各种探索，有力促进了创新创业教育的发展。

2015 年，李克强总理在政府工作报告中明确将“大众创业、万众创新”和“增加公共产品、公共服务作为驱动经济发展”的“双引擎”，明确指出“‘大众创业，万众创新’既可以扩大就业、增加居民收入，又有利于促进社会纵向流动和公平正义”，全社会要厚植创业创新文化，鼓励“个人和企业要勇于创业创新”，让人们在创造财富中更好地实现精神追求和自身价值，将“创新创业”摆在了更加突出的战略高度。①

同年，国务院印发《关于深化高等学校创新创业教育改革的实施意见》，“站在国家实施创新驱动发展战略、促进经济提质增效升级、推进高等教育综合改革、促进高校毕业生更高质量创业就业的高度，明确深化了高等学校创新创业教育改革的指导思想、基本原则和总体目标，提出了 9 项改革任务、30 条具体举措。由国务院发布文件，推进深化创新创业教育改革，标志着我国高校创新创业教育进入了政府统一领导下深入推进的新阶段。”②

2015 年 6 月，教育部召开“深化高等教育创新创业教育改革”视频会议，给出了进一步做好高校创新创业教育的关键性指导意见，提出到 2020 年建立健全课堂教学、自主学习、结合实践、指导帮扶、文化引领融为一体的高校创新创业教育体系。③

随后，在教育部高教司指导下，“中国高校创新创业教育联盟”(简称“创盟”)由清华大学牵头成立。首批联盟成员单位包括清华大学、北京大学、浙江大学、复

① 2015 年国务院政府工作报告. http://www.gov.cn/guowuyuan/2015-03/16/content_2835101.htm.

② 北京中科创大创业教育投资管理有限公司，中国与全球化智库. 中国高校创新创业教育发展蓝皮书(2016)[M]. 机械工业出版社，2017:11.

③《把创新创业教育贯穿人才培养全过程：深化高等学校创新创业教育改革视频会议召开》，http://old.moe.gov.cn/publicfiles/business/htmlfiles/moe/moe_1485/201506/188592.html.

旦大学、南京大学、上海交通大学、中国科技大学、厦门大学和南京工业职业技术学院等 137 所高校和百度、阿里巴巴、腾讯、英特尔、微软、等创新型企业以及部分事业单位和社会团体。[①]

2017 年，经教育部高教司批准，厦门大学牵头成立了“全国大学生创新创业教育实践联盟”(简称“实盟”)，同样国内顶尖知名高校都是“实盟”的成员。同时因“实盟”旨在联络各类型高校和产业界一起探索创新创业教育的实践育人之路，所以一大批应用型高校也进入其中，淮阴工学院就作为应用型高校的代表当选为副理事长单位。

2018 年，国务院颁布《关于推动创新创业高质量发展打造“双创”升级版的意见》，进一步提出创新创业驱动发展战略，社会各界正积极探索适应新时代需求的创新创业教育体制机制，我国的创新创业教育走上健康发展的快车道。

第二节　应用型高校创新创业教育存在的问题与发展路径

综合国力是一个国家国际地位的决定因素，而创新能力是一个国家综合国力的核心要素。为提高国家的综合国力，增强国家的创新能力，我国提出了建设创新型国家的目标。实施创新驱动国家战略，离不开创新人才的培养。创新创业教育作为高等教育发展的一个重要面向，倒逼高校深化教育教学和人才培养模式的改革。应用型高校以其自身贴近市场、重在应用的特征成为高等院校发展创新创业教育的先锋力量。

一、应用型高校创新创业教育存在的问题

在“大众创业、万众创新”的国家战略推动下，各高校积极开展创新创业教育，

---

① 中国高校创新创业教育联盟简介，http://www.ieeac2015.org.cn/p/index.html.

虽然取得了不少的成绩，但由于应用型高校受办学理念、办学条件等因素的影响，仍然存在诸多问题。

（一）创新创业教育体系尚未完全建立

就目前来看，许多高校仍没有建立起完整的创新创业教育体系。不少高校目前只是停留在开设部分就业创业课程，对创新创业教育体系的构建不够重视。当然，创新创业教育体系的构建是一项复杂的工程，需要从学校层面进行统一的顶层设计，不是一个职能部门或一个学院所能独立完成的。尽管如此，创新创业教育体系的构建，仍然是应用型高校在现阶段需要着重解决的问题。

（二）创新创业教育课程体系有待完善

很多应用型高校创新创业教育的开展形式大于内容，创新创业教育课程体系有待完善，创新创业教育停留在相对孤立的几门课程上，未能有效融入人才培养的全过程。从目前各高校开设创新创业课程的情况来看，创新创业教育资源明显不足，教学手段比较单一，多以知识的传授为主，没有严格地对创业教育的教育课程进行规划和安排。同时，创新创业教育教材的使用比较单一，缺少适合自己学校的教材。

（三）创新创业教育师资队伍结构不尽合理

目前，很多应用型高校缺少专业的创新创业教育教师，特别是有实际创业经验的教师，多是其他老师兼任。校内科研能力强且教学经验丰富的老师一般没有涉足创新创业教育，校外专业导师的聘任数量不足，不能满足现实的需要。

（四）创新创业实践基地利用率不高

创新创业实践基地的利用率不高，这是当前创新创业教育存在的难点之一。创新创业教育与其他教育不同，其对实践的要求比较高，建设实践基地是创新创业教育开展的重要保障。同时，创新创业教育实践基地建设的目的是让学生能够把课堂上学到的理论知识运用到实践中，但由于各种因素的限制，不少大学生创新创业实

践基地没有得到充分利用，大学生的创业实践比例偏低。

(五) 创新创业教育评价体系尚未建立

当前，创新创业教育已经在全国得到了广泛共识，应用型高校开始重视创新创业教育，开设了创新创业教育课程，积极鼓励学生参加各类创业竞赛，培养学生的创业精神，但尚未建立起科学有效的评价体系。一方面，教师教授学生创新创业技能和指导学生创业实践，没有科学合理的评价考核激励体系；另一方面，学生创新创业的能力和水平，不能仅仅用参加竞赛获奖来衡量。

一些应用型高校已经认识到这个问题，并做出改进。如对教师指导学生创新创业成果的认定，学生参加创新创业竞赛活动成果可以替换学分等。目前已初步形成了一批可复制、可推广的制度成果和经验，为深化创新创业教育奠定了坚实的基础。

二、应用型高校创新创业教育发展路径

进入新时代，在知识经济发展的大背景下，大力发展创新创业教育是应用型高校转型发展和跨越发展的现实需要和时代担当。发展创新创业教育，应用型高校需要从创新创业教育体系的构建、人才培养方案的制定、师资队伍建设、学科竞赛与创新实践、国际合作交流等方面抓紧抓好。

(一) 创新创业教育体系构建

按照“面向全体、分类施教，结合专业、强化实践，灵活学制、优化方式”的培养原则，以培育学生的创新精神、创业意识和创新创业能力为重点，构建全链条式创新创业教育体系。建设、引进一批优秀的创新创业在线优质课程。探索创新创业学分积累与转换制度实施办法；完善学生科研与竞赛成果、创新创业优秀成果代替毕业设计(论文)的机制，为学生自主化、高效化学习和个性发展提供更广阔的空间。深度拓展校外实践教育基地、创业示范基地、科技创业实习基地，为师生实训实习、科技孵化、创新创业提供综合服务；积极加强创业学院建设，更好地适应新型工业

化和创新型国家建设对高素质人才的培养要求。

(二) 人才培养方案的制定

应用型高校要重视人才培养方案的制订，首先统筹做好顶层设计，把创新创业教育融入人才培养的全过程。开设跨专业的交叉课程，建立跨学院、跨学科、跨专业交叉培养创新创业人才的新机制。实施弹性学制，放宽学生休学年限，建立创新创业学分积累与转换制度，给学生提供良好的创业条件。整合创新创业课程资源。开设创新创业教育必修课程，强化创新创业通识教育；开设创新创业教育公共选修课程，提供个性化、针对性的指导；引进创新创业教育网络课程探索线上线下混合教学。建立完善的第二课堂实践活动体系，全面提升学生双创素养。

(三) 师资队伍建设

专业人才创新创业能力的培养，不仅需要有一定学科背景和学术造诣及创新能力的教师，还必须要有能紧跟时代潮流掌握行业前沿技术，具备创新创业素养和实战能力的导师队伍。为了适应产业技术转型升级，在师资队伍建设过程中充分利用各种资源，大力从高校、科研院所、企业等单位，引进具有较强创新实践能力、丰富工程实践经验和扎实专业理论基础的“双师双能型”教师。打造一支能够将创新创业教育与素质教育、专业教育紧密融合的师资队伍。同时为了激励更多教师安心双创岗位，还要政策配套到位，将老师指导的学生专利获批和作品获奖，视同教师个人研究成果并计入职称评审、业绩考核内容。

(四) 学科竞赛与创新实践

学科竞赛对培养学生创新能力、实践能力和教育教学改革等方面都具有重要作用。全国普通高校学科竞赛排行榜是中国高校创新人才培养暨学科竞赛成果的排行榜，是由中国高等教育学会“高校竞赛评估与管理体系”专家工作组研究发布，为高校提高人才培养质量提供服务性参考信息，是检验高校创新人才培养质量的重要标准之一。

大力推进和组织学生参加中国国际“互联网+”大学生创新创业大赛、“挑战杯”

全国大学生课外学术科技作品竞赛和创业计划竞赛等创新创业大赛、学科竞赛。

“挑战杯”及全国大学生系列科技学术竞赛，是由共青团中央、中国科协、教育部和全国学联共同主办的全国性的大学生课外学术实践竞赛。自 1989 年首届竞赛举办以来，“挑战杯”系列竞赛被誉为中国大学生科技创新创业的“奥林匹克”盛会，是目前国内大学生最关注最热门的全国性竞赛，也是全国最具代表性、权威性、示范性、导向性的大学生竞赛。①

“创青春”全国大学生创业大赛是在原有“挑战杯”中国大学生创业计划竞赛的基础上，由共青团中央、教育部、人力资源社会保障部、中国科协、全国学联共同举办的全国性赛事，自 2014 年起每两年举办一次。②

首届中国“互联网+”大学生创新创业大赛总决赛 2015 年在吉林长春举行。李克强总理对大赛作出重要批示：“大学生是实施创新驱动发展战略和推进大众创业、万众创新的生力军，既要认真扎实学习、掌握更多知识，也要投身创新创业、提高实践能力。中国“互联网+”大学生创新创业大赛，紧扣国家发展战略，是促进学生全面发展的重要平台，也是推动产学研用结合的关键纽带。教育部门和广大教育工作者要认真贯彻国家决策部署，积极开展教学改革探索，把创新创业教育融入人才培养，切实增强学生的创业意识、创新精神和创造能力，厚植大众创业、万众创新土壤，为建设创新型国家提供源源不断的人才智力支撑。”③中国“互联网+”大学生创新创业大赛已成功举办 5 届，大赛已经成为覆盖全国所有高校、面向全体高校学生、影响最大的赛事活动之一。2020 年起，大赛将更名为中国国际“互联网+”大学生创新创业大赛。

除上述三个全国性创新创业大赛之外，全国各地还有各种大大小小的创新创业

---

① “挑战杯”全国大学生课外学术科技作品竞赛和中国大学生创业计划竞赛简介，http://www.tiaozhanbei.net/focus.

② 关于组织开展 2014 年“创青春”全国大学生创业大赛的通知. http://www.tiaozhanbei.net/article/15616/.

③ 新华网. 李克强对首届中国“互联网+”大学生创新创业大赛作出重要批示强调：把创新创业教育融入人才培养. http://www.jyb.cn/high/gdjyxw/201510/t20151020_640402.html.

赛事，我国的创新创业赛事已经形成了百花齐放的良好格局。

积极推动应用型人才培养与技术进步、生产方式变革和社会公共服务相适应，联合各类平台协同发力，形成并扩大优质教育资源，为应用型高校提高人才培养质量服务，为区域经济提质增效服务。一方面，打造创新创业实践平台。培育一批科技创新团队、塑造一批创新创业典型、推动一批“科创”成果转化，为个性化创新型人才的培养提供平台保障。依托创业模拟平台、大学生创业园、省级以上大学科技园和校外创新创业实践基地，探索建立学校与政府、社会、行业企业协同合作的“模拟→苗圃→孵化→转化”四位一体全程系统开放的创新创业实践平台。另一方面，全面深化科技服务平台。积极推进产教融合、校企合作，发挥各类科技平台优势，成为区域和行业的科技服务基地和技术创新基地。围绕战略新兴产业发展，开发服务中小微企业的技术研发中心和成果转化中心。

(五) 国际合作交流

为培养具有国际视野、具备国际化职业素质和就业竞争力的技术技能型人才，应用型高校要加快推进更高水平“引进来”，引入国际通用职业资格证书，引入优秀课程资源和教学标准，推进专业团队海外研修，发展基于学分互认、文凭互授等校际交流项目。通过与跨国企业合作开展现代学徒制，积极探索“双元制”育人模式本土化的实践。鼓励学生参与国际技能和创新创业大赛，积极拓展更大步伐“走出去”，服务国家“一带一路”倡议。同时，积极搭建留学生创新创业平台，为其提供创新创业信息和政策支持。

除上述几个方面外，应用型高校还应积极为大学生创新创业提供政策支持。学校积极为大学生搭建创新创业平台，建立标准的自主创业实践场地，供有意向创业的大学生免费使用。对于具有投资项目和创业意向的大学生，进行政策的咨询和解答，帮助大学生解决在创业过程中出现的难题。按照国家大学生创新创业训练计划要求，鼓励大学生申报创新创业训练计划项目。设立大学生创新创业立项扶持基金，解决项目初期资金问题。积极鼓励和发展校内创业基地，为大学生创业提供专业技术指导和实践场所。

第三节　应用型高校创新创业教育实践

针对目前存在的主要问题，如何强化创新创业教育的实践环节是应用型高校进一步推进创新创业教育亟待解决的重点和难点问题。不少应用型高校纷纷进行了探索，初步形成了一批可复制、可推广的制度成果和经验，这为深化创新创业教育奠定了坚实的基础。

一、应用型本科高校创新创业教育的探索

应用型本科高校是区域经济社会发展的应用型人才培养基地，创新创业教育的根本目的是服务于人才培养，提升人才培养质量。培养大量具有创新精神的高素质应用型人才，是我国经济新一轮增长的动力，也是地方经济发展的支撑。因而，应用型本科高校应顺应时代发展潮流，深化教育教学改革，大力开展创新创业教育，全面提升大学生的创业实践能力和创业竞争力，更好地为社会输送大量的创新创业人才，以不断满足区域经济社会发展的实际需要。当前应用型本科院校转型发展的核心问题在于如何突破单纯以“学科逻辑”为主导的创新人才培养模式，淮阴工学院在这方面做了有益的探索。

一是创新基于“需求逻辑”的创新人才培养模式。淮阴工学院设立以专业学院为主体的产教融合实验区，遵循的是“需求逻辑”，即根据产业集聚所产生的实际需求来设立。通过构建一种新型组织，推进学校与政府、高校、企业、科研院所等深度合作，把企业需求引进校园，实施校企一体化教学，形成以区域产业发展与人才培养良性互动的利益共同体，从而有效提升人才培养与产业需求的契合度，实现产业链、创新链与专业链、课程链的对接。

二是设置便于“三群对接”的模块化特色课程。以专业群对接产业群，以课程群对接专业群，突出与区域产业对接的工程实践能力与创新创业能力培养，搭建专

业与产业对接、课程内容与岗位能力匹配、教学过程与生产过程融合的“平台+特色模块”课程体系。依托专业学院平台优势，选择“百门课程”面向企业招标，校企共组课程建设团队、共同确定教学内容、共同编写系列教材、共建精品线上课程。校企共同营造学生实践教学环境，让学生在真实的生产环境中学习，实施“教学做研”一体化教学，实现教学与生产，理论与实践紧密结合，做到知识学习、能力训练、素质培养三位一体贯穿教学全过程。

三是开辟利于创新创业队伍建设的多元路径。通过实施“引育并举、四化工程”，不断提升师资队伍工程实践能力和教学科研水平。修订人才引进标准，拓宽人才引进渠道，推进海外境外人才引进、定制式人才引进、项目合约人才引进等多元引进模式，双师型队伍的博士化率翻了一番。建立海外教师培养基地，选送教师赴国外、境外大学攻读博士学位，提升双师型队伍的国际化水平。以产教融合基地和实习基地为纽带，选送教师到企业培训、挂职和实践锻炼，开展产业教授推荐评聘和双师型教师资格认定工作，打造了一批由学校骨干教师和行业企业专家组成的双师双能型教学团队，有力保障了应用创新人才培养质量的提升。

淮阴工学院办学60多年来，始终坚持应用型办学定位，坚持立德树人根本任务，主动适应地方经济发展需求，着力培养具有创新创业能力的高素质应用型人才。在“大众创业、万众创新”的背景下，学校经过多年探索与实践，逐步确立了全覆盖(本科专业全覆盖)、全链条(人才培养全过程)、全方位(校内校外全方位协同)、全受益(全体学生受益)的“四全”理念，构建了创新创业教育三大体系和多元协同育人平台，形成了符合自身实际和有特色的地方应用型高校创新创业教育模式，学校创新创业教育成果逐步突显，育人成效日益显著。

学校2009年获批“江苏省大学生创业教育示范校”，2014年获批“江苏省大学生创业示范基地”，连续多次被表彰为“江苏省毕业生就业工作先进集体”，2016年学校被国务院台办授予“海峡两岸青年就业创业示范点”，2017年被江苏省教育厅认定为2017—2020年度“江苏省大学生创新创业示范基地”，2018年成为全国大学生创新创业实践联盟副理事长单位、中国高校创新创业教育联盟理事单位，入选中国

高校创新创业“百城千校”计划首批试点高校，创新创业研究中心获批江苏高校哲学社会科学重点建设基地。

（一）做好顶层设计，广泛凝聚共识，形成改革合力

学校出台《深化创新创业教育改革实施意见》等一系列文件，成立创新创业学院，进一步将创新创业工作纳入全校发展总体格局，在顶层设计上明确校院两级管理，进一步明确各职能部门任务分工，在学校创新创业教育领导小组的指导下，进一步完善学校创新创业教育工作机制、评价体系和激励机制，形成由创新创业学院统筹，教务处、团委、学工处、科技处、招就处等部门各司其职、各履其责，各二级学院协同参与的“院校联动、部门协同”的双创教育协同机制。

（二）“党建+”引领创新创业，实施“五大工程”，构建全链条创新创业教育生态系统

坚持党建引领，牢固树立“党建+创新创业”的工作理念，着力搭建创新创业服务平台，激发大学生创新创业活力。

实施“优师优课工程”，构建双创课程体系。第一层，面向全体学生开展创新创业知识普及教育，开设“创新创业基础”课程和10余门创新创业文化素质课程；第二层，以学科竞赛和创新创业项目为载体，开设“电子设计”“计算机程序设计”“数学建模”“互联网+”等30余门“理论类、实务类和实践类”特色课程；第三层，以创造发明和科研能力为载体，开设“发明与专利”“知识产权”“科技论文写作”等“能力、创新和实践类”创新课程；第四层，以创业培训(SYB)为载体，与市人社局共同开设“创业培训”等校地合作课程。

实施“品牌项目工程”，搭建双创实践体系。结合国家、省级学科竞赛活动，以学科竞赛为牵引，搭建“学训赛创、四维联动”的学科竞赛实践体系；以国家级大学生创新创业训练计划为抓手，构建以“大创计划”为塔基、“互联网+”大赛为塔尖的创新创业赛训体系；实施“一院一品”工程，逐年加大资金投入，聚焦重要赛事，推进学科竞赛与平台、团队、课程建设深度融合，打造精品学科竞赛、一流双

创平台、高素质双创团队、特色双创课程，在“互联网+”大赛、“挑战杯”“创青春”、数学建模、电子竞赛等重要赛事中国家级获奖比例大幅提升，2018年全国普通高校学科竞赛排行榜当年状态数据排名全国第197位，创新创业项目连续多年入选全国、全省大创成果展，获得省级“十大最具潜力创业项目”等荣誉称号，涌现出一批创新创业典型项目。近三年，学生创新创业竞赛获省级以上奖项4760余人次，获“创青春”国赛金奖1项、铜奖1项，获“挑战杯”国赛三等奖3项，获“互联网+”省赛二等奖4项、三等奖6项，获全国大学生数学建模比赛一等奖3项，获全国大学生节能减排社会实践与科技竞赛二、三等奖各1项，全国大学生电子设计竞赛二等奖1项等。

实施“平台提升工程”，打造协同育人平台。第一层，加强专业教育实验室建设，促进专业教育实验室与学科竞赛、创新创业教育的深度融合，解决创新创业教育与专业教育结合不紧、与创新实践脱节的瓶颈问题；第二层，以学科竞赛为载体，打造特色创新工作室，提升学生的创新实践能力；第三层，以国家大学科技园和创业孵化基地为依托，构建“种子→破土→孵化→产品”的链条式学生创业服务平台；第四层，依托创新创业学院、翔宇学院，建成集教学区、创新区、孵化区、成果展区、路演厅、导师工作室、台籍教师工作室等功能于一体的开放共享创新平台；第五层，积极吸引社会资源和海内外优质教育资源投入学校创新创业教育，加强与地方政府、企事业单位、高等学校、科研院所、创新创业团队与机构的合作，创新协同育人机制，打造协同育人平台，多渠道、多形式培养学生的创新创业精神和创造能力。与市政府共建淮安创新创业学院，与山香教育等投资机构共建战略合作平台，与淮安智慧谷、淮安软件园、淮安德弘科技有限公司、淮安青笋众创企业管理有限公司等单位共建创新创业实践基地。

实施“导师培育工程”，强化双创师资团队建设。建立由校内导师、双创教育专家、行业专家、企业家、优秀校友、投资人等多个层面组成的创新创业导师队伍，积极组织和输送高校教师参加大学生创新创业教育培训，建立并不断扩充创新创业导师库。通过“选、挂、引、聘”的方式，培育一支数量充足、高素质的创新创业

导师队伍，建立创新创业导师选聘培养、专业发展和能力提升、锻炼培育成长的长效机制，推动大学生创新创业教育的深入开展。

实施“文化建设工程”，营造双创浓厚氛围。建设创新创业学院网站，通过开设专栏、政策宣讲，印发创新创业教育工作简报和《翔宇创客》校内刊物，举办创业论坛、翔宇沙龙等专题活动，立体化、全方位宣传、动员和激发广大师生广泛关注，营造浓厚的创新创业文化氛围。

(三) 深入实施“创新精英人才培养计划”，探索拔尖创新人才培养机制

1. 选好苗子，筑双创教育之基。

对于拔尖创新人才培养而言，选好苗子至关重要。优化选拔办法，不将学生的高考成绩作为唯一的录取标准，建立多元录取机制，注重考察学生的科学理想、综合能力、学术兴趣和发展潜质，实行动态进出机制，将最适合的学生选入计划进行培养。

2. 聚集资源，沃双创教育之土。

坚持立德树人根本任务，以实施“六卓越一拔尖”计划2.0为牵引，深化创新人才培养模式改革，充分发挥高水平学科和品牌专业在拔尖创新人才培养上的优势作用，推进政产学研协同育人，培养一流本科人才。做好创新创业学院、翔宇学院顶层设计，建成集教学区、创新区、成果展区、研讨室、报告厅、师生工作室等功能于一体的开放共享创新平台。

3. 提升能力，营双创教育之境。

深耕第一课堂，实行小班化教学，推行探究式、翻转课堂、对分课堂等教学方法改革，将科学素养和创新实践能力培养引入教学过程，使创新教育与专业教育深度融合，充分调动学生自主学习的积极性，着力培养学生思考、探究和创新能力。

4. 注重实战，导双创教育之向。

推进以创新质量和过程为导向的拔尖创新人才评价体系，形成更好的激发和挖掘学生内在发展潜力的激励机制。在人才评价中注重过程性评价，从学生的选拔到

培养，始终将学生逻辑思维的发展、创新能力的提高等软指标纳入到评价中去。通过绩效评价的开展，更好地促进学生的学习与发展，为进一步深化教育教学改革提供依据和实践支撑。

(四) 搭建两岸双创平台，促进苏台教育融合

淮阴工学院作为国家级“海峡两岸青年就业创业示范点”，始终坚持创新人才的培养，以服务地方发展、服务国家需要为己任，持续为在淮的台资台企提供智力服务，为苏台教育交流以及两岸青年的融合发展积极打造平台。学校在台商学院的基础上成立了“台创学院”及“苏台高校青年创新创业联盟”，为两岸经济社会发展提供更强的智力支持和人才保障，为两岸青年创新创业和教育交流做出更多积极的贡献。

“台创学院”及“苏台高校青年创新创业联盟”围绕学生双创能力培养、双创服务体系建设、双创平台打造、双创项目培育等 6 个方面开展工作，着力打造融两岸高校联合研发、科技推广、信息交流、项目孵化、管理服务、创业指导和学生实习交流于一体的创新创业综合服务平台。旨在更好地为两岸高校创新创业人才培养、创新创业项目跨区域发展，以及两岸科技创新合作、科技成果转化与青年创新创业做好服务，吸引更多台湾青年来江苏发展，积极打造淮安地区两岸青年创新创业品牌，为两岸青年交流合作画出更大同心圆。

二、高职院校创新创业教育的探索

以南京工业职业技术学院(本科)为例，该校的前身是黄炎培先生创建于 1918 年的中华职业学校——我国第一所以“职业”冠名的学校。学校持续健全“分层分类、做学合一、双创融合”创新创业人才培养模式，深化教育教学改革，将创新创业能力培养列为人才培养的重中之重、融入人才培养全过程，激发学生创新活力、挖掘创新潜能、致力于创新精神和创业意识成为每一个学生的共同品质。基于这一人才培养定位，学校将创新创业教育提到前所未有的高度，使创新创业不仅成为人才培养的“关键词”，而且成为学校教育教学改革的“引领者”，贯穿到校企合作、科技

创新、师资队伍建设、国际交流等学校工作的诸多方面。

全面推进大学生创新创业教育工作，构建包含创业理念、创业模式、创业课程、创业文化、创业实践、创业管理“六位一体”的创业教育体系，打造以“模拟→苗圃→孵化→转化”为主要内容的创业实践平台。

(一) “全面发展、实践主导、与时俱进”的创业教育理念

理念是行动的先导。创业教育应当以实践活动为载体，终极目的是促进人的全面发展。基于此，创业教育理念是：以创新、创造、创业教育为主线，以创业意识、创业素质和创业能力培养为重点，以实践活动为载体，以全面提高学生综合素质和促进学生充分就业为落脚点。

1. 创业教育的目的是促进人的全面发展

人的全面发展是当前构建社会主义和谐社会的重要内容。创业教育就是培养人的创业意识和创业精神，培养人的德、智、体、美、劳综合素质，激发人的主动性、自觉性和创造性，其目的就在于促进人的全面发展。加强创业教育，鼓励和支持大学生创新创业，对于加强大学生能力培养、引导大学生全面发展、提高人才培养质量具有不可替代的重要作用。

2. 创业教育的本质是一种素质教育

创业教育是主体性教育与全面素质教育相结合的教育形式，是以创业意识、创造能力培养为核心，以创新精神和实践能力培养为重点的素质教育，可以培养学生的企业家精神、系统思维能力、较强的沟通能力、更好的执行能力。创业教育体现了素质教育的新方向和新要求，是素质教育的新领域和新拓展，能够使素质教育更加明确、更加具体、更加与时俱进。因此，创业教育的实质是一种素质教育，其现实意义在于使大学生创新精神、创业意识和创造能力的获得根植于素质教育之中。

3. 创业教育应当以实践活动为载体

创业教育是实践性很强的社会活动，更强调从创业实践中学习知识，强调边干边学，强调创新能力和操作能力的培养。创业教育离不开实践育人，在创业教育中

开展实践活动，增加实践教学的环节，对当代大学生而言，具有极其重要的意义。因此，学校积极搭建实践育人载体，强化实践育人措施，真正把实践育人作为加强创业教育的切入点和突破口。组织开展灵活多样的创业实践活动，让学生在实践中更加直接地接触社会，更加深入地认识社会，更加全面地了解实际，从而更加具体、全面、深刻地认识自己。

4. 创业教育是促进就业的新战略

2020年，全国预计有874万高校毕业生面临就业，“就业难”的现象凸显。一直以来，创业教育在促进大学生充分就业中具有战略性作用，建立大学生自主创业的造血机制，以创办企业为主导方向的自我聘用的就业模式，将成为毕业生实现充分就业的新模式。自主创业不仅能解决学生自己的就业问题，也为他人提供就业岗位，大学毕业生不应仅仅成为现有就业机会的拥有者，而且应成为更多就业机会的创造者。加强创业教育，引导学生转变就业观念，着力培养学生的创新精神、创业意识和创造能力，对于提高就业率和就业质量，具有非常重要的意义。

(二)“全方位、全过程、互动式”的创业教育模式

在以上创业教育理念的指导下，学校创建了一套适合自身办学特点的创业教育模式：各个部门联动，理论实践并重，课内课外互动的“全方位、全过程、互动式”的创业教育模式(见图8-1)。

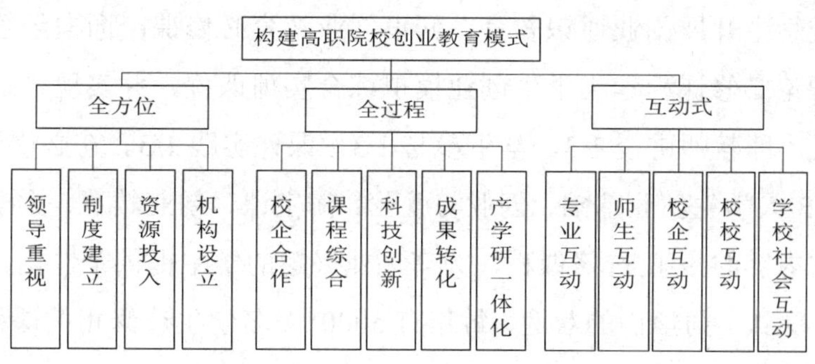

图8-1　创业教育模式示意图

设立专门的创业教育组织机构，并建立相关制度、投入资源；校企合作共同开发创业教育课程，广泛采用项目引导、启发教学、任务驱动、讨论教学、案例教学、现场教学、模拟训练、命题式教学等多种教学形式；鼓励科技创新和成果转化，通过创业园、创业大赛、创业论坛、技能大赛、社会实践、创业讲座、顶岗实习、职业素养培训等多种形式提升学生创业意识、创业素质和创业能力。同时，不断加强专业互动、师生互动、校企互动、校际互动、学校与社会互动，实现各要素深度融合、互惠多赢，促进大学生就业创业能力和综合素质的全面提升。

(三)“点、线、面结合”的创业教育教学体系

根据大学生创业教育的特点，学校依照必修与选修、全面指导与分类指导、通识教育与系统教育“三结合”原则，全面实施创业教育。

1. 成立创业教育教学团队

学校高度重视创业师资队伍建设，建立了由6名专任教师和80名兼职教师组成的创业教育教学团队，专门负责创业教育教学、课程建设、实践指导、理论研究等。此外，还聘请了创业项目评审专家7名，创业项目指导老师22名，创业指导顾问6名(由创业成功校友、政府主管部门领导、工商管理人员、税务管理人员、律师组成)。依托这支专业的队伍，普及创业知识，指导学生创业。

2. 开设多形式、多层次的创业课程

面向全校学生开展创业通识教育，开设创业教育必修课；面向经管类学生，开设创业教育理论必修课程和大学生创业模拟综合实训课程，并实现“三三制”创业教育教学模式，即教师讲授1/3，学生参与1/3，课外实践1/3。在必修课的基础上，全校开设KAB大学生创业基础、创业与就业、淘宝课、创业教育、大学生创业实习网等不同层次内容的9门选修课程，为有创业兴趣的学生提供个性化、针对性的指导，这些课程受到了同学们的欢迎，每年有5000多名学生选修相关课程，开阔了学生的视野。

3. 加强政校企合作，提供专项培训

学校与南京市人力资源和社会保障局、栖霞区人力资源和社会保障局以及阿里巴巴网站合作开设了电子商务、KAB、SYB、IYB 等创业培训班，主要围绕“创业者的精神”“什么是企业”“你适合创办什么样的企业”“企业风险”等内容，对学生进行强化培训，培训合格的同学取得劳动部门颁发的培训证书。政校企联合开设这样的培训班，不但可以引入企业文化，共享企业教育资源，更能让学生直接接受来自企业的实践培训，实现教学与就业创业的零距离。

(四)“睿智创新，激情创业”的创业文化氛围

学校以创业教育课程为基础，依托学生社团，以创新创业大赛为动力，融合学生的创新技能与创新实践，营造“睿智创新，激情创业”的校园创新创业文化。

1. 成立创新创业协会，点燃创业激情

以学生社团为依托，开展丰富多彩的活动，是促进校园创业文化氛围形成的有效方式。学校不仅有校级创业社团 KAB 创业俱乐部，还在各二级学院设立了学生创新创业协会，开展了“技能 360”“与优秀校友面对面”“唱出创业梦想”“KAB 创业俱乐部快乐周”“创业论坛”“新生创新创业精神培训月”等一系列在学校影响较大、形式多样的创业活动。据统计，半数以上在校生参加了相关社团活动，营造了良好的创业氛围。

2. 举办创新创业大赛，提升学生创业能力

学校积极扶持科技创新与竞赛项目，鼓励学生参加各类创业、创新赛事，如：组织学生参加全国大学生“挑战杯”创业计划大赛、全国职业院校技能大赛、全国高职高专“发明杯”创新创业大赛、全国设计艺术大奖赛等全国性重要赛事，成绩显著。近 3 年来，学生参加相关竞赛共获省级以上奖项 189 个，其中国家级奖项 147 个。

3. 开展创业教育系列活动，激发学生创业热情

学校高度重视各类创新创业主题活动的开展，充分调动多方资源，开展了大量

丰富多彩的主题活动，如："我与祖国共奋进——创业者的足迹"青年创业典型宣讲交流活动、南京市"创业导师进校园""企业家进校园"活动等，激发了学生的创新创业热情。

4. 建立创业宣传平台，强化学生创业意识

为更好地营造创业文化氛围，宣传创业政策，学校建立了"创业教育网站、创业宣传橱窗、学生公寓创业教育宣传栏、短信平台"等多渠道创业宣传平台，并利用网站、报纸、公众号等媒体做好宣传。同时，还印制了大量简易宣传小册，通过各种渠道向学生发放，以便学生了解创业知识；编印了创业典型案例汇编并举办创业事迹巡展，宣传创业典型，树立创业榜样。

(五) "模拟→苗圃→孵化→转化"的创业实践平台

学校依托中国创业实习网、大学生创业园、大学科技园和校外创业实践基地，构建了"模拟→苗圃→孵化→转化"全程开放的创业实践平台。

1. 依托中国创业实习网，构建创业模拟平台

为提高学生创业兴趣，将课堂教育与网络模拟相结合，依托"中国创业实习网"，构建了创业模拟平台。学生通过模拟公司运营，熟悉创业流程，在技能实训中学习管理，在仿真实战中学习经营。每年通过模拟平台进行创业模拟的学生超1000多人次，模拟平台让学生学到课堂上学不到的知识，处理从未处理过的问题，真正做到了知行合一，取得了非常好的教育效果。

2. 依托大学生创业园，构建创业苗圃平台

学校专门设立大学生创业园，用于扶持大学生自主创业。创业园呈现全真环境、全真管理、全程扶持三个特点。"全真环境"，即创业园与市场环境融为一体；"全真管理"，即创业园由招生就业处、资产经营公司共同管理，为学生提供全真的管理环境；"全程扶持"，即创业园学生在园区通过苗圃基地学习，成功后可直接转入学校科技园运营。学校对入园项目坚持"专业结合，团队创业，可孵化"的原则，已安排30余个项目入驻，参与创业实践学生近千人，近半数创业项目团队通过实践实现

成功创业。

3. 依托大学科技园，构建项目孵化平台

为帮助创业园中优秀项目成功孵化，学校依托大学科技园，构建创业孵化平台，对学生进行创业帮扶。南工院大学科技园是江苏首家在高职院校设立的省级大学科技园，园区占地2.26万平方米，建筑面积3.3万平方米，其中专辟2160平方米用于大学生创业项目孵化，为大学生创业提供优惠条件，促进大学生创业，目前已有完成工商注册的15个大学生创业项目在园孵化，经营运作状况良好。

4. 依托校外见习基地，打造创业转化平台

学校在大学科技园的基础上，与江苏省大学生创业园、南京市大学生创业园、秦淮区就业创业园和栖霞金港科技创业中心等建立合作关系，并在228家企业建立创业见习基地，创建校外创业实习实践平台，为学生提供创业实习服务。

(六) “全程信息化”的创业教育管理系统

为真正实现多部门、多环节、全过程的良性互动，学校与企业共同开发了具有校企合作特色的创业教育管理系统。学校作为联合开发方，拥有系统的部分知识产权，已申报国家版权局的软件著作权证书。该系统是集学习、管理、服务、交流于一体的创业教育管理全程信息化平台，有新闻中心、教务教学、教学资源库、创业社团、创业大赛、创业活动、创业园、创业成果展示等8个模块，实现了创业教育教学、实践和管理的一体化与信息化，极大地提高了创业教育管理的科学性和时效性，提升了学校的创业教育工作水平。

“六位一体”的创业教育体系的推行，实现了“学生创新创业能力显著提高、创业典型数量提高、创业理论研究水平提高、学生创业就业教育认可度高”的可喜成效。创新创业竞赛成绩显著，先后荣获省级以上奖项30余项，其中国家级一等奖7个；科技创新与竞赛项目硕果累累，先后荣获大学生科技创新与竞赛项目省级以上奖项近200个；“发明杯”创新创业大赛连获佳绩，在全国历届高职高专“发明杯”创新创业大赛中屡获大奖，其中一等奖获奖数遥遥领先，成为获奖类别最广、获奖

率最高、获一等奖数量最多的参赛院校；学生专利申请和授予数量屡创新高。根据麦可思数据调查显示，毕业生毕业半年后的自主创业率为 3.7%，涌现出一大批创业典型。

南京工业职业技术学院(本科)在实践中不断探索，提升了社会服务贡献能力，实现了“双创平台助力产业升级、双创典型引领时代风尚、双创联盟辐射高职战线、双创团队服务社区园区、双创成果实现社会价值、双创人才助推经济发展”的可喜成效。

双创平台助力产业升级。学校创新创业教育实践平台已成为科技企业孵化、中小微企业技术服务的重要基地，成为助力区域产业提档升级的有生力量。一是与深圳金蝶集团合作共建省级大学科技园，形成以软件研发、电子商务、物联网技术等为主导产业、特色鲜明的区域研发与产业集群。现已有 107 家入驻企业，为社会提供近 3000 个就业岗位；孵化了 30 多家大学生创业企业，建成了 E 创空间等众多省级众创空间，为创业者提供了一条龙的创业孵化与指导服务。二是建立江苏省风力发电工程技术协同创新中心、江苏省精密制造工程技术研发中心、江苏省智能传感工程技术研发中心等科研平台，深化了产学研合作，为行业企业特别是中小微企业生产技术升级改造等提供了实际支持和服务。三是与技术型企业、生产型企业结成技术人才培养联盟，共同实施学生的培养与教学，增强了学校产教融合人才培养水平，为相关产业培育了大量高素质技术技能人才。

双创典型引领时代风尚。近年来，学校涌现出一大批高素质创新创业学生典型，其先进事迹为高职生正名，为高职教育提供了诸多“正能量”、营造了良好发展环境。被《光明日报》专版报道，称为“高职院科创达人”的云曙先在校期间申报了 16 项发明专利和实用新型专利，通过自主创业将系列智能环保产品推向市场，实现年产值 7200 万元。机器人研发奇才王陈正志应邀加入深圳柴火创客空间 Ai.Frame 团队，成为青年创客代表向李克强总理等国家领导人介绍创客经验。“科创学霸”张伟荣获全国“挑战杯”创新创业创效大赛一等奖。近年来，学校获得国家、省级各类竞赛表彰或被授予国家、省级各类荣誉的学生超过 200 人次/年，其中 65% 以上的获奖同学具有创新创业实践成果。

双创联盟辐射高职战线。学校是中国高校创新创业教育联盟副理事长单位、全国高等职业院校创新创业教育联盟理事长单位。联盟成立以来，联合各成员高校及相关企事业单位，举办了“创新创业教育论坛”“高职院校大学生创新创业作品展”等诸多活动，出版了全国高职院校创新创业教育优秀成果汇编等资料；围绕创新创业热点、难点问题开展研究，发挥智囊智库作用，为政府推动高等职业院校创新创业教育改革建言献策。联盟现已成为全国高职院校创新创业教育的学习交流平台、政策服务平台、技能提升平台、校企对接平台和人才汇聚平台。

双创团队服务社区园区。一是开展科技类社团社区志愿服务。充分发挥社团科技人才、技术能手集中的优势，定期在校外社区举办“小家电义务维修”“计算机义务维修”等志愿服务。近三年，平均每年举办志愿服务活动 200 余场，参与学生达 4000 余人次。2014 年，电子科技协会“小家电义务维修进社区”项目荣获“江苏省优秀青年志愿服务项目”，计算机协会荣获“江苏省青年志愿服务事业贡献奖”。二是加强面向社区、园区的技术技能人才培训。充分发挥学校的师资优势、专业优势、实习实训基地优势，面向社区、园区大力开展职工继续教育、专业培训和职业技能培训，将学校打造成为区域性培训服务中心。

双创成果实现社会价值。2012 年以来，学校教师学生申请和授权专利呈现井喷式增长，其中多功能晾衣架、捡球器等 50 余项学生专利产品与学校签订了知识产权分成协议；40 余项学生专利产品先行在大学科技园借助创业项目率先推广与应用。学生每年自主创业项目中，60% 以上的项目为专业技术依托型项目，学生创新成果得到社会的关注和媒体的报道，并吸引到众多投资。2016 年学校被世界职教院校联盟(WFCP)授予了“应用研究与创新”卓越金奖，为中国职教在世界范围内赢得了声誉。

双创人才助推经济发展。学校招生“进口旺”，高考录取分数线连续 10 年超过本科线。就业“出口畅”，毕业生就业率高、就业单位层次高，用人单位对毕业生满意度达 97% 以上，毕业生一年后月收入远高于全国同类院校平均水平。学校连续 10

余年被评为“江苏省高校毕业生就业工作先进集体”，获评教育部“全国就业典型经验 50 强高校”。

创新创业教育作为一种新的教育理念和教育模式，旨在培养学生的创新创业思维、创新创业精神、创新创业意识和创新创业能力，是应用型高校内涵发展、转型提升的重要路径，是应用型高校服务国家创新驱动战略的重要方式。我国创新创业教育走过了将近 30 年的历程，应用型高校作为新时代高等教育的重要组成部分在创新创业教育方面进行了有益的探索和实践，既是应用型高校响应国家创新驱动发展战略的重要举措，也是应用型高校实现人才培养提质增效的应有之义。对于应用型高校来说，创新创业教育要坚持的指导思想是以创新教育引领创业活动，以创业实践带动社会就业。因此创新教育是基础，是根本。

第九章　应用型高校的国际交流与合作

随着全球化进程的不断推进与深入，很多高校都在积极推动国际交流与合作，并且通过这种方式来提高学校的办学实力和办学水平。高等学校的国际交流与合作是“跨越国界、民族和文化的交流与合作，它涵盖了教师互访、学生互换、中外合作办学、国际合作研究，以及参加和举办国际学术会议、国际教育资源的互补和援助等方面”。[①]我国应用型高校通过与国(境)外高校合作，引进优质教育资源，扩大跨文化交流，培养应用型人才的国际化视野，培养高素质技术技能型的国际化人才。

第一节　应用型高校国际交流与合作的提出

2010 年 5 月，《国家中长期教育改革与发展纲要(2010—2020)》(简称《纲要》)经国务院常务会议审议并通过。《纲要》明确提出“扩大教育开放，加强国际交流与合作，引进优质教育资源，提高交流合作水平”。[②]在国家政策引导之下，很多应用型高校都将国际交流与合作作为学校一项重要职能，与国(境)外高校开展广泛深入合作，在师资队伍、教材建设、课程开发、人才培养等方面与国际接轨，追求人才培养模式的国际化和教育质量国际化，培养出在文化、知识、技能等方面都具有国际竞争力的优秀人才，从而更好地为经济全球化和“一带一路”倡议服务。

---

① 薛秀珍. 高等学校“第四职能”述评[J]. 清华大学教育研究，2005(03): 104-108.

② 郭秀晶. 来京留学高等教育发展的新起点与新挑战[J]. 北京教育(高教)，2013(Z1): 100-102.

一、应用型高校国际交流与合作的背景

(一) 教育全球化进程的深入

以信息技术进步为标志的“高新技术迅猛发展，打破了国界限制，使得世界融为一体”。[①]美国当代教育家阿特巴赫(P. G. Altbach)将“全球化”定义为“一个由更加一体化的世界经济、信息及通讯技术、国际知识网络的出现、英语所起的作用，以及学术机构控制之外的其他力量共同塑造的现实”。[②]

全球化是历史进程中不可逆转的发展趋势，它对教育的发展产生了深远的影响，推动了教育国际化发展。“教育国际化是全球化在教育领域的具体体现，是全球化影响教育的具体结果，也是教育适应全球化趋势的必然选择。本质上是对外开放本地教育系统，面向国际社会，进行教育要素的跨境配置以及教育过程的跨境重构；通过国际合作途径与模式，培养具有国际视野、人类意识和国际事务能力的国际化高端人才”。[③]

(二) 应用型高校发展的需要

从西方发达国家高校发展的经验来看，国际交流与合作是建设世界一流大学的基本特征。应用型高校作为高校系统的重要板块，通过走国际化道路、提升办学质量和水平显然是题中应有之义。其实早在1983年，邓小平同志就提出“教育要面向世界，和世界接轨”的重要方针和讲话。2010年6月，国务院颁布的《国家中长期教育改革和发展规划纲要(2010—2020 年)》将教育国际化正式提升至国家政策的高度，体现了教育领域把国际化作为提升人才培养质量、科技创新水平和国家综合竞争力的国家意志。

2013年9月25日，习近平主席在联合国“教育第一”全球倡议行动一周年纪念

① 邹美旸. 浅谈高等教育国际化背景下高校的国际交流工作[J]. 科技创新导报，2011(09): 200-201.

② 联合国教科文组织. 反思教育：向“全球共同利益”的理念转变？[M]. 北京：教育科学出版社，2017: 30.

③ 朱兴德. 教育国际化及其最新发展[J]. 中国高等教育，2014(11): 68-71.

活动上提出要“加强同世界各国的教育交流，扩大教育对外开放”。①2015 年 11 月，国务院印发《统筹推进世界一流大学和一流学科建设总体方案》(简称“双一流”)；2016 年 4 月，中共中央办公厅、国务院办公厅联合印发《关于做好新时期教育对外开放工作的若干意见》，明确指出实施高等教育国际化战略是我国高校加强对外开放、建设高水平大学的必由之路，是高校提升国际竞争力和话语权的必然选择。

(三) “一带一路”倡议

2013 年 9 月和 10 月，国家主席习近平在先后访问哈萨克斯坦和印度尼西亚的演讲中提出了共同发展的基本目标，并且创造性地提出了共同建设“丝绸之路经济带”和“21 世纪海上丝绸之路”的重大倡议，简称为“一带一路”。② 2014 年 11 月 4 日，习近平总书记在中央财经领导小组会议上强调“以经济合作发展和人文交流作为基本核心，加强文化合作和交流，集中力量推进我国同沿线国家教育学术旅游文化等人文交流”③，充分说明了教育人文交流在“一带一路”倡议中的重要作用。2015 年 3 月 25 日，《推动共建丝绸之路经济带和 21 世纪海上丝绸之路的愿景与行动》由国家发改委、外交部、商务部联合发布，文中明确指出，要“广泛开展文化交流、学术往来、人才交流合作……”，提出“扩大相互间留学生规模，开展合作办学……深化沿线国家间人才交流合作”④等具体举措。

“一带一路”倡议的提出，反映了中国积极推进世界各国文化互通与交融的梦想和愿景，“加速了与世界融合的步伐，成为我国新时期对外开放战略部署的核心内容，奠定了对外战略的总格局。‘一带一路’作为中国首倡、高层推动的国家倡议，

---

① 中央政府门户网站. 习近平发表贺词：中国将加强同世界各国的教育交流. http://www.gov.cn/ldhd/2013-09/26/content_2495491.htm

②“一带一路”大事记[J].大陆桥视野，2015(1):1-1.

③ 习近平主持召开中央财经领导小组第八次会议. http://www.chinanews.com/shipin/2014/11-06/news520207.shtml

④ 国家发展改革委员会，商务部，外交部. 推动共建丝绸之路经济带和 21 世纪海上丝绸之路的愿景与行动. http: / /news.xinhuanet.com/world /2015-03 /28 /c _1114793986. htm.

对我国现代化建设和经济社会发展具有深远的战略意义”。[①]“一带一路”发展的基本任务是促进交流、发展贸易、资金互助和设施联通，这些都必须要有高等教育的全方位支持。

应用型高校应抓住历史机遇，以“一带一路”倡议为指引，与“一带一路”沿线各国及地区普遍开展教育层面的交流与合作。新的机遇带来了更高的要求和更多的挑战，积极服务中国企业走出去，提升应用型教育国际化；培养全球能力的人才，搭建并完善专门服务平台，鼓励更多应用型高校开展与“一带一路”地区和国家的合作办学、交流研究，建立与国外职业资格和教育结果的互认制度，吸纳更多国际留学生，逐步提升我国教育国际化水平，更好地服务“一带一路”倡议，扩大中国应用型高校群体的国际影响力和美誉度。

二、应用型高校国际交流与合作的意义

(一) 适应高等教育国际化发展趋势

高等教育国际化已经成为中国高等教育发展的新风向。所谓高等教育国际化(Internationalization of Higher Education)，是指“在保留合理的本国教育特性的基础上，追求与国际上通行的高等教育制度接轨，追求人才培养模式的国际化、教育质量国际化、学历文凭国际化、教育服务国际化”。[②]高等教育国际化属于“历史的范畴”，同时也是一个“发展的概念”。[③]2004 年，加拿大学者吉恩・纳特(Jane Knight)将高等教育国际化定义为“把跨国及跨文化维度整合到高校的教学、研究和服务之中的过程”。[④]从实现高等教育国际化和高校内涵发展的角度来看，“国际化是当前高职院校重要的发展方向之一，国际合作与交流已成为高职院校提升内涵和质量的重

① 孙爱武. 愿景与行动：“一带一路”视阈下高职国际化的战略思考[J]. 职教论坛，2017(15)：5

② 周定财. 高等教育国际化背景下高校对外交流与合作的反思[J]. 当代教育科学，2015(5)：37

③ 徐海宁. 高等教育国际化的多视角分析[J]. 江苏高教，2006(2)：51

④ Jane Knight. Internationalization remodeled: definition, approaches and rationales. Journal of Studies in International Education, 2004, 8(1)：5-31.

要途径”。[①]

(二) 提高应用型高校社会影响力

在全球化背景下，高等教育的国际化发展水平直接决定了一个国家的教育水平。应用型高校要想在教育领域取得全新的突破、打响中国应用型教育的品牌，就应该积极加强国际交流与合作，引进国外先进的教育理念、办学经验与教育资源教育制度等，在此基础之上形成自己的特色和优势，增强我国应用型高校在国际上的话语权与影响力，只有这样才能在国际竞争中保持优势。

(三) 促进中外文化的交流和融合

置身于全球化背景下，不同国家地区的文化在相互交流中不断相互碰撞，相互融合。我国拥有璀璨的历史文化，传播我国文化也成为应用型高校的重要职责。教育作为文化交流的载体，促进文化交流，提高文化自信，提升国际影响力也是应用型高校肩负的责任。为此，我国很多应用型高校都把“跨境教育”交流作为一项重要任务，通过开展国际交流和合作，传播中国文化，讲好中国故事，增强我国文化的世界影响力。如在海外设立孔子学院，将中国的传统文化向海外传播，让更多人了解中国等。此外，我国应用型高校接收大量来自世界各地的留学生，对促进“一带一路”建设的“民心相通”起到了积极推动作用。

第二节　应用型高校国际交流与合作的现状

在全球化语境中，我国应用型高校的国际交流与合作不断加强，教师出国(境)访学、学生出国(境)留学规模不断扩大，来华留学生数量不断增多。[②]但总体而言，按照 2018 年 10 月中国教育国际交流协会颁布的《2018 中国高等教育国际化发展状况调查报告》，我国应用型高校的国际化水平整体还比较低，还存在许多问题，与高

---

① 孙爱武. 愿景与行动：“一带一路”视阈下高职国际化的战略思考[J]. 职教论坛，2017(15)：5

② 周定财. 高等教育国际化背景下高校对外交流与合作的反思[J]. 当代教育科学，2015(5)：37

水平研究型大学的国际化水平间有着较大的差距。在教育国际化的时代背景之下，积极推进国际交流与合作，有助于应用型高校适应未来高等教育发展的方向和趋势，在对外合作实践中深刻领会教育国际化的深刻内涵，从而提升自身发展的内驱动力。

一、应用型高校国际交流与合作的现状

从历史上来看，我国教育的国际交流与合作最早出现在晚清时期，公元1872年到1875年，清政府积极鼓励国内学生到国外留学，学习西方先进的科学技术，当时首批留学生只有120名，平均年龄仅仅只有12岁，这些儿童也称为“中国留美幼童”，这是我国历史上最早一批留学生。随着中国逐步走向世界舞台的中心，我国应用型高校的国际化发展取得了重大进展，国际交流与合作的格局逐步形成，包括教育对象国际化、师资队伍国际化、课程教学国际化、科研活动国际化等。

（一）教育对象国际化

培养什么样的人是应用型高校的基本任务，在新时代，培养 “具有国际视野和家国情怀、通晓国际事务和规则、业务精湛、国际竞争力强”①的新时代国际化人才是应用型高校的重要职责，为此很多应用型高校为学生提供更多的出国访学机会，通过实施多种形式的夏令营、冬令营、学期交流、联合培养等项目，鼓励学生出国参与国际文化交流，提升学生国际化水平，提高人才培养质量。

（二）师资队伍国际化

师资队伍的国际化水平对于整个应用型高校国际化水平的提升发挥着决定性作用，当前，很多高校都将师资队伍的国际化水平作为内涵发展的一项重要指标。一方面，通过访学、学历教育、参加国际会议等方式，不断提高教师队伍的国际化水平；另一方面，积极地引入有海外学习、工作经历的优秀教师和外籍教师，通过洋为中用来提升国际化水平。

---

① 贾辰飞. 从高校教师国际化水平看陕西地方高校的国际化发展路径[J]. 当代教育实践与教学研究(电子版)，2016(7X)：2-2

(三) 课程教学国际化

教学属于高校人才培养的重要环节之一，也是应用型高校国际化实现的基本方式。很多高校都积极学习国外优秀的教育方法和教育模式，引进丰富教学资源，开设全外文授课课程或全外文教学专业，将国外优秀的教育方法融入到我国高等院校的教育体系当中，促使学生在国内享受到国际化的优质教学资源。

(四) 科研活动国际化

科研是应用型高校的重要职责，科研国际化主要指中外高校通过合作开展科学研究、合作发表论文和专利等形式展现出来，现在国家科技部、教育部和相关部门都设置专门的科研合作基地和高等学校学科创新基地等，为国内外科研团队进行友好合作和交流提供了重要的平台。同时应用型高校也通过共同设立国际联合实验室、中外联合研究院(中心)以及联合召开国际学术会议等方式共同推进科研国际化发展。

二、应用型高校国际合作交流面临的困境

经过多年的实践探索，我国应用型高校的国际化水平得到了极大提升，在师生交流、专业设置、课程教学等多个方面取得了较为丰硕的合作成果，为整体推进国家层面的高等教育国际化做出了积极贡献。然而我国应用型高校在推进国际化的进程中依然存在很多的不足，主要包括以下几个方面的内容：

(一) 对外交流管理体制不完善

大部分应用型高校对外交流合作仅局限于日常事务性工作和接待来访团组等方面，并没有形成体系完善的国(境)外合作交流体系。在对外交流之中依然以行政要求为主要形式，没有完全建立以学术、文化为纽带的自主机制。在对外交流合作中，需要给予学术文化交流活动提供更多的资金支持，但是多数应用型高校现有的管理水平偏低，校内各职能部门和教学单位之间存在着职责边界不清晰的现象，导致工作效率受到很大的影响。同时由于外国专家来华办理手续较为复杂，涉及海关等不同政府部门之间的协调，加之校内又存在政出多门、行政效率低下，无法体现高效

合作，导致了国际合作与交流工作的现实困境。

(二) 合作内容单一

目前，我国应用型高校国际交流合作的内容较为单一，多数高校仅仅局限于高级访问学者、学生交换、研究生联合培养、国际会议举办等方面，在出国攻读学位和境外专业师资的引进等多个方面还存在着很多的不足。很多高校没有坚持国际化发展的整体战略，不清楚自身的办学宗旨和办学任务，而且也没有相关部门的积极指导和帮助。虽然部分应用型高校有完备的对外交流计划和方案，但是这些计划和方案由于没有和学校自身发展定位有机的融合在一起，处于分散的发展状态。

(三) 课程建设有待加强，人员素质有待提升

从课程建设领域来看，由于专业设计和课程设置都没有按照国际标准实施和执行，整体的教材建设水平没有达到国标标准，尚无法整体发挥出课程和专业人才的各项优势，也无法将课程建设和社会生产和科学研究的优势展现出来，导致现有的教材建设无法发挥出应有的作用。目前，应用型高校具有国际学习、研究背景的教师较少，虽然聘用一些外籍教师，但很多外籍教师主要采用一年一聘的短期聘用方式，人员流动较快，造成队伍建设的不稳定。

第三节　应用型高校国际交流与合作的路径选择

2016 年 4 月，中共中央办公厅、国务院办公厅共同发布了《关于做好新时期教育对外开放工作的若干意见》(以下简称《意见》)，《意见》明确指出，坚持对外开放，加强文化交流和合作，集中力量提高我国的教育水平，增强我国的文化软实力，为实现“两个一百年” 伟大目标不断奋斗和努力。之后，教育部印发《推进共建“一带一路”教育行动》纲领性文件，进一步巩固了我国 “一带一路”倡议在教育领域的重要地位，阐述了 “一带一路” 建设发展的基本内容和方案，使得我国教育对外发展有了更强和更有针对性的政策支撑。这些政策文件为我国应用型高校开展国际

交流与合作提供了路径指导。

一、加强顶层设计和整体谋划

(一) 健全推进国际化战略工作的体制机制

进一步增强国际化意识，制定适应应用型高校现阶段发展的国际化战略，加强国际化工作的顶层设计和整体战略谋划，构建应用型高校“大外事”工作格局，建立科学化、可量化、易操作的国际化办学考核指标体系。

(二) 构建“学校—学院—教师”三位一体的国际合作交流框架

构建“学校—学院—教师”三位一体的国际合作交流框架，不断加强国际合作交流的自主性、计划性和目的性①。明确国际合作交流工作一把手负责制，学校由校长直接抓国际合作交流工作，各二级学院院长具体抓国际合作与交流工作；试点在部分二级学院设立院级国际合作中心，从组织上有力地保证国际合作与交流的实施。

(三) 构建“学校—学院—部门”层级式国际交流合作工作责任制

学校相关部门在加强国际合作与交流工作的同时，根据外事归口原则层层负责，严格把关，凝心聚力，协同推进，以长远的眼光、负责任的态度、持之以恒的心态规划统筹国际合作与交流工作。以“学院为主体、教师为主角、项目为纽带”加强国际科研合作；激励各二级学院积极申报各种渠道的引智项目；鼓励教师积极寻找国际科技合作项目，各重点学科的学科带头人或教授与国际上相关学科的著名教授、专家、学者联系密切，及时追踪国际学术热点。

二、实施“五大工程”，与国际接轨

当前阶段，我国应用型高校在开展国际交流与合作的进程中，重点要做好专业国际化、人才国际化、学生海外学习、中外合作办学转型、留学生教育等五个方面

---

① 张武，等. 加强中外交流与合作，提高办学水平[J]. 计算机教育，2008(5):3-3

的工作，实施推进好五大工程。

（一）实施“专业国际化提升工程”，接轨国际标准

一是落实专业的国际化载体。根据“中国制造 2025”对于技术技能人才的基本要求，主动将国际化的各项指标纳入到整体人才培养方案之中，使国际化发展成为专业建设的内生需求和内在动力。二是实施国际化试点专业项目。做好境外合作交流资源的配置，引导和支持部分骨干专业与境外一流本科专业进行对接、共建，在体系标准引入、课程资源建设、联合教学、团队研修、学生交流、证书引入等方面探索建立实质性的合作交流项目，实现学分互认。三是实施国际通用职业资格证书项目。“引导和支持相关专业主动对接国际行业组织、国际一流企业，结合自身专业特色引入国际通用职业资格证书，将证书标准和内容融入人才培养方案和课程体系”[①]。四是加强国际化课程建设。在专业对接和引入国际通用职业资格证书的基础上，大力引入境外优秀课程资源、教学包、数字化教学资源和优秀教材，推进校本课程的国际化改革和境外优质课程的本土化建设，建设一批具有开放性、共享性和通用性的国际化课程；开设跨文化的国际教育课程，培养学生的国际职业素养。五是开发国际化专业教学标准。通过各类国际合作交流项目，学习、借鉴国际先进教学模式的体系标准，选择部分专业积极开发既与国际接轨，又能适合“中国制造 2025”要求、彰显自身特色的国际化专业教学标准，占领专业国际化的制高点。

（二）实施“人才国际化提升工程”，培养一流师资

一是实施“引智”项目。设立“引智”项目基金，积极争取国家、省级及地方各类引智项目支持，以柔性引进等方式聘请高层次境外专家来校工作，服务学校专业建设；加强外籍教师统筹管理，聘请具有实践经验的外籍专业教师、国际企业工程师来校参与专业建设；与境外合作院校进行教师交流，开展联合教学。二是加大校外访学项目申报力度。加强引导和培训，鼓励教师积极申报国家和省级留学基金

---

① 熊英. 高等职业教育国际化探索与实践：以无锡职业技术学院为例[J]. 无锡职业技术学院学报，2018(4): 4-4

项目到境外访学。三是实施海外研修项目。实施专业团队海外研修项目、骨干教师海外研修项目、骨干教师海外交流项目(半年以内到合作院校交流)、骨干教师海外访问学者项目(半年至一年)，增加教师海外学习与实践的经历，提升教师的国际视野和“双语双教”能力。吸纳先进的教育理念和教育方法，丰富教师的阅历，选拔部分优秀教师融入到“一带一路”沿线国家的文化交流活动和研究活动之中，加强与“丝路”国家的文化交流与合作，不断提高教师自身的专业素质和能力。通过派遣优秀教师和学者到“一带一路”沿线国家进行访问和学习的方式，积极学习和借鉴“一带一路”知名高校先进的教育理念和教育方法，感受先进教育文化所具备的魅力，集中力量提高教师队伍的素质水平，并在此基础之上组建一批较高素质的国际化教师队伍。

(三) “实施留学海外工程”，拓展学生国际视野

一是实施学生校际交流项目。以专业“对接合作”为基础，以二级学院为主体，以强化英语培训为补充，以举办国际化试点班、国际化课堂等形式，大力发展基于学分互认的学期交流、文凭互授、跨国分段培养等模式的校际交流项目，增强学生国际化素养和能力的培养，为学生提供海外留学的途径通道。二是实施学生暑期海外学习项目。开发学习和考察相结合的暑期海外学习和社会实践项目，拓展学生的国际视野。三是实施学生海外实习项目。拓展境外带薪实习的渠道和形式，与国际知名企业进行合作，推动学生到海外实习和就业。四是积极参加国际竞赛。培育一批能够充分彰显应用型高校综合水平和特色的国际竞赛项目，积极参加国际技能和创新创业方面的竞赛，提高学校国际知名度”。①

目前，我国的多元国际化培养项目主要涉及政府公派留学、海外科研实习、境外游学、参加国际比赛等多个领域。出国学习和交流的方式形式多样，而且部分项目可以提供奖学金补贴，可以免除学生的交通费、住宿费等生活费用。与此同时，应用型高校还可以引进“丝路”沿线国家高校优秀的课程设置，提供“一带一路”

---

① 孙爱武：愿景与行动：“一带一路”视阈下高职国际化的战略思考[J]. 职教论坛，2017(15)：7-8

国家的有关文化、语言等相关的课程培训，进一步巩固和发展多元化的国际体系框架，强化国际课程网络的构建等。

(四) 实施“中外合作办学转型提升工程”，加快提档升级

“进一步厘清中外合作办学的目标和定位，稳定办学规模，提升内涵质量，打造中外合作高水平示范性项目，提高对学校专业内涵建设的贡献度和辐射性”①。以“开展中外合作办学评估、专业质量认证为抓手，提升中外合作办学水平，开展现有中外合作办学项目的内涵质量建设”。②积极寻求同境外同类型优质院校合作，以优势专业为主体，探索申报和打造高水平示范性的、实现应用型人才培养立交桥的中外合作办学机构。

开展与“一带一路”沿线国家教育资源合作的“2.0 模式”，成立“一带一路”高校战略联盟，构建完善的跨区域跨专业人才教育平台：通过这种合作模式可以进一步拓宽和“一带一路”沿线国家高等院校的合作领域，共同研究开展中外合作办学的项目，积极派遣学生到国外留学和访问。进一步研究“2+2”“1+3”“3+1”“3+2”“4+1”等合作培养模式，培养本国学生的创新理念，拓宽学生的国际视野，丰富学生的阅历，从而全方位地提高学生的综合素养。此外，应用型高校还可以积极开展国际学术研讨会等学术交流活动，派遣优秀学生赴国(境)外学习交流和访问等。

(五) 实施“留学生教育提升工程”，打造国际品牌

根据教育部相关统计数据显示：“2018 年，共有来自 196 个国家和地区的 49.22 万名留学生来华留学，其中‘一带一路’沿线 64 国来华留学生人数共计 26.06 万人，占总人数的 52.95%”。③积极拓展“一带一路”沿线国家的留学生招生渠道，完善留学生招生的渠道布局；积极发展与具有跨境生产经营业务的企业联合开展留学生“订单培养”项目；加强院校合作，积极发展留学生本硕衔接的“4+2”联合培养项目

① 孙爱武：愿景与行动：“一带一路”视阈下高职国际化的战略思考[J]. 职教论坛，2017(15)：7-8。

② 教育部办公厅. 关于开展中外合作办学评估工作的通知[J]. 中国高教研究，2009(09):97-97

③ 2018 年来华留学统计. http://www.moe.gov.cn/jyb_xwfb/gzdt_gzdt/s5987/201904/t20190412_377692.html.

和学生创新创业能力培养合作项目。加强留学生教育的内涵质量建设，打响“留学中国”“乐学中国”的品牌。

三、深化交流与合作，提高影响力和美誉度

（一）转变观念，统筹规划

一些应用型高校还存在着学校管理层对国际合作交流意识不强，不重视等问题，还存在着等靠思想，国际交流合作工作虚化，难以取得有效的合作成果。为此，一方面政府要从宏观层面加强统筹规划，加强引导，统一部署，鼓励高校开放发展、创新发展，设立优惠政策和专项资金，帮助应用型高校提高国际化水平。另一方面应用型高校要转变思想，立足于自身的特色学科，在此基础之上构建出完善的国际化办学体系，实现培养高水平的专业化人才目标，形成自己的品牌和特色，为本地区经济发展和迈向国际化发展提供专业的国际化人才资源。

（二）服务“一带一路”倡议，扩大国际影响

在“一带一路”倡议下，应用型高校要充分利用政府通道、企业通道和国际合作平台，将学校国际合作交流资源优势和境外合作目的国的文化教育需求结合起来，以“政校企”合作为支撑，以建设境外合作办学项目和技能培训中心为重点，全面提升境外学历生培养、技术技能培训和留学生培养水平，为学校培养具有国际视野、通晓国际规则的技术技能人才提供支撑，为我国具有跨境生产经营任务的企业培养海外本土化人才，为构建中国特色、世界水平的应用型高教体系作出贡献，在我国产业的国际布局中有所作为、有所贡献。[①]选派优秀的教师融入到“一带一路”沿线国家文化交流活动之中，加强文化的沟通和交流，积极学习“一带一路”知名高校优秀的教育方法和管理经验，将沿线国家优秀的教育方法融入到我国现有的教育体系当中，提高骨干教师队伍的国际化、专业化建设水平，组建一支具有国际竞争力的高素质国际化教师队伍。

---

① 周谷平，阚阅．“一带一路”战略的人才支撑与教育路径[J]．教育研究，2015，36(10):4-9+22.

(三) 积极开展国际认证，融入世界标准

瞄准《华盛顿协议》，着力提升工程教育水平、提高专业工程师培养质量，积极开展相关专业国际认证研究。华北电力大学校长刘吉臻说：“我国教育事业的发展应当按照国际标准实施和执行，并且要建立自己的教育标准和职业认定标准，借助于国际公约来达到统一。在政策正式出台之前所开展的各项国际交流和沟通活动依然有一定的价值。”[①]应用型高校以优势专业为试点，加强与国际工程教育认证标准的对接，积极开发国际化专业教学标准，参加国际工程教育专业认证，鼓励学生考取国际证照、参加国际大赛，提高专业的国际影响力。

(四) 探索跨境交流体系，构建合作平台

应用型高校应依托现有的中国教育国际交流协会平台，积极联合其他“走出去”的同类院校和中资企业，探索建立跨境教育合作的新平台，不断整合国内外教育资源，为学校“走出去”提供有力的平台支撑。依托国际交流平台建设，鼓励教师出国交流、开展国际合作，参加学术会议研讨；邀请外国专家教授访问，加强学校国际化课程建设，提升国际化总体水平。

总之，国际化交流与合作是全球化语境下对我国应用型高校发展所提出的新要求。我国应用型高等教育要与世界接轨，必须将自己置身于国际高等教育的大格局中，学习借鉴国际先进的教育理念，梳理查找我国高等教育和世界先进高等教育之间所存在的差距，以提升自身的办学水平。在此基础上，以理性、积极的心态，引入国外先进的教育理念，洋为中用，广为借鉴，真正把中国应用型高等教育建成世界一流的办学水平，以其鲜明的办学特色和独特品牌，获得更多的国际话语权，增强中国应用型高等教育的国际影响力与美誉度。

① 王庆环. 中国高校如何与“国际标准”对话[N]. 光明日报，2012-2-11.

余　论

经过长期的努力和发展，应用型高校在推进高等教育大众化至普及化的进程中，逐步构建了具有中国特色的应用型高等教育发展模式，应用型高校所坚守的区域性、行业性、应用型等办学定位和核心发展理念，为推动世界应用型高等教育发展开辟了崭新道路、提供了有益借鉴。新时代绘就新蓝图，新使命引领新征程。未来，应用型高校的发展空间无比广阔，我们要对自身的发展模式更加自信，更加坚定不移地走中国特色社会主义发展道路，坚守应用型高校办学定位，发扬优良传统，不断传承创新，建成一大批高水平应用型高校，努力推进高等教育强国建设步伐。

一、以立德树人为根本，全面提升人才培养质量

从历史、现实和未来看，人才培养始终是应用型高校立校之本。要把立德树人作为学校根本任务，把立德树人的成效作为检验学校一切工作的根本标准。习近平总书记在全国教育大会上强调，“在党的坚强领导下，全面贯彻党的教育方针，坚持马克思主义指导地位，坚持中国特色社会主义教育发展道路，坚持社会主义办学方向，立足基本国情，遵循教育规律，坚持改革创新，以凝聚人心、完善人格、开发人力、培育人才、造福人民为工作目标，培养德智体美劳全面发展的社会主义建设者和接班人，加快推进教育现代化、建设教育强国、办好人民满意的教育”，这对高校人才培养提出了明确要求。对应用型高校来说，在认真贯彻落实全国教育大会精神的基础上，还要围绕应用型人才培养实际，不断提升学校人才培养能力。要有强烈的危机感、紧迫感和使命感，要深刻认识到，人才供给跟不上就可能会迟滞经济

社会发展。要持续更新培养理念，聚焦新一轮科技革命和产业变革趋势，及时回应社会需求，不断创新培养模式、教学方法和内容。要不断加大投入，确保领导精力投入到位、教师精力投入到位、学生精力投入到位、资源投入到位，为实现立德树人根本任务提供全面保障。要强化政策评价导向，着力在体制机制上持续攻坚，强力疏通政策堵点，确保政策制定聚焦到人才培养上来，评价指标设置体现到立德树人成效上来。

二、以服务需求为导向，着力打造办学优势特色

要依据产业发展规律，密切跟踪区域产业转型升级趋势，增强学科专业设置的前瞻性与引领性，积极联合行业主管部门和行业组织，制定重点学科专业集群建设发展规划。要围绕区域重点产业和战略性新兴产业，着力加强学校优势特色学科专业建设，提升学科专业建设水平与支撑引领产业发展的能力，集中力量办好一批区域和行业产业急需的、特色鲜明的学科专业，形成紧密对接产业链、创新链的高水平学科专业体系，全面提升学校应用型人才培养的适应性、针对性，满足经济社会发展对相关领域人才的需求。要围绕地方经济社会发展和产业需求，积极融入区域科技创新体系，开展政产学研合作，通过体制机制创新，开展联合科技攻关与产品研发，要推进科研成果转移转化，提升转化应用效益。

三、以产教融合为抓手，不断提升人才供给质量

《国务院办公厅关于深化产教融合的若干意见》提出，“深化职业教育、高等教育等改革，发挥企业重要主体作用，促进人才培养供给侧和产业需求侧结构要素全方位融合”。深化产教融合，促进教育链、人才链与产业链、创新链有机衔接，是推动教育优先发展、人才引领发展、产业创新发展、经济高质量发展相互贯通、相互协同、相互促进的战略性举措。多年来，在教育界和产业界共同努力下，深化产教融合、校企合作已取得了显著成效，产教融合已成为新时代激发我国人才红利、推进经济转型升级的一个重要途径。积极落实《国家产教融合建设试点实施方案》，配合产教

融合型城市、行业、企业建设试点，不断增强与产业的贴合度、与地方的融合度。要着力建立健全行业企业深度参与的校企合作育人、协同创新的体制机制，与政府、行业企业、科研院所协同，实现人才培养与经济社会发展紧密结合，推动产业需求融入培养方案制定、教学体系构建、实践平台建设、师资队伍组建、培养质量评价等人才培养全过程，形成学校和产业统筹融合、良性互动的发展格局，构建满足产业重大需求的应用型人才和创新创业人才培养体系，培养真正适应产业和经济社会发展需要的高素质应用型人才，进一步彰显应用型高校对区域经济社会发展的支撑引领作用。

四、以改革创新为动力，推动办学水平不断提升

改革是事业发展的制胜法宝，创新是持续提升的不竭动力。要解放思想、与时俱进，善于敢于打破阻碍学校事业发展的体制机制障碍。要注重改革创新的系统性、衔接性、连续性。改革是一项系统工程，要做好顶层设计和系统规划，尤其对应用型高校来讲，其在管理体制与隶属关系上存在特殊情况。因此，从外部来讲，要做好与教育主管部门和地方政府改革的衔接，为学校事业发展营造一个良好的外部环境；从内部来讲，要做好改革的连续性，凝聚人心、统一认识，真正把各种资源汇聚到学校事业发展上来。要抓住改革的关键点、找准突破口，应用型高校改革涉及到人才培养模式改革、内部管理体制改革、科研体制改改革、人事分配制度改革、评价制度改革等多个方面，涉及较广，难以面面俱到，可以着力破解阻碍学校事业发展的关键性症结，以此来带动其他问题的解决。要推动治理体系由封闭走向开放，促进高校、政府、企业等社会主体间的积极参与、多元互动和协同共治。要不断改善协同治理环境，加强高校与政府、企业、科研院所等社会主体广泛交流合作，汇聚协同发展合力，形成良好的有利于学校发展的协同治理生态环境。要创新协同治理机制，建立健全由行业企业和用人单位参与的理事会制度、专业指导委员会制度，推动更多社会主体参与学校治理，集聚优质资源，推动学校发展。还要扩大二级学院(系)办学自主权，明确二级学院(系)办学主体地位，进一步激发二级学院(系)的办学活力。

附　录

附录一　教育部 国家发展改革委 财政部关于引导部分地方普通本科高校向应用型转变的指导意见

教发〔2015〕7号

各省、自治区、直辖市教育厅(教委)、发展改革委、财政厅(局)，新疆生产建设兵团教育局、发展改革委、财务局：

为贯彻落实党中央、国务院关于引导部分地方普通本科高校向应用型转变(以下简称转型发展)的决策部署，推动高校转型发展，现提出如下意见。

一、重要意义

当前，我国已经建成了世界上最大规模的高等教育体系，为现代化建设作出了巨大贡献。但随着经济发展进入新常态，人才供给与需求关系深刻变化，面对经济结构深刻调整、产业升级加快步伐、社会文化建设不断推进特别是创新驱动发展战略的实施，高等教育结构性矛盾更加突出，同质化倾向严重，毕业生就业难和就业质量低的问题仍未有效缓解，生产服务一线紧缺的应用型、复合型、创新型人才培养机制尚未完全建立，人才培养结构和质量尚不适应经济结构调整和产业升级的要求。

积极推进转型发展，必须采取有力举措破解转型发展改革中顶层设计不够、改革动力不足、体制束缚太多等突出问题。特别是紧紧围绕创新驱动发展、中国制造2025、互联网+、大众创业万众创新、“一带一路”等国家重大战略，找准转型发展的着力点、突破口，真正增强地方高校为区域经济社会发展服务的能力，为行业企业技术进步服务的能力，为学习者创造价值的能力。各地各高校要从适应和引领经济发展新常态、服务创新驱动发展的大局出发，切实增强对转型发展工作重要性、紧迫性的认识，摆在当前工作的重要位置，以改革创新的精神，推动部分普通本科高校转型发展。

二、指导思想和基本思路

1. 指导思想

贯彻党中央、国务院重大决策，主动适应我国经济发展新常态，主动融入产业转型升级和创新驱动发展，坚持试点引领、示范推动，转变发展理念，增强改革动力，强化评价引导，推动转型发展高校把办学思路真正转到服务地方经济社会发展上来，转到产教融合校企合作上来，转到培养应用型技术技能型人才上来，转到增强学生就业创业能力上来，全面提高学校服务区域经济社会发展和创新驱动发展的能力。

2. 基本思路

——坚持顶层设计、综合改革。系统总结近年来高等教育和职业教育改革的成功经验，增强改革的系统性、整体性和协调性。不断完善促进转型发展的政策体系，推动院校设置、招生计划、拨款制度、学校治理结构、学科专业设置、人才培养模式、师资队伍建设、招生考试制度等重点难点领域的改革。充分发挥评估评价制度的导向作用，以评促建、以评促转，使转型高校的教育目标和质量标准更加对接社会需求、更加符合应用型高校的办学定位。

——坚持需求导向、服务地方。发挥政府宏观调控和市场机制作用，推进需求传导式的改革，深化产教融合、校企合作，促进高校科学定位、特色发展，加强一线技术技能人才培养，促进毕业生就业质量显著提高，科技型创业人才培养取得重大突破，将一批高校建成有区域影响力的先进技术转移中心、科技服务中心和技术

创新基地。

——坚持试点先行、示范引领。转型的主体是学校。按照试点一批、带动一片的要求，确定一批有条件、有意愿的试点高校率先探索应用型(含应用技术大学、学院)发展模式。充分发挥试点高校的示范引领作用，激发高校转型内生动力活力，带动更多地方高校加快转型步伐，推动高等教育改革和现代职业教育体系建设不断取得新进展。

——坚持省级统筹、协同推进。转型的责任在地方。充分发挥省级政府统筹权，根据区域经济社会发展和高等教育整体布局结构，制定转型发展的实施方案，加强区域内产业、教育、科技资源的统筹和部门之间的协调，积极稳妥推进转型发展工作。

三、转型发展的主要任务

3. 明确类型定位和转型路径。确立应用型的类型定位和培养应用型技术技能型人才的职责使命，以产教融合、校企合作为突破口，根据所服务区域、行业的发展需求，找准切入点、创新点、增长点，制定改革的时间表、路线图。转型高校要结合“十三五”规划编制工作，切实发扬民主，通过广泛的思想动员，将学校类型定位和转型发展战略通过学校章程、党代会教代会决议的形式予以明确。

4. 加快融入区域经济社会发展。建立合作关系，使转型高校更好地与当地创新要素资源对接，与经济开发区、产业聚集区创新发展对接，与行业企业人才培养和技术创新需求对接。积极争取地方政府、行业企业支持，通过建设协同创新中心、工业研究院、创新创业基地等载体和科研、医疗、文化、体育等基础设施共建共享，形成高校和区域经济社会联动发展格局。围绕中国制造 2025、“一带一路”、京津冀协同发展、长江经济带建设、区域特色优势产业转型升级、社会建设和基本公共服务等重大战略，加快建立人才培养、科技服务、技术创新、万众创业的一体化发展机制。

5. 抓住新产业、新业态和新技术发展机遇。创新发展思路，增强把握社会经济技术重大变革趋势的能力，加强战略谋划和布局，实现弯道超车。适应、融入、引领所服务区域的新产业、新业态发展，瞄准当地经济社会发展的新增长点，形成人才培养和技术创新新格局。促进新技术向生产生活广泛渗透、应用，推动“互联网+”战略在当地深入推进，形成人才培养和技术创新新优势。以服务新产业、新业态、新技术为突破口，形成一批服务产业转型升级和先进技术转移应用特色鲜明的应用技术大学、学院。

6. 建立行业企业合作发展平台。建立学校、地方、行业、企业和社区共同参与的合作办学、合作治理机制。校企合作的专业集群实现全覆盖。转型高校可以与行业、企业实行共同组建教育集团，也可以与行业企业、产业集聚区共建共管二级学院。建立有地方、行业和用人单位参与的校、院理事会(董事会)制度、专业指导委员会制度，成员中来自于地方政府、行业、企业和社区的比例不低于 50%。支持行业、企业全方位全过程参与学校管理、专业建设、课程设置、人才培养和绩效评价。积极争取地方、行业、企业的经费、项目和资源在学校集聚，合作推动学校转型发展。

7. 建立紧密对接产业链、创新链的专业体系。按需重组人才培养结构和流程，围绕产业链、创新链调整专业设置，形成特色专业集群。通过改造传统专业、设立复合型新专业、建立课程超市等方式，大幅度提高复合型技术技能人才培养比重。建立行业和用人单位专家参与的校内专业设置评议制度，形成根据社会需求、学校能力和行业指导依法设置新专业的机制。改变专业设置盲目追求数量的倾向，集中力量办好地方(行业)急需、优势突出、特色鲜明的专业。

8. 创新应用型技术技能型人才培养模式。建立以提高实践能力为引领的人才培养流程，率先应用“卓越计划”的改革成果，建立产教融合、协同育人的人才培养模式，实现专业链与产业链、课程内容与职业标准、教学过程与生产过程对接。加强实验、实训、实习环节，实训实习的课时占专业教学总课时的比例达到 30%以上，建立实训实习质量保障机制。扩大学生的学习自主权，实施以学生为中心的启发式、合作式、参与式教学，逐步扩大学生自主选择专业和课程的权利。具有培养专业学位研究生资格的转型高校要建立以职业需求为导向、以实践能力培养为重点、以产

学结合为途径的专业学位研究生培养模式。工程硕士等有关专业学位类别的研究生教育要瞄准产业先进技术的转移和创新，与行业内领先企业开展联合培养，主要招收在科技应用和创新一线有实际工作经验的学员。

9. 深化人才培养方案和课程体系改革。以社会经济发展和产业技术进步驱动课程改革，整合相关的专业基础课、主干课、核心课、专业技能应用和实验实践课，更加专注培养学习者的技术技能和创新创业能力。认真贯彻落实《关于深化高等学校创新创业教育改革的实施意见》，将创新创业教育融入人才培养全过程，将专业教育和创业教育有机结合。把企业技术革新项目作为人才培养的重要载体，把行业企业的一线需要作为毕业设计选题来源，全面推行案例教学、项目教学。将现代信息技术全面融入教学改革，推动信息化教学、虚拟现实技术、数字仿真实验、在线知识支持、在线教学监测等广泛应用，通过校校合作、校企合作联合开发在线开放课程。

10. 加强实验实训实习基地建设。按照工学结合、知行合一的要求，根据生产、服务的真实技术和流程构建知识教育体系、技术技能训练体系和实验实训实习环境。按照所服务行业先进技术水平，采取企业投资或捐赠、政府购买、学校自筹、融资租赁等多种方式加快实验实训实习基地建设。引进企业科研、生产基地，建立校企一体、产学研一体的大型实验实训实习中心。统筹各类实践教学资源，构建功能集约、资源共享、开放充分、运作高效的专业类或跨专业类实验教学平台。

11. 促进与中职、专科层次高职有机衔接。建立与普通高中教育、中等职业教育和专科层次高等职业教育的衔接机制。有条件的高校要逐步提高招收在职技术技能人员的比例，积极探索建立教育-就业“旋转门”机制，为一线技术技能人才的职业发展、终身学习提供有效支持。适当扩大招收中职、专科层次高职毕业生的比例。制定多样化人才培养方案，根据学习者来源、知识技能基础和培养方向的多样性，全面推进模块化教学和学分制。

12. 广泛开展面向一线技术技能人才的继续教育。瞄准传统产业改造升级、新兴产业发展和新型城镇化过程中一线劳动者技术提升、技能深化、职业转换、城市融入的需求，大力发展促进先进技术应用、形式多样、贴近需求的继续教育。主动承接地方继续教育任务，加强与行业和领先企业合作，使转型高校成为地方政府、行业和企业依赖的继续教育基地，成为适应技术加速进步的加油站、顺应传统产业变革的换乘站、促进新兴产业发展的人才池。

13. 深化考试招生制度改革。按照国家考试招生制度改革总体方案，积极探索有利于技术技能人才职业发展的考试招生制度。试点高校招收中、高等职业院校优秀应届毕业生和在职优秀技术技能人员，应当将技术技能测试作为录取的主要依据之一，教育部制定有关考试招生改革实施意见。试点高校考试招生改革办法应当报省级教育行政部门批准并以省为单位报教育部备案。招生计划、方案、过程、结果等要按有关规定向社会公开。

14. 加强“双师双能型”教师队伍建设。调整教师结构，改革教师聘任制度和评价办法，积极引进行业公认专才，聘请企业优秀专业技术人才、管理人才和高技能人才作为专业建设带头人、担任专兼职教师。有计划地选送教师到企业接受培训、挂职工作和实践锻炼。通过教学评价、绩效考核、职务(职称)评聘、薪酬激励、校企交流等制度改革，增强教师提高实践能力的主动性、积极性。

15. 提升以应用为驱动的创新能力。积极融入以企业为主体的区域、行业技术创新体系，以解决生产生活的实际问题为导向，广泛开展科技服务和应用性创新活动，努力成为区域和行业的科技服务基地、技术创新基地。通过校企合作、校地合作等协同创新方式加强产业技术技能积累，促进先进技术转移、应用和创新。打通先进技术转移、应用、扩散路径，既与高水平大学和科研院所联动，又与中职、专科层次高职联动，广泛开展面向中小微企业的技术服务。

16. 完善校内评价制度和信息公开制度。建立适应应用型高校的人才培养、科学研究质量标准、内控体系和评估制度，将学习者实践能力、就业质量和创业能力作为评价教育质量的主要标准，将服务行业企业、服务社区作为绩效评价的重要内容，将先进技术转移、创新和转化应用作为科研评价的主要方面。完善本科教学基本状态数据库，建立本科教学质量、毕业生就业质量年度报告发布制度。

四、配套政策和推进机制

17. 落实省级政府统筹责任。各地要结合本地本科高校的改革意愿和办学基础，在充分评估试点方案的基础上确定试点高校。试点高校应综合考虑民办本科高校和独立学院。省级改革试点方案要落实和扩大试点高校的考试招生、教师聘任聘用、教师职务(职称)评审、财务管理等方面的自主权。

18. 加快推进配套制度改革。建立高校分类体系，实行分类管理，制定应用型高校的设置标准。制定应用型高校评估标准，开展转型发展成效评估，强化对产业和专业结合程度、实验实习实训水平与专业教育的符合程度、双师型教师团队的比例和质量、校企合作的广度和深度等方面的考察，鼓励行业企业等第三方机构开展质量评价。制定试点高校扩大专业设置自主权的改革方案，支持试点高校依法加快设置适应新产业、新业态、新技术发展的新专业。支持地方制定校企合作相关法规制度和配套政策。

19. 加大对试点高校的政策支持。通过招生计划的增量倾斜、存量调整，支持试点高校符合产业规划、就业质量高和贡献力强的专业扩大招生。将试点高校“双师双能型”高水平师资培养纳入中央和地方相关人才支持项目。在国家公派青年骨干教师出国研修项目中适当增加试点高校选派计划。支持试点高校开展与国外同类高校合作办学，与教育援外、对外投资等领域的国家重大战略项目相结合走出去办学。充分发挥应用技术大学(学院)联盟等作用，与国外相应联盟、协会开展对等合作交流。

20. 加大改革试点的经费支持。各地可结合实际情况，完善相关财政政策，对改革试点统筹给予倾斜支持，加大对产业发展急需、技术性强、办学成本高和艰苦行业相关专业的支持力度。建立以结果为导向的绩效评价机制，中央财政根据改革试点进展和相关评估评价结果，通过中央财政支持地方高校发展等专项资金，适时对改革成效显著的省(区、市)给予奖励。高校要健全多元投入机制，积极争取行业企业和社会各界支持，优化调整经费支出结构，向教育教学改革、实验实训实习和“双师双能型”教师队伍建设等方面倾斜。积极创新支持方式，探索政府和社会资本合作(PPP)等模式，吸引社会投入。

21. 总结推广改革试点典型经验。在省级试点的基础上，总结梳理改革试点的经验和案例，有计划地推广一批试点方案科学、行业企业支持力度较大、实施效果显著的试点典型高校，并加大政策和经费支持力度。教育、发展改革、财政等部门共同建立跟踪检查和评估制度。

22. 营造良好改革氛围和舆论环境。加强对转型发展高校各级领导干部和广大师生员工的思想教育和政策宣传，举办转型试点高校领导干部专题研修班和师资培训班，坚定改革信心，形成改革合力。广泛动员各部门、专家学者和用人单位参与改革方案的设计和政策研究。组织新闻媒体及时宣传报道试点经验。

根据本意见精神，教育部、发展改革委、财政部建立协调工作机制，加强对转型发展工作的指导。

教育部　国家发展改革委　财政部

2015 年 10 月 21 日

附录二　省政府办公厅关于深化产教融合的实施意见

(苏政办发〔2018〕48 号)

各市、县(市、区)人民政府，省各委办厅局，省各直属单位：

为贯彻落实《国务院办公厅关于深化产教融合的若干意见》(国办发〔2017〕95 号)精神，在新形势下进一步深化我省产教融合发展，促进教育链、人才链与产业链、创新链有机衔接，全面提升教育质量和人力资源质量，不断增强教育服务产业高质量发展能力，经省人民政府同意，现结合我省实际提出以下实施意见。

一、总体要求

(一) 指导思想。以习近平新时代中国特色社会主义思想为指导，全面贯彻党的

十九大精神，紧紧围绕统筹推进“五位一体”总体布局和协调推进“四个全面”战略布局，坚持以人民为中心，坚持新发展理念，全面落实高质量发展要求，认真落实党中央、国务院和省委、省政府关于教育综合改革的决策部署，发挥企业重要主体作用，引导多元主体共同参与，促进人才培养供给侧和产业发展需求侧结构要素全方位融合，培养一大批适应和引领我省经济发展、改革开放、城乡建设、文化建设、生态环境、人民生活等“六个高质量”发展的高素质创新人才和技术技能人才，为加快建设实体经济、科技创新、现代金融、人力资源协同发展的产业体系，增强我省产业核心竞争力，汇聚发展新动能，推动高质量发展走在前列提供有力支撑。

(二) 主要目标。到 2025 年左右，全省高等教育分类发展、职业教育(含技工教育，下同)特色化发展体系初步形成，面向产业高质量发展的特色优势院校、学科专业和课程体系基本确立，教育和产业统筹融合、良性互动的发展格局总体形成，需求导向的人才培养模式健全完善，人才教育供给与产业需求结构性矛盾基本解决，高等教育、职业教育对经济发展和产业升级的贡献显著增强。

二、强化产教融合统筹规划

(三) 统筹产教融合发展规划。将产教融合作为促进经济社会协调发展的重要举措，融入经济转型升级各环节，贯穿人才开发全过程。结合全面实施创新驱动发展、中国制造 2025 江苏行动纲要、“一中心、一基地”建设、“一带一路”交汇点建设、苏南国家自主创新示范区建设、扬子江城市群建设等战略部署，突出江苏制造业基础和创新优势，统筹优化产业和教育结构，将产教融合发展纳入全省经济社会发展规划修编以及区域发展、产业发展、城乡建设和重大生产力布局等专项规划，同步推进产教融合发展政策制定、要素支持和重大项目建设。将产教融合情况列为创新型城市、创新型县(市)、创新型乡镇建设的重要内容，优化调整相关考核指标。(责任单位：省发展改革委、教育厅、人力资源社会保障厅会同有关部门，各设区市人民政府)

(四) 统筹高等教育和职业教育资源。面向产业和区域发展需求，完善教育资源布局，加快人才培养结构调整，促进教育和产业联动发展。加强高水平大学建设，完善世界一流大学和一流学科建设推进机制，推动高等教育融入全省创新体系和新型城镇化建设，发挥对创新型省份建设的支撑引领作用。推动高校整合各类资源、平台、要素，与行业骨干企业、中小微创新创业型企业建立紧密协同的创新生态系统，增强集聚人才资源、牵引产业升级能力。完善高等教育分类发展政策体系，制定研究型、应用型本科学校和高等职业学校分类评价管理办法。引导并确定一批普通本科高校及独立学院向应用技术型高校转型，支持有条件的高等职业学校建设为应用型本科院校。出台专项激励政策，建设10所高水平应用型本科院校。实施中等职业学校(含技工院校，下同)领航计划和高等职业教育创新发展卓越计划，建好一批高水平职业学校和骨干专业。推动高等教育和职业教育资源、结构与区域产业体系相匹配、与人口分布相适应、与产业布局相对接，鼓励高校和职业学校面向省“1+3”重点功能区战略整合教育资源、优化办学方向，实现特色发展。引导职业教育资源逐步向产业和人口集聚区集中，新建和改建职业学校原则上应向产业园区集中，每个县(市、区)至少建成一所示范性中等职业学校。新建一批省重点技师学院，加强省级示范性技师学院、技工学校建设。加强长三角和长江经济带协同合作，探索差别化职业教育发展路径。鼓励省内南北结对帮扶地区，依托南北共建园区，围绕产业共建加强职业教育合作。(责任单位：省教育厅、人力资源社会保障厅、发展改革委、财政厅、科技厅，各设区市人民政府)

(五) 统筹产教融合学科专业建设。进一步强化学科专业规划，围绕产业链、创新链和不断发展的新技术、新产业、新业态、新模式，及时调整专业设置。建立行业和企业参与的学科专业设置评议制度，形成根据社会需求、学校能力和行业指导科学设置新专业的机制。改变专业设置盲目追求招生数量的倾向，集中力量办好地方急需、优势突出、特色鲜明的学科专业。针对江苏产业集群式发展的特点和规律，联合行业主管部门和行业组织，制定重点专业集群建设规划。服务创新发展主干产业需要，大力发展与智慧制造、现代服务、现代农业相适应的专业集群。服务培育先进制造业集群，加快发展新型电力(新能源)装备、工程机械、物联网、前沿新材料、生物医药和新型医疗器械、纺织服装、集成电路、海工装备和高技术船舶、高端装

备、节能环保、核心信息技术、汽车及零部件、新型显示等13个产业集群的相关学科专业。服务提升传统支柱产业和历史经典产业，重点发展冶金材料、传统酿造、特色饮食、时尚纺织、工艺美术等产业相关专业。服务“健康江苏”建设，积极支持家政、健康、养老、文化、旅游等社会领域专业发展。适应新一轮科技革命、产业革命及新经济发展，坚持以需求为牵引、以问题为导向，促进基础研究、应用研究与产业对接融通，促进学科专业交叉融合，加快推进新工科建设。(责任单位：省教育厅、人力资源社会保障厅、发展改革委会同有关部门)

(六) 强化人才培养需求导向。加快推进教育“放管服”改革，注重发挥市场机制配置非基本公共教育资源作用，完善人才培养结构调整机制，强化就业市场对人才供给的有效调节。建立人才需求预测预警机制，推动人力资源和社会保障数据与教育数据共享，强化大数据分析应用，健全高校、职业学校毕业生就业质量年度报告发布制度，把就业质量作为学校办学水平考核的核心指标。严格实行专业预警和退出机制，把市场供求比例、就业质量作为学校设置调整学科专业、确定培养规模的重要依据，定期发布职业学校、高校专业结构与产业结构吻合度状况报告，公布扩大招生的新兴专业、限制或停止招生的专业目录，建立第三方调查评估机制。(责任单位：省教育厅、人力资源社会保障厅会同有关部门)

三、发挥企业产教融合重要主体作用

(七) 拓宽企业参与途径。支持企业以独资、合资、合作等方式依法参与举办职业教育、高等教育。坚持准入条件透明化、审批范围最小化，改进办学准入条件和审批环节，营造公平、有序竞争的发展环境。开展职业学校股份制、混合所有制办学改革试点，允许企业以资本、技术、管理等要素依法参与办学并享有相应权利，支持地方政府和民办职业学校合作举办混合所有制性质的职业学校或二级学院(系部)。对举办职业学校的企业，其办学符合职业教育发展规划要求的，各地可通过政府购买服务等方式给予支持。注重发挥国有企业等骨干企业示范引领作用，支持有条件的国有企业办好做强职业学校。支持行业龙头企业建设企业大学，围绕企业及行业需求开展技术技能培训。鼓励规模以上企业安排专门机构和人员参与职业学校、

高校人才培养。鼓励科技企业设立“江苏省研究生工作站”，评定“江苏省优秀研究生工作站”和“江苏省优秀研究生工作站示范基地”，支持校企共同培养研究生。(责任单位：省教育厅、发展改革委、财政厅、国资委、人力资源社会保障厅、工商联)

(八) 全面深化校企合作改革。制定《江苏省职业教育校企合作促进条例》，推进校企合作制度化。支持企业深度参与职业学校、高校教育教学改革和学校专业规划、课程设置、教材开发、实习实训等工作，促进企业需求融入人才培养环节。高校聘任的产业教授应参与学校学科与学位点建设、研究生培养方案制定、教材开发、教学改革等工作。职业学校新设专业原则上应有相关行业企业参与。推行面向企业真实生产环境的任务式培养模式，支持职业学校以引企驻校、引校进企、校企一体等方式，开展学校与企业、专业与企业、班级与企业等多层次合作办学，建立招生、人才培养、就业联动机制。推动百所职业学校与千家企业订单培养技能人才。鼓励高校在企业设立研究生工作站，构建产教研一体化平台，开设企业课程。支持企业依托或联合职业学校、高校设立产业学院和企业工作室、工程中心、实验室、创新基地、实践基地。支持职业学校通过场地、设备租赁等方式与企业共建生产型实训基地和职业技能竞赛训练场地。鼓励各地通过政府和社会资本合作、购买服务等形式，建设或者支持企业、学校建设公共实习实训、创新创业基地和研究实践课程、教学资源等公共服务项目。对开展企业新型学徒制培养的企业，根据不同职业(工种)的培训成本，按规定给予每人每年 4000～6000 元的培训补贴。(责任单位：省教育厅、人力资源社会保障厅、经济和信息化委，各设区市人民政府)

(九) 开展生产性实习实训。健全学生到企业实习实训制度，规模以上企业原则上按职工总数 2%安排实习岗位接纳职业学校学生实习。逐步建立学生实习工作考核和补助制度，县级以上人民政府可设立专项资金，对考核认定符合实习实训规范的企业，按照实习学生每人每月 200～400 元标准，补助其参与职业教育办学成本。对符合条件的见习人员见习期满后留用(签订 1 年以上劳动合同)率达 50%以上经考核认定的见习基地，按每留用 1 人补贴 1000 元的标准，依规给予一次性见习补贴。企业因接收学生实习所实际发生的与取得收入有关的合理支出，依法在计算应纳税所

得额时扣除。鼓励行业龙头企业将最新技术和设备用于校企共建的实训平台，有条件的地方可给予一定经费奖励。推进实习实训规范化，保障学生享有获得合理报酬等合法权益。职业学校和实习单位应根据有关规定，为实习学生投保实习责任保险。对政府举办的职业学校设立的主要为在校学生提供实习实训场所、并由学校出资自办、由学校负责经营管理、经营收入归学校所有的企业，从事符合条件的业务活动取得的收入，按照国家有关规定享受税收等优惠。(责任单位：省教育厅、财政厅、发展改革委、经济和信息化委、人力资源社会保障厅、税务局，各设区市人民政府)

(十) 以企业为主体推进协同创新和技术转移。实施产学研协同创新行动计划，支持企业与学校、科研机构围绕产业关键技术、核心工艺和共性问题开展协同创新，共同组建技术研究平台与产业技术创新战略联盟。完善财政科技计划管理，引导高校将企业生产一线实际需求作为工程技术研究选题的重要来源。高校牵头申请的省重点研发计划(产业前瞻与共性关键技术)项目，原则上应有行业企业参与。支持高校院所和企业合作申报国家科技重大专项。鼓励企业与国际名校、国内外研发机构合作设立高端服务机构。完善高校科研后评价体系，将成果转化成效作为项目和人才评价重要内容。加强企业技术中心和高校技术创新平台建设，鼓励行业骨干企业和高校、职业学校联合共建重点实验室、工程技术研究中心、中试和工程化基地。建立健全高校科研设施与仪器开放服务激励机制，推进高校科研设施与仪器向社会开放，与企业资源共享。企业委托学校开发新产品、新技术、新工艺发生的研究开发费用，可按规定享受企业所得税优惠。加强省技术产权交易市场和高校技术转移中心建设，打造高水平技术成果供需对接平台。发挥省科技成果转化专项资金引导作用，带动社会资本，加快高校创新成果和核心技术向现实生产力转化。(责任单位：省科技厅、发展改革委、教育厅、人力资源社会保障厅、财政厅、税务局)

(十一) 强化企业职工在岗教育培训。落实企业职工培训制度，按职工工资总额的 8%足额提取教育培训经费，由企业工会和人力资源部门统筹使用，审计部门监督，确保教育培训经费 60%以上用于一线职工。将不按规定提取使用教育培训经费并拒不改正的行为记入企业信用档案。鼓励企业完善职工继续教育体系，开展和参加职业技能竞赛和岗位练兵活动，强化“创新创造学”知识普及。有条件的企业可制定在岗职工学历进修奖励办法，对参加培训提升技能等级并获得相应职业资格证书的职工予以奖励或补贴。创新教育培训方式，鼓励企业向职业学校、高校和培训机构购买培训服务。加强产能严重过剩行业转岗就业人员再就业培训，组织实施化解过剩产能企业职工特别培训计划。去产能企业失业职工在参加培训并取得相应职业资格证书后，可由所在地县(市、区)按规定补贴培训费用。贯彻省有关减轻企业负担的政策意见，及时研究制定补助企业职工职业技能培训的实施细则。(责任单位：省总工会、人力资源社会保障厅、经济和信息化委)

(十二) 开展“产教融合型”企业评定和奖励。研究制定“产教融合型”企业评定标准和奖励办法，将深度参与职业教育和高等教育、取得突出成效、发挥引领作用的企业认定为“产教融合型”企业。对“产教融合型”企业，各级经济和信息化主管部门在技术改造、新技术新产品推广应用、工业设计等生产性服务业、服务型制造、绿色发展、两化融合、中小企业公共服务平台建设等方面予以优先支持；发展改革等部门在技术改造、新产品研发等项目建设上予以优先支持；财政、税务部门按规定给予相应的优惠政策。今后 5 年，省级每年认定“产教融合型”企业 100 家左右。(责任单位：省发展改革委、教育厅、经济和信息化委、科技厅、财政厅、人力资源社会保障厅、税务局、工商联)

(十三) 拓展产教供需对接渠道。支持行业组织制定深化产教融合工作计划，开展人才需求预测、校企合作对接、教育教学指导、职业技能鉴定、人才培养标准制定和质量评价等服务。鼓励有关部门、行业、企业、教育机构运用云计算、大数据等信息技术，建设市场化、专业化、互联互通、开放共享的产教融合信息服务平台，向各类主体提供精准化产教融合信息发布、检索、推荐和相关增值服务。积极培育市场导向、对接供需、精准服务、规范运作的产教融合服务组织和企业。积极支持社会第三方机构开展产教融合效能评价，建立健全以行政为主导、企业与学校为主体、相关部门指导、第三方有效参与的统计评价体系。(责任单位：省发展改革委、教育厅、人力资源社会保障厅，有关部门和行业协会，各设区市人民政府)

四、深化产教融合人才培养改革

(十四) 将劳动实践融入基础教育。中小学要有机结合课程基地建设，加强以职业体验、职业认知、生活教育为主的职业启蒙教育，引导学生树立正确的职业价值观和就业择业观。组织开展“劳动模范、大国工匠进校园”活动，支持学校聘请劳动模范和高技能人才兼职授课，鼓励有条件的地区建设职业启蒙教师队伍。将动手实践内容纳入中小学相关课程，将学生职业体验纳入综合素质评价体系。组织有条件的基础教育阶段学校与职业学校合作开发和实施劳动技术课程与职业体验课程。推进职业学校资源面向基础教育全面开放，鼓励依托职业学校建设中小学生职业体验中心。普通高中适当增加职业技术教育内容，鼓励有条件的地区在产业园区周边试点建设普职融通的综合高中。(责任单位：省教育厅、总工会)

(十五) 全面推进产教协同育人。健全高等教育学术人才和应用人才分类培养体系，提高应用型人才培养比重。在推动高水平大学加强创新人才培养的同时，大力支持应用技术型本科和行业特色类高校建设，构建应用型人才培养体系。推进专业学位研究生“产学结合”培养模式改革，加强复合型人才培养。深化全日制职业学校办学体制改革，推进职业学校和企业联盟、与行业联合、同园区联结。在技术性、实践性较强的专业，全面推行现代学徒制和企业新型学徒制，推动学校招生和企业招工相衔接，明确学生学徒“双重身份”，强化学校和企业“双主体”实施，推进学历与技能并重的人才培养模式。开发现代学徒制和企业新型学徒制省级管理服务平台，制定推广学徒制工作规范和教学标准。大力发展校企双制、工学一体的技工教育。强化教学、学习、实训相融合的教育教学活动，推行项目教学、案例教学、工作过程导向教学等教学模式。对接企业生产服务智能化流程，加快职业教育专业教学内容和方法智能化改造。强化实践教学，应用型本科院校学生在校期间参加实习实训时间累计不少于1学年，职业学校实践性教学课时不少于总课时的50%。(责任单位：省教育厅、人力资源社会保障厅、发展改革委、总工会)

(十六) 完善考试招生制度改革。进一步完善具有职业教育特色的“文化素质+职业技能”对口升学考试制度。逐步推进中等职业学校学业水平考试与普通高校对口

招生接轨，规范中高职招生行为。稳步推进中职高职衔接、中职本科衔接、高职本科衔接，开展中职、高职、应用型本科教育分段培养、联合培养。探索开展职业教育专业学位研究生培养。应用型本科院校主要招收中高职毕业生，高等职业学校招收中职毕业生比例逐步达到 50%以上，本科院校招收中高职毕业生比例逐步达到 30%。逐步提高职业学校、高校招收有工作实践经历人员接受全日制学历教育的比例。(责任单位：省教育厅、人力资源社会保障厅、发展改革委)

(十七) 加快学校治理结构改革。建立健全职业学校和高校理事会制度，鼓励引入行业企业、科研院所、社会组织等多方参与。支持组建由行业组织、企业参加的院校理(董)事会、专业建设委员会、校企合作委员会并有效发挥作用。职业学校应吸纳合作关系紧密、稳定的企业代表加入理(董)事会，参与学校重大事项的审议。扩大职业学校、高校人事管理、教师评聘、收入分配等方面的自主权。推动学校优化内部治理，下移管理重心和学术权力，强化目标管理，充分体现一线教学科研机构自主权，积极发展跨学科、跨专业教学和科研组织。鼓励职业学校和高校设立产教融合管理、协调和服务专门机构。(责任单位：省教育厅、人力资源社会保障厅)

(十八) 创新教育培训服务供给。鼓励教育培训机构、行业企业联合开发优质教育资源，大力支持“互联网+教育培训”发展。依托职业学校、高校建设区域技术技能人才培训中心。鼓励职业学校和职业培训机构广泛开展非学历教育和技能培训，积极参与省农民工学历能力双提升计划、城乡社区教育培训活动和新型职业农民培育等工作。支持有条件的社会组织整合校企资源，开发立体化、可选择的产业技术课程和职业培训包。推动探索职业学校、高校和行业企业课程学分转换互认。鼓励职业学校、高校向行业企业和社会培训机构购买创新创业、前沿技术课程和教学服务。(责任单位：省教育厅、人力资源社会保障厅)

五、强化产教融合教师队伍建设

(十九) 推进职业学校和高校教师人事管理制度改革。落实职业学校用人自主权，完善职业学校教师资格标准和专业技术职务(职称)评聘办法，探索将行业企业从业经历作为认定教育教学能力、取得专业课教师资格的必要条件。建立企业经营管理者、

技术能手与职业学校管理者、骨干教师相互兼职制度，支持职业学校教师与企业技术专家双向流动、两栖发展。建立职业学校教师引进绿色通道，对世界技能大赛前三名选手、全国一类职业技能竞赛第一名选手、人力资源社会保障部“中华技能大奖”获得者、省政府授予的“江苏技能状元”“江苏工匠”，经人力资源社会保障部门认定后，可由招聘院校自主考核录用入编。中等职业学校可以通过公开招聘先行聘用特殊紧缺岗位的专业课教师，但被聘用人员应当在聘用之日起 3 年内取得相应教师资格，否则予以解聘。推动固定岗和流动岗相结合的职业学校教师人事管理制度改革，职业学校可根据实际缺编数量在教职工总额中安排一定比例或者通过流动岗位等形式，面向社会和企业聘用经营管理人员、专业技术人员、高技能人才等担任兼职教师，探索产业教师(导师)特设岗位计划。建立“乡土人才”、非物质文化遗产传承人等到职业学校兼职授课制度。优化高校教师结构，鼓励高校加大聘用具有职业学校和行业企业工作经历教师的力度。(责任单位：省教育厅、人力资源社会保障厅会同有关部门，各设区市人民政府)

(二十) 推进高校和职业学校教师薪酬制度改革。推行全员岗位聘任制和绩效考核分配制，因岗聘人、按岗定薪、依绩取酬。允许职业学校和高校依法依规自主聘请兼职教师和确定兼职报酬。经所在学校或企业同意，职业学校教师、企业经营管理人员和技术人员分别到企业、职业学校兼职，可根据有关规定和双方约定确定报酬。职业学校和高校教师依法取得的科技成果转化奖励和经所在学校同意后在企业兼职所获薪酬等收入，不纳入绩效工资，不纳入单位工资总额基数。执行职业学校教师配置标准，鼓励县级以上人民政府出台聘用兼职教师的相关政策，建设优秀兼职教师队伍。(责任单位：省教育厅、人力资源社会保障厅，各设区市人民政府)

(二十一) 加强“双师型”“一体化”教师培养。实施职业学校“双师型”“一体化”教师队伍建设计划，完善“双师型”“一体化”教师认定标准和办法。严格落实专业课教师每 5 年累计不少于 6 个月赴企业实践制度，新入职专业课教师前 3 年应在企业连续实践 6 个月以上。完善职业学校教师考核评价制度，“双师型”“一体化”教师考核评价要充分体现技能水平和专业教学能力。推动职业学校、应用型本科高校与大中型企业合作建设“双师型”“一体化”教师培养培训基地。完善职业学校和高等院校教师实践假期制度，支持在职教师定期到企业实践锻炼。(责任单位：省教育厅、人力资源社会保障厅)

六、加强产教融合平台载体建设

(二十二) 建设一批实习实训平台。重点面向高新技术产业和战略性新兴产业，打造一批设备先进、技术超前、集产学研于一体的职业学校专业实习实训中心，建设一批布局合理、特色鲜明、功能健全的区域性公共实习实训中心和企业实习实训基地，加强国家和省高技能人才培训基地、世界技能大赛集训基地和技能大师工作室建设。选择符合条件企业建设一批职业学校校外实训基地(企业分校)和“乡土人才教学实践基地”。建立多元化、多渠道投融资机制，鼓励和引导企业、院校、社会培训机构以土地、设备、资金、技术、人才资源等多种形式参与建设实习实训基地和平台。鼓励各地依托产业园区、龙头企业和骨干学校，围绕优势专业集群建设开放共享、产学研一体的公共实习实训平台。支持高校和职业学校主动服务科技创新和产业发展，与地方政府、产业园区、行业企业共建科技公共服务平台、产学研服务平台和产业应用技术研发创新平台，打造高水平产教融合创新创业园区。鼓励各地对现有省级高水平实训基地进行升级改造，加快基础技能公共实习实训平台建设。应用型本科和高等职业学校为新设紧缺急需专业建设实习场所、实训基地和用于实验实训的校内工厂等基础设施，可适当超出《普通高校建筑规划面积指标》相关标准。到2020年，建成100个技术水平国内一流、产学研一体的公共实习实训平台。到2025年，建成200个技术水平国内一流、产学研一体的公共实习实训平台。(责任单位：省教育厅、人力资源社会保障厅、发展改革委，各设区市人民政府)

(二十三) 组建一批职业教育集团。完善职业教育集团发展机制，强化政策支持，发挥职业教育集团在促进教育链和产业链有机融合中的重要作用。以地区支柱产业和优势专业(群)为纽带，引导省内行业龙头企业牵头，大中型企业、创新型中小企业、科研院所、普通高校参与，建设覆盖全产业链、辐射区域产业发展的职业教育集团。开展多元主体共建职业教育集团的改革试点，探索建立以资本为纽带、专业为支撑

的紧密型职教集团，形成一批具有示范引领作用的骨干职业教育集团。到2020年，建设30个左右行业指导的全国示范性职教集团，50个左右区域性职教集团。到2025年，力争建设30－50个行业指导的全国示范性职教集团。(责任单位：省教育厅、人力资源社会保障厅、发展改革委，相关行业协会，各设区市人民政府)

(二十四) 培育一批产教联盟。支持企业、职业学校、高校、科研机构、行业协会或其他组织机构，以各方共同利益为基础，以培养大批具有专业技能与工匠精神的高素质劳动者和技术技能人才为目标，以具有法律约束力的契约为保障，在自愿的前提下形成优势互补、利益共享、风险共担的产教联盟，推进实体化运作。推动产教联盟内职业学校在专业设置、师生培养、课程开发、技术研发等方面整体提升，依托产教联盟做强一批龙头骨干企业，形成若干专业化特色显著、产业链条完整、市场规模庞大的优势产业群。积极开展产教联盟试点工作，力争到2020年，围绕我省优势产业、战略性新兴产业、高端成长型产业和新兴先导型服务业等，培育10个左右示范性产教联盟；力争到2025年，培育一批在全国具有广泛知名度和影响力的产教联盟。(责任单位：省发展改革委、教育厅、经济和信息化委、人力资源社会保障厅，相关行业协会，各设区市人民政府)

七、加强产教融合政策支持

(二十五) 落实财税用地等政策。省财政统筹安排产业发展类专项资金，不断加大对产业发展急需学科专业(群)、公共实训平台和产教融合试点等项目建设的支持力度。各地要统筹产业、科教等相关专项资金，加大地方支持力度。优化财政生均拨款制度，探索建立职业教育、高等教育生均拨款总额相对稳定机制和分类支持机制。在产教融合领域大力推广政府和社会资本合作(PPP)模式，充分发挥社会资本在设计、融资、建设、运营、维护等方面的优势，支持产教融合基础设施建设和公共服务供给。非营利性组织等社会力量兴办教育的，按照税法规定进行免税资格认定后，其符合条件的收入免征企业所得税。通过符合条件的公益性社会团体或县级以上人民政府及其部门向职业学校进行捐赠的，其捐赠支出按照税法规定予以税前扣除。对从事学历教育的学校提供的教育服务免征增值税。企业投资或与政府合作建设职业学校、高校的建设用地，按科教用地管理，符合《划拨用地目录》的，可通过划拨方式供地，鼓励企业自愿以出让、租赁方式取得土地。鼓励各地通过减免建设规费、返还老校区资产置换地方收益等方式，支持学校产教融合项目建设。(责任单位：省财政厅、税务局、国土资源厅、发展改革委、物价局，各设区市人民政府)

(二十六) 强化金融支持。鼓励金融机构按照风险可控、商业可持续原则支持产教融合项目。引导银行业金融机构创新服务模式，开发适合产教融合项目特点的多元化融资品种，做好政府和社会资本合作(PPP)模式的配套金融服务。积极支持符合条件的企业在资本市场进行股权融资、债券融资，加大实习实训基地等产教融合项目投资。加快发展学生实习责任保险和人身意外伤害保险，支持保险公司对现代学徒制、企业新型学徒制等开发保险产品，开展保险服务。(责任单位：省金融办、人民银行南京分行、江苏银监局、江苏证监局、江苏保监局、省发展改革委、省财政厅)

(二十七) 开展产教融合建设试点。支持省内地区、学校、企业积极争取国家试点任务，申报国家产教融合发展工程项目。以公共实训基地、校外实习基地、技能人才培训基地等产教融合实训平台载体建设为重点，实施省级产教融合发展工程。组织省产教融合建设试点，重点开展校企合作、职教集团、产教联盟、混合所有制办学等试点任务。全省首批遴选 4 个设区市、10 个县(市、区)、10 个产业园区、50 家左右职业学校、100 家左右企业承担试点任务。进一步研究明确试点任务、遴选方式、目标要求等实施办法，完善支持激励政策，对承担试点任务的责任主体在国家和省产教融合发展项目安排上给予重点支持。(责任单位：省发展改革委、教育厅、人力资源社会保障厅会同有关部门，各设区市人民政府)

(二十八) 加强国际交流合作。鼓励职业学校、高校引进海外高层次人才和优质教育资源，开发符合国情、国际开放的校企合作培养人才和协同创新模式。支持职业教育、高等教育中外合作办学，开展高等职业学校与境外应用型本科高校中外合作办学改革试点，示范骨干职业学校均应与国际高水平职业学校结成伙伴院校。探索构建应用技术教育创新国际合作网络，推动一批中外院校和企业结对联合培养国际化应用型人才。支持职业教育对接世界技能大赛，按照国际先进标准选拔培养高

技能人才。发挥海外教师进修基地作用，拓宽职业学校、高校教师海外培训渠道，提高具有海外教育培训经历专业教师比例。支持职业学校、高校探索依托重点境外园区、重点“走出去”企业、重点援外项目在“一带一路”沿线国家和地区建立办学机构、研发机构、技术技能人才培养基地和教育合作平台，招收来苏留学生，输出优质教育服务。建好江苏“走出去”校企信息合作平台。深化中德职业教育合作，加强江苏省与德国巴登符腾堡州产业、教育和人才合作。支持苏州太仓、常州等地利用德资企业集聚优势，开展“双元制”职业教育试点。(责任单位：省教育厅、人力资源社会保障厅、发展改革委、商务厅，相关设区市人民政府)

八、组织实施

(二十九) 强化产教融合工作协调。加强组织领导，在省政府领导下，建立发展改革、教育、人力资源社会保障、财政、经济和信息化、科技、税务、金融等有关部门密切配合，有关行业主管部门、国有资产监督管理部门积极参与的工作协调机制，加强协同联动，推进工作落实。各市、县(市、区)人民政府要结合本地实际制定具体实施办法。建立深化产教融合督查机制，制定考核标准，对重点任务和重点项目加大督促检查力度，强化事中监督管理和事后评估验收，及时通报反馈。

(三十) 营造产教融合良好环境。大力宣传各地涌现出的产教融合典型经验和创新型人才、技术技能人才、高素质劳动者的先进事迹，加快收入分配、企业用人制度以及学校编制、教学科研管理等配套改革，不断提高创新型人才、技术技能人才经济待遇和社会地位，引导形成学校主动服务经济社会发展、企业重视“投资于人”的普遍共识，推动形成劳动光荣、技能宝贵、创造伟大的时代风尚，积极营造全社会充分理解、大力支持、深入参与产教融合的良好氛围。

江苏省人民政府办公厅

2018 年 6 月 25 日公布

后 记

本书是作者近年来相关研究成果的总结与归纳，旨在适应当前国家推动应用型高校建设的新趋势，探讨应用型高校发展的理论与实践问题。全书共分为九个章节，第一章高等学校分类概述，阐明我国高等教育的分类标准，明晰应用型高校在我国高等教育体系中的地位；第二章研究应用型高校的历史溯源与发展历程；第三章研究应用型高校的基本特征与办学定位；第四章研究应用型高校的人才培养；第五章研究应用型高校的学科专业建设；第六章研究应用型高校的社会服务；第七章研究应用型高校的师资队伍建设；第八章研究应用型高校的创新创业教育；第九章研究应用型高校的国际交流与合作。

本书是江苏省优秀创新团队项目：苏北发展与社会治理研究(2017ZSTD018)；江苏省校外研究基地：台商研究中心(2017ZSJD022)；江苏高校哲学社会科学重点建设基地项目：创新创业研究中心(2018ZDJD-B013)；江苏省社科基金项目：教育强国背景下的创业教育对创业行为影响研究(17ZTA007)的阶段性研究成果。

本书中部分章节已公开发表，有部分内容是作者在已有研究积累的基础上整理而成。在本书的资料收集与整理过程中，刘化喜、张中胜、赵波、刘奇、仇桂且、贺兰等同志付出了辛勤劳动；在撰写过程中，史修松、翟明女、李继林、汪倩倩、刘海健、张璟等同志给予了很大帮助，在此表示感谢。同时也感谢西安电子科技大学出版社高樱老师在此书出版过程中给予的指导与帮助。

由于时间和能力有限，加之本书也是本领域的探索性研究，书中难免会有错误之处，恳请专家学者批评指正。

孙爱武

2019 年 8 月于淮安

参 考 文 献

[1] 曹胜利，雷家骕. 中国大学创新创业教育发展报告[M]. 沈阳：万卷出版公司，2009.

[2] 陈厚丰. 中国高等学校分类与定位问题研究[M]. 长沙：湖南大学出版社，2004.

[3] 陈青之. 中国教育史[M]. 北京：东方出版社，2008.

[4] (美)S．E．佛罗斯特. 西方教育的历史和哲学基础[M]. 北京：华夏出版社，1978.

[5] 贺国庆. 外国高等教育史[M]. 北京：人民教育出版社，2003.

[6] 黄福涛. 外国高等教育史[M]. 上海：上海教育出版社，2008.

[7] (美)伯顿·克拉克. 高等教育新论[M]. 浙江教育出版社，2001.

[8] 孔繁敏，等. 建设应用型大学之路[M]. 北京：北京大学出版社，2006.

[9] 潘懋元. 应用型本科院校人才培养的理论与实践研究[M]. 厦门：厦门大学出版社，2011.

[10] 潘懋元. 王伟廉. 高等教育学[M]. 福州：福建教育出版社，1994.

[11] 邱德雄. 我国普通高校定位的理性选择[M]. 成都：巴蜀书社，2009.

[12] 沈红. 美国研究型大学形成与发展[M]. 武汉：华中理工大学出版社，2000.

[13] (法)雅克·勒戈夫. 中世纪的知识分子[M]. 北京：商务印书馆，1996.

[14] 高林. 应用性本科教育导论[M]. 北京：科学出版社，2006.

[15] 和飞. 地方大学办学理念研究[M]. 北京：高等教育出版社，2005.

[16] 周绍森. 中国地方高等教育研究[M]. 南昌：江西人民出版社，2002.

[17] 徐同文. 区域大学的使命[M]. 北京：教育科学出版社，2004.

[18] 贺祖斌. 高等教育大众化与质量保障[M]. 桂林：广西师范大学出版社，2004.

[19] 王伟廉. 高等教育学[M]. 福州：福建教育出版社，2001.

[20] (美)熊彼特. 经济发展理论：对于利润、资本、信贷、利息和经济周期的考察[M]. 北京：商务印书馆，1990.

[21] 金耀基．大学之理念[M]．北京：生活·读书·新知三联书店，2008.

[22] 夏建国．技术本科教育概论[M]．北京：东方出版中心，2007.

[23] 殷瑞钰，等．工程哲学[M]．北京：高等教育出版社，2007.

[24] 舒红跃．技术与生活世界[M]．北京：中国社会科学出版社，2006.

[25] 欧阳河．职业教育基本问题研究[M]．北京：教育科学出版社，2006.

[26] 胡建华．高等教育学新论[M]．南京：江苏教育出版社，2006.

[27] 李克军．在服务地方中凸显特色[M]．北京：清华大学出版社，2015.

[28] 周光礼．大学变革与院校研究[M]．北京：北京大学出版社，2017.

[29] 刘海，荣国丞．“一带一路”倡议下职业教育的机遇与挑战[J]．职业技术教育，2015，36(30)：18-21.

[30] 刘久畅．“双一流”背景下我国高等院校国际合作交流工作的思考[J]．中国管理信息化，2018，21(9)：206-207.

[31] 潘懋元，车如山．略论应用型本科院校的定位问题[J]．高等教育研究，2009(5)：35-38.

[32] 潘懋元，董立平．关于高等学校分类、定位、特色发展的探讨[J]．教育研究，2009，30(2)：33-38.

[33] 潘懋元，石慧霞．应用型人才培养的历史探源[J]．江苏高教，2009(1)：7-10.

[34] 潘懋元，吴玫．高等学校分类与定位问题[J]．复旦教育论坛，2003(3)：5-9.

[35] 彭静．中国高等学校国际合作与交流的现状及趋势研究[J]．重庆大学学报(社会科学版)，2010，16(2)：157-162.

[36] 申皓，陈蓓．试析法国的高等教育体制[J]．法国研究，2007(3)：85-92.

[37] 施永川．我国高校创业教育十年发展历程研究[J]．中国高教研究，2013(4)：69-73.

[38] 史秋衡，王爱萍．应用型本科教育的基本特征[J]．教育发展研究，2008(21)：34-37.

[39] 孙爱武．传承“做学合一”理念彰显高职人才培养特色[J]．中国高教研究，2013(8)：100-103.

[40] 孙爱武．基于发展区域经济下的校企合作创新模式探讨[J]．中国职业技术教育，2015(28)：70-74．

[41] 孙爱武．愿景与行动："一带一路"视阈下高职国际化的战略思考[J]．职教论坛，2017(15)：5-8．

[42] 王琛，曹静，王栓强．新工科视野下应用型高校师资队伍建设机制探索[J]．教育现代化，2018，5(33)：223-224．

[43] 王家瑞．推动文明交流互鉴 促进世界和平发展：学习习近平同志访欧阐述的重要外交理念[J]．求是，2014(14)：3-5．

[44] 王松德．适应时代发展需求推进应用型高校人才与师资队伍建设[J]．决策探索(下)，2019(2)：15-16．

[45] 王亚丰．关于新建本科院校教学评估工作的思考[J]．中国成人教育，2008(9)：67-68．

[46] 林元旦．经济全球化与高等教育国际化[J]．广西社会科学，2005(1)：184-186．

[47] 徐海宁．高等教育国际化的多视角分析[J]．江苏高教，2006(2)：51-53．

[48] 薛秀珍．高等学校"第四职能"述评[J]．清华大学教育研究，2005(3)：104-108．

[49] 杨建平，陈卫群．构建应用型高校师资队伍的新机制[J]．辽宁科技学院学报，2014，16(3)：84-85．

[50] 杨建武，刘雪雁．江汉大学实习制度的调查[N]．瞭望周刊，1987(7)：40-44

[51] 张丽萍，刘常宝．应用型高校专业师资队伍建设的新思路[J]．职业，2009(18)：69-70．

[52] 张韵．与发达国家相比我国应用型高校师资问题及对策[J]．辽宁科技学院学报，2016，18(1)：88-90．

[53] 周定财．高等教育国际化背景下高校对外交流与合作的反思[J]．当代教育科学，2015(5)：37-40+43．

[54] 周谷平，阚阅．"一带一路"倡议的人才支撑与教育路径[J]．教育研究，2015，36(10)：4-9+22．

[55] 周光礼．"双一流"建设中的学术突破：论大学学科、专业、课程一体化建设[J]．教育研究，2016(5)：72-76．

[56] 孙爱武．构建“六位一体”创业教育体系 有效推动学生就业[J]．中国高等教育，2013(Z2)：58-60．

[57] 许士群，邵癸．论高等职业教育与区域经济的互动发展：以沿海开发战略中的江苏盐城为例[J]．黑龙江高教研究，2011(3)：95-97

[58] 陆军，宋筱平，陆叔云．关于学科、学科建设等相关概念的讨论[J]．清华大学教育研究，2004(6)：12-15．

[59] 罗美萍．我国高校大学生创业教育的现状及对策[J]．浙江工商大学学报，2006(2)：74-78．

[60] 陈培友．管理科学与工程学科与本科专业协调发展模式研究[J]．经济师，2010(10)：124-125．

[61] 朱淑珍．国际教育标准分类与我国高等职业教育发展探索[J]．中国高教研究，2014(10)：102-106．

[62] 魏百军，徐挺，高浩其．新建本科院校科学定位的思考[J]．高等工程教育研究，2006(6)：83-85．

[63] 朱国华，张勤．应用型大学建设整体背景、目标定位与优势路径[J]．职业技术教育，2017(34)：51-56．

[64] 秦琳．以应用性人才培养促进区域经济发展和国家竞争力提升：德国应用技术大学的经验[J]．大学(学术版)，2013(9)：60-66．

[65] 曾冬梅，陈江波．学科建设与专业建设的竞争与协作关系[J]．教育与现代化，2007(3)：66-71．

[66] 曾绍纬．职业教育与区域经济的互动关系研究[J]．职业与教育，2014(17)：9-11．

[67] 苏小冬．南京工业职业技术学院 创新实践“四结合”创业教育模式[J]．职业与教育，2013(19)：81-82．

[68] 沈志峰．军队院校研究生教育“学科专业”一体化建设研究[J]．教育教学论坛，2014(10)：197-199．

[69] 张明媚．应用型大学人才培养质量评价体系的作用、意义及原则[J]．理论观察，2015，108(6)：153-154．

[70] 张宝秀，张景秋．应用理科、应用文科本科人才培养目标及其实现路径[J]．中国高教研究，2008(5)：51-53．

[71] 谭荣波．“源”与“流”学科、专业及其关系的辨析[J]．教育发展研究，2002(11)：114-116．

[72] 周定财．高等教育国际化背景下高校对外交流与合作的反思[J]．当代教育科学，2015(5)：39-42．

[73] 贺金玉，金清云．大众化背景下新建地方本科院校的质量定位[J]．中国大学教育，2006(10)：41-42．

[74] 朱云峰，周玮．基于高职双创人才培养的职业技能与职业精神融合研究[J]．中国职业技术教育，2018(20)：48-54．

[75] 曾冬梅．内驱动力学科专业发展的主导力量[J]．现代教育科学，2003(6)：38-41．

[76] 李玉增．区域高校社会服务领域与内容初探[J]．湘潭师范学院学报(社会科学版)，2003(5)：134-137．

[77] 戴荣光．美国《卡内基高等院校分类》2000 年版简介[J]．世界教育信息，2002(10)：16-23．

[78] 张祺午．地方本科院校转型：政府思路与政策设计[J]．职业技术教育，2015(12)：11-16．

[79] 吴忠权．地方新建本科院校人才培养日标定位及模式构建：基于应用型人才培养的思考[J]．河北师范大学学报(教育科学版)，2009(10)：49-54．

[80] 石国亮．时代推展出来的大学生创新创业教育[J]．思想教育研究，2010(10)：65-68．

[81] 邱奎，刘东燕，黄林青．欧洲应用科技大学办学模式分析[J]．重庆科技学院学报(社会科学版)，2013(9)：167-169．

[82] 刘振天．地方本科院校转型发展与高等教育认识论及方法论诉求[J]．2014(6)：11-17．

[83] 刘振天．学术主导还是取法市场：应用型高校建设中的进退与摇摆[J]．高等教育研究，2019(10)：21-28．

[84] 易金生．“双一流”建设背景下我国高等学校分类的思考[J]．天津市教科院学报，2018(6)：24-27．

[85] 应雄．“双向多元”型师资建设地方本科高校转型发展的关键[J]．教育发展研究，2015(19)：40-46．

[86] 朱兴德．教育国际化及其最新发展[J]．中国高等教育，2014(11)：60-63．

[87] 刘彦军．应用技术类型高校的本质特征与内涵探讨[J]．职教论坛，2015(4)：31-34．

[88] 赵艳林，王文．四位一体、全程互动”地方理工科院校本科教育质量内涵及提升策略[J]．中国高教研究，2012(5)：73-76．

[89] 薛国仁，赵文华．专业：高等教育学理论体系的中介概念[J]．上海高教研究，1997(4)：4-9．

[90] 张炜．高等教育内涵式发展的概念演进与实践探索[J]．中国高教研究，2018(1)：4-9．

[91] 刘晓．新世纪以来我国职业教育发展的国家战略：话语演变与时代特征[J]．中国职业技术教育，2018(6)：20-24．

[92] 苏兴仁．高水平教学型大学的内涵与特质[J]．黑龙江高教研究，2011(6)：25-27．

[93] 姚荣．行政管控与自主变革我国本科高校转型的制度逻辑[J]．中国高教研究，2014(11)：29-34．

[94] 张永伟，胡仁东．我国应用型本科院校人才培养目标定位及其哲学依据[J]．江苏师范大学学报(哲学社会科学版)，2018(2)：155-160．

[95] 张磊，王继元．地方应用型本科院校主动融入现代职教体系的困境与突破[J]．教育与职业，2018(17)：47-50．

[96] 吴忠权．地方新建本科院校人才培养目标定位及模式构建—基于应用型人才培养的思考[J]．河北师范大学学报(教育科学版)，2009(10)：49-54．

[97] 高书国．中国特色社会主义教育根本任务的新时代内涵：深刻学习领会习近平总书记在全国教育大会上的重要讲话[J]．人民教育，2018(19)：11-14．

[98] 李伟铭，黎春燕，杜晓华．我国高校创业教育十年演进、问题与体系建设[J]．教育研究，2013(6)：42-51．

[99] 曾冬梅，唐纪良，武波．学术组织创新：高校“学科-专业”一体化建设的基础：“学科-专业”一体化建设研究之一[J]．广西大学学报(哲学社会科学版)，2008(2)：150-153．

[100] 胡天佑．应用技术大学面临的理论与实践问题[J]．高校教育管理，2014(6)：21-24．

[101] 哈森其其格．国外高等学校分类维度：现状、特点及启示[J]．教育观察，2016(1)：11-15．

[102] 刘春惠．论“学科”与“专业”的关系[J]．北京邮电大学学报(社会科学版)，2006(2)：66-71．

[103] 高林，鲍洁，梁燕，樊月华．关于高等教育分类与应用性本科教育培养目标的研究[J]．教育与职业，2006(17)：11-13．

[104] 孙诚，杜云英．欧洲应用技术大学的发展思路[J]．中国高等教育，2014(12)：60-63．

[105] 孙爱武．创新创业教育视域下黄炎培职业教育思想的现实镜鉴[J]．中国职业技术教育，2016(34)：161-165．

[106] 和飞．走出地方大学发展的误区[J]．黑龙江高教研究，2003(6)：4-7.

[107] 谭立平．新一轮学科专业结构调整与高职教学、专业建设的关系[J]，职业技术教育，2002(22)：19-21.

[108] 李家华，卢旭东．把创新创业教育融入高校人才培养体系[J].中国高等教育，2010(12)：9-11.

[109] 秦家沛．校地融合建设地方高校新工科的探索与实践：以淮阴工学院为例[J].淮阴工学院学报，2018(6)：76-80.

[110] 徐旭东．高等教育大众化进程中大学定位研究[J]．高教探索，2003(1)：35-37．

[111] 赵金锋，王红岩，何艳华. 应用型本科院校学科专业一体化建设的基本策略[J]. 职业技术教育，2012(35)：19-21.

[112] 周建松. 建设国家示范性高等职业院校的责任与使命[J]. 中国高等教育，2009(22)：37-39.

[113] 沈在蓉，黄海燕. 新时代背景下我国高职院校创新创业教育的哲学审视[J]. 职业技术教育，2018(7)：52-56.

[114] 陈正. 德国应用技术大学的历史变迁对我国职业教育的启示[J]，国家教育行政学院学报，2014(8)：84-88.

[115] 曾绍玮. 职业教育与区域经济的互动关系研究[J]. 教育与职业，2014(17)：9-11.

[116] 陈厚丰. 国外高等学校分类法及其评析：以美国卡内基和联合国教科文组织的分类法为例[J]. 当代教育论，2004(3)：96-99.

[117] 陈希. 在推进高等学校创新创业教育和促进大学生自主创业工作视频会议上的讲话[J]. 中国大学生就业，2010(6)：13-17.

[118] 陈小虎，黄洋，冯年华. 应用型本科的基本问题、内涵与定义[J]. 金陵科技学院学报(社会科学版)，2018，32(4)：1-5+28.

[119] 戴荣光，卡内基. 高等院校分类：2000 版简介[J]. 世界教育信息，2002(10)：16-23.

[120] 冯尚申，郑薇薇，陈基根. 地方高校应用型工程人才培养质量探究[J]. 黑龙江高教研究，2015(4)：132-134.

[121] 冯向东. 高等学校定位：竞争中的抉择[J]. 北京大学教育评论，2004(2)：15-17.

[122] 冯晓玲，武毅英. 日本高等教育发展模式对我国建设高等教育强国的启示[J]. 教育学术月刊，2010(4)：79-81+92.

[123] 宫新军. 新建地方本科院校教学工作水平评估的实践与探索[J]. 社科纵横，2008(7)：35-136.

[124] 江波，邓恩. 湖南特色区域经济视角下的职业教育发展策略浅析[J]. 企业导报，2011(10)：161-162.

[125] 寇琼洁．应用型高校教师队伍建设的调查与研究[J]．河南教育(高教)，2017(6)：33-35．

[126] 孙欣．对地方综合性大学办学特色的几点思考[J]．辽宁教育研究，2001(3)：22-23．

[127] 雷文静，周兴志，李中．新时代应用型高校高素质教师队伍建设探究[J]．西安航空学院学报，2019，37(2)：88-92．

[128] 李家华，卢旭东．把创新创业教育融入高校人才培养体系[J]．中国高等教育，2010(12)：9-11．

[129] 李志峰，高慧，张忠家．知识生产模式的现代转型与大学科学研究的模式创新[J]．教育研究，2014(3)：55-63．

[130] 李中，高雯宇．应用型高校师资队伍建设研究[J]．西安航空学院学报，2017，35(6)：85-89．

[131] 王幼奇，包维斌，白一茹．"产教融合、校企合作"协同创新人才培养研究[J]．教育现代化，2019(68)：14-15，35

[132] 刘丽群，刘超．"创新创业型"校企共建旅游教培基地运作模式研究[J]．现代教育管理，2016(12)：207-208

[133] 刘硕．产教融合视阈下现代学徒制的"订单式"培养的实践之惑和破解思路[J]．研究·大视野，2019(3)：55-58

[134] 马力鹤，朱彦博．高职院校校企合作共建实训基地模式创新研究[J]．教育现代化，2019(55)：27-28

[135] 杨小娟．实践"校中厂""厂中校"着力培养学生职业素质[J]．中国培训，2017(9)：361-363

[136] 顾东岳．我国"全面推行"现代学徒制面临的问题与对策[J]．南通职业大学学报，2019(4)：28-31．

[137] 谢洁．校企协同创新共建"技术引领型"实践教学基地的探索与实践[J]．轻工科技，2018(8)：150-153．

[138] 辛太宇，张晔，张海鹏，孙康岭．校企一体化合作办学模式探索与研究[J]．中国校外教育，2019(12)：42-43．

[139] 陈建军，乔启成．引企入校，借力发展，创新校企融合办学新模式[J]．职教视点，2016(5)：21-23．

[140] 孙得人．应用型高校服务地方经济社会发展策略研究[J]．财经界 2018(9)：139．

[141] 张志杰，李广平．应用型高校教师“教学、科研、服务”三位一体协同发展机制构建[J]．职业技术教育，2019(11)：64-67．

[142] 鲍计国．应用型高校与企业共建产业学院的优势与困惑[J]．西南石油大学学报(社会科学版)，2019(5)：73-77．

[143] 董浩洁，雷娜．高职院校对接新生代农民工教育培训的思考[J]．统计与管理，2014(12)：86-87．

[144] 董祝光．高职院校开展职工转岗培训的对策研究[J]．产业与科技论坛，2018(10)：240-241．

[145] 倪宜浪．加强社会保障及高职社会培训工作的实践与思考[J]．交流平台，2019(12)：122-123．

[146] 孙凤敏．浙江省高职院校退役军人教育培训供需匹配失衡与路径优化[J]．金华职业技术学院学报 2019(5)：19-25．

[147] 邵波．我国高等教育大众化进程中的应用型本科教育研究[D]．南京：南京师范大学，2009．

[148] 彭跃刚．美国社区学院发展与变革研究[D]．上海：华东师范大学，2017．

[149] 朱建新．地方应用型大学变革研究[D]．杭州：浙江大学，2019．

[150] 陈厚丰．中国高等学校分类问题研究[D]．长沙：湖南大学，2004．

[151] 陈江波．高等学校“学科-专业”一体化建设的研究[D]．广西大学，2007．

[152] 张兄武．高校文科本科专业应用性研究[D]．苏州：苏州大学，2015．

[153] 张玉双．大众化背景下普通高等学校分类问题研究[D]．长春：东北师范大学，2006．

[154] 张慧．中国普通高等学校分类与定位问题研究[D]．西安：西北工业大学，2005.

[155] 曹海静．我国地方综合性大学定位问题研究[D]．保定：河北大学，2007.

[156] 朱永江．新建地方工科院校本科人才培养模式研究[D]．上海：华东师范大学，2007.

[157] 魏峻峰．新建本科院校办学定位研究[D]．昆明：云南师范大学，2008.

[158] 和飞．地方大学办学理念研究[D]．武汉：华中科技大学，2005.

[159] 廖容．广西新建本科院校学科专业建设研究[D]．桂林：广西师范大学，2010.

[160] 陈星．应用型高校产教融合动力研究[D]．重庆：西南大学，2017.

[161] 刘智英．技术本科院校发展战略之比较研究[D]．上海：华东师范大学，2012.

[162] 韦洪涛．我国高等教育大众化进程中的高等教育质量评估指标体系研究[D]．苏州：苏州大学，2002.

[163] 苏健．全球化背景下大学社会服务功能的目标定位与实现途径[D]．东北师范大学，2006.

[164] 马蒙蒙．新世纪十年高等职业教育内涵发展研究[D]．上海：华东师范大学，2011.

[165] 宋妍．高校创新创业教育与思想政治教育关系研究[D]．长春：东北师范大学，2017.

[166] 艾华武．我国现代高等职业教育发展面临的问题及对策研究[D]．广州：华南理工大学，2009.

[167] 王志强．研究型大学与美国国家创新系统的演进[D]．上海：华东师范大学，2012.

[168] 杨伟伟．高校“广谱式”创新创业教育研究[D]．上海：华东理工大学，2017.

[169] 臧志军．职业教育国家制度的比较研究[D]．上海：华东师范大学，2013.

[170] 童晓玲．研究型大学创新创业教育体系研究[D]．武汉：武汉理工大学，2012.

[171] 鹿红娟．对地方普通高校社会服务职能的研究[D]．天津：天津大学，2005.

[172] 王莹．应用技术大学定位研究[D]．上海：华东师范大学，2016.

[173] 宫宁．基于民生改善的中国高等职业教育发展研究[D]．长春：吉林大学，2016.

[174] 董秀华．市场准入与高校专业认证制度研究[D]．上海：华东师范大学，2004.

[175] Bohme G. Ethics in Context: Knowledge and the Public in an Age of Uncertainty[M], Blackwell Publ, 2001: 347.

[176] Eells, W C. Why Junior College Terminal Education[M]. Literary Licensing, LLC, 2012:266.

[177] Knight J. Internationalization remodeled:definition, approaches and rationales [J]. Journal of Studies in International Education, 2004, 8(1):5-31.

[178] President's Commission on Higher Education. Higher education for American deinocracy[M]. New Yoik, NY:Harper&Brothers PubIishers, 1948:67-68.